KB203751

한국
에큐메니칼
운동사

전택부
선집 **5**

한국 교회 연합운동의 발자취

한국
에큐메니칼
운동사

전택부 지음

홍성사

차 례

한국의 에큐메니칼 사업은 선교 초기부터 움트기 시작했다. 우선 성서 번역 사업, 찬송가 편찬 사업, 그리고 그 밖의 여러 가지 특수한 전도 사업을 펴 나갈 때, 교회는 어쩔 수 없이 교파를 초월한 연합적인 행동을 취할 수밖에 없었던 것이다.

이처럼 복음의 씨앗이 뿌려진 순간부터 우리 교회는 신앙고백과 직제를 달리한 교회들이 서로 협동하여, 민주적인 협의 과정을 거쳐 합동적인 고백 행위를 해온 것이다. 과거 백 년 동안 우리 교회는 이렇게 민주적인 조직을 지켜 왔고, 이 과정을 거쳐 오는 가운데 주체성을 더욱 돈독하게 굳혀 온 것이다. 어떤 교파든지 그 자체가 고립되어 있는 동안에는 자신의 참모습을 제대로 파악하기 힘들기 때문이다.

그런데 이러한 과거의 역사를 전체적으로 훑어보면 첫째, 교회가 일치를 지향한다고는 했지만 구조적인 일치를 내면적으로 추구해 온 일이 실제로는 별로 없었다는 것도 기이한 일이다. 한 하나님, 한 구주, 한 세례를 중심으로 묶인 교회가 일치를 희구하면서도 다양한 교파적 배경을 그대로 고수해 온 것이 한국 교회의 실상인 것이다. 그래서 '한국 교회는 교리나 신조 문제로 분열만을 일삼는 교회'라는 비판을 받아 온 것도 사실이다. 분열을 방치해 두거나 서로 대결만 일삼으면 그것은 고질적인 파쟁이나 당파싸움이 되고 말 것이다. 그러나 갈라진 형제들이 서로 다른 점을 인정하면서 고차원적인 공통점을 모색하고 협의하는 것은 파쟁이 아니라, 민주적인 다양성 속에서 일치를 모색하는 모습으로 간주할 수 있는 것이다. 한국의 에큐메니칼 운동에서 우리는 이러한 역사적인 과정을 엿볼 수 있다.

둘째로 한국 교회사, 특히 에큐메니칼 운동사의 특징은 일본 제국주의와 대결하여 민족의 자주성과 독립정신의 종교적 승화를 시도했다는 사실이다. 일제에 대한 항거의 절정이라 할 수 있는 3·1운동은 그야말로 한국의 에큐메니칼 운동을 실천하기에는 가장 적절한 운동이었다. 교파와 교리의 차별을 넘어 민족의 자주적 의지를 선언하고 나선 당시의 종교 지도자들은 오늘날같이 세계 교회 운동과 같은 정밀한 표현을 쓰지는 않았지만, 우주적인 공의와 인류 양심에의 호소 등을 내세웠다는 사실만으로도 충분히 에큐메니칼 운동의 선구자들이었다고 할 수 있다.

1910년 에든버러에서 처음 모인 World Missionary Conference를 세계 에큐메니칼 운동의 효시로 본다면, 1919년 즉 이보다 9년 후에 일어난 3·1운동은 거의 때를 같이하여 한국에서 일어난 토착적인 에큐메니칼 운동이라고 볼 수도 있다. 1910년부터 1920년에 걸친 세계사를 돌아보면, 당시 유럽은 국제간의 긴장의 소용돌이 속에 새로 대두된 볼셰비즘과 아울러 심층심리학과 실존주의 철학의 봉오리가 피기 시작하던 시절이다. 정치적으로나 사상적으로 불안과 긴장이 감돌던 때 유럽과 한국에서 새로운 세계적인 입김, 즉 세계사적인 자기의식이 팽배하기 시작했다는 것은 단순한 역사적 우연이라고만 보아 넘길

수는 없다.

　　한국의 에큐메니칼 운동은 이처럼 토착적인 성격을 지니며, 반제국주의적인 민족 자주·자립을 기본 바탕으로 한다. 3·1 운동 이후와 해방 후 자유당 집권 시기에 이러한 에큐메니칼 운동에 다소 기복이 있긴 했으나 현재까지 꾸준히 지켜 온 기본 자세는 언제나 세계 속의 한국 그리고 한국 속의 세계를 찾아가는 민주 공동체 형성이라 하겠다. 이 사실을 보지 못하면 한국 에큐메니칼 운동을 제대로 이해할 수 없다.

　　근자에 교계 변두리에서는 이러한 한국 에큐메니칼 운동의 민주적인 발전 과정과 세계 교회와의 유대관계를 고의적으로 곡해하고 용공 운운하는 자들이 생겨났다. 이들은 그리스도의 이름을 팔아서 형제를 곤궁에 빠뜨리는 일에 보람을 느끼는 배신자들과 배교자들의 무리이며, 한국 교회사에 오점(汚點)을 남기는 존재들이다. 한국 에큐메니칼 운동의 처음과 발전 과정을 허심탄회하게 보고 올바르게 평가하려는 성의가 있었던들 그러한 망발을 할 수 없었을 것이다.

　　이 책 103쪽 이하에는 한국 교회 내의 "보수·진보의 갈등과 그 계열"이 실려 있다. 독립협회 운동을 중심으로 갈라지게 된 보수와 진보의 갈등은 우리 교회사의 특징이다. 같은 역사적 현실을 해석하는 견지에 따라, 사람들은 보수주의자도 진보주의자도 될 수 있다. 서로가 상대방의 입장을 인정하고 협조해 가는 것이 바로 한국 교회의 미덕이다. 서로 비판하면서 보완도 할 수 있는 것이다. 여기서 진정한 에큐메니칼 운동의 발전을 기대할 수 있다.

　　이 책은 본래 한국기독교교회협의회의 역사를 펴보려는

뜻에서 시작된 사업에서 비롯한 것이다. 이 사업을 책임져 주시고 이렇게 발간할 수 있게 해주신 전택부 선생에게 진심으로 감사드리며, 자료 제공으로 협력해 주신 여러분께 감사드린다. 이 책의 간행을 위해 애쓰신 편집위원들께도 뜨거운 감사를 드리고 싶다.

　앞으로 이 책의 간행이 계기가 되어 좀더 충실하고 폭넓은 에큐메니칼 운동사가 나오기를 바라며, 이 책에 대한 기탄없는 비판과 시정을 기대한다.

　　　　　　　　　　김관석(한국기독교교회협의회 총무)

축사 _일치운동과 우리의 과제

　　오늘을 사는 사람들의 궁극적인 공동과제는 일치화다. 이것은 그동안 인류에게 분열이 얼마나 큰 피해를 주었던가를 증명하는 것이다. 분열이 극도에 이르면 살육이 자행되고, 그것은 분열을 격화시키는 요인이 되어 증오와 살육극이 역사에 계속 등장하게 된다.

　　우리는 양차 세계대전을 거치면서 끔찍스런 참변을 당하였다. 그래서 세계 모든 민족은 평화를 위해 하나가 되어야 한다는 것을 절감하고 있다. 이것은 전 인류에게 도전하는 악착스런 현실을 폭로하는 동시에 이러한 도전에 대한 인간의 염원이 극히 자연스럽고 또 강렬함을 증명한다.

　　"인간의 위기는 하나님의 기회"라는 격언처럼 이러한 위기에서 허덕이는 인간의 양심에 성스러운 불을 붙이시는 성령의 역사가 많은 선각자를 통해 일어났고 지금도 일어나고 있다. UN을 제창했던 선각자들이나 에큐메니칼 운동을 창도한 예언자적인 지도자들이 바로 그런 사람들이라고 볼 수 있다.

　　에큐메니칼 운동은 시대적인 요청의 산물이라기보다는 기독교 본연의 자세의 발로라고 봄이 타당하다. 그러므로 하나님 자신의 계시의 한 단면이 곧 에큐메니칼 운동이다. 인간 생명의 근원이신 하나님은 결코 어느 한 민족이나 국가나 계급, 또는 개인의 독점을 용허(容許)하지 않으신다. 그는 모든 인류의 하나님이시다. 어느 학자가 말했듯이 기독교라는 명사 위에 관사가 많이 붙을수록 기독교는 본질을 상실하고 점점 영세화하여 아이들이나 가지고 놀 장난감으로 전락하게 된다. 유대민족이 선민사상에 빠져 본의 아닌 특권층을 자칭할 때 구원의 푯대가 이방인에게 옮아가게 되었고, 로마 제왕들이 법의 정신을 무시하고 자기들의 권력신장에만 급급했을 때 타민족의 침략에 산산조각 났던 것이고, 광대하고 심오한 철학의 정신과 지식을 오용하여 잔재주나 부리는 것으로 전락했을 때 희랍의 국운은 계속적인 파멸로 종말을 맞을 수밖에 없었던 것이다.

기독교가 세속적인 온갖 '주의'의 방편이나 도구로 사용될 때 그 원동력은 김이 빠져버리고 보기 흉한 형태만이 여기저기 남게 되었다. 여기에 교파주의도 한몫 했던 것을 부인할 수 없다. 교파주의란 하나님 계시의 한 도구로 보는 것보다는 오히려 목적으로 하나님을 자처하는 것이라고 볼 수 있다. 도구에도 우열이 있다고 본다면 교파에도 차등이 없을 수는 없다. 그러나 목적이 동일하다면 그 차등 문제가 목적 이상의 우위를 차지할 수는 없는 것이다.

교회의 일치화 운동이란 각 교파를 하나로 묶어 놓자는 데 의의가 있는 것이 아니다. 물론 교파가 난립하여 경쟁적인 관계로 대립하는 것도 바람직한 일은 아니다. 다만 각 교파가 같은 목적의식을 철저히 가지고 한 방향으로 움직여 가는 데 역점을 두는 것이 일치화의 참뜻이 아닐까 생각한다. 때문에 일치화 운동의 생명력은 바로 이 목적의식에 있는 것이라고 주장하고 싶다.

그렇다면 교회의 참 목적은 무엇이 되겠는가? 하나님의 계시의 빈틈없는 경험이 그 참 의미가 아닐까 한다. 하나님의 계시가 분명할 때 신앙이 배태되는 것이고, 하나님의 계시가 희미할 때 회의에 빠지게 된다. 그런고로 신앙이란 하나님 계시의 경험이다. 이 신앙경험에 대한 성서적 근거는 베드로의 신앙고백에서 찾아볼 수 있다.

"주는 그리스도시요, 살아 계신 하나님의 아들입니다."

살아 계신 하나님과 일체이신 예수만이 우리의 구주라는 놀라운 간증은 주님의 말씀과 같이 하나님이 성령을 통해 자신을 제시함으로 받은 것이다. 인간 베드로의 능력으로 발굴한 것은 아니다. 성령을 통해 하나님은 지금도 자기를 계시하신다. 그리고 그 하나님을 인간이 만나는 순간 신앙은 시작된다. 이 신앙력이 바로 교회의 추축(樞軸)인 것이다.

교회의 추축인 신앙을 떠난 교회의 일치운동은 야고보의 말과 같이 "키 잃은 배가 목표를 잃은 채 바람에 밀리어 이리저리 표류하는 것"과 같다. 이렇게 되면 일치운동으로 말미암은 교회의 혼란만 가중될 뿐이다. 다시 말하면 일치라는 미명 아래 자신의 영리를 추구하는 비열한 행위가 될 뿐이다. 일치 운동은 조직이나 방법도 중요하지만 성서에 근거한 신학적 진리를 중심으로 전개되어야만 본래의 사명을 다하게 될 것이다.

모든 일은 적재적소 원칙에 의하여 성취된다. 아무리 유명한 의사라도 집을 지을 수는 없고, 아무리 훌륭해도 목수가 병을 고칠 수는 없다. 마찬가지로 일치운동을 할 사람이 따로 있는 것이다. 복음적 진리에 깊이 뿌리박은 신앙과 모든 사람을 포용할 수 있는 통이 큰 인격자라야 그 일을 할 수 있다. 일치운동의 선구자인 존 모트(John R. Mott) 박사나 비서트 후프트(W. A. Vissert Hooft) 박사 같은 분들이 그런 분들이다. 우리나라에서도 월남 이상재 선생 같은 분을 꼽을 수 있다. 일치운동을 지향하며 모인 단체에서 불협화음이 일 때는 신학의 빈곤이나 구성원의 인품의 비열함을 우선 원인으로 꼽을 수 있다. 제2차 세계대전 후 오슬로에서 열린 세계 기독교 청년대회에서도 그런 일이 있었던 때가 있다. 성령강림운동에도 아나니아 일당이 있었던 것과 같이 일치운동에도 좀스러운 존재들에 인한 피해가 없지는 않은 것이다. 우리는 이것을 과감하게 제거해 나가야 한다.

이 책은 한국기독교교회협의회가 역사 편찬의 필요성을 절감하여 작업을 서둘러 오던바 전택부 씨에게 저술 작업을 위임하여 빛을 보게 된 것이다. 전택부 총무는 YMCA를 통하여 오랫동안 에큐메니칼 운동의 기수 역할을 해 왔다. 신학에 조예가 깊고 복음과 진리의 생활로 신앙과 실천을 일치화하며 사회와 교회, 교파와 교파, 국가와 세계의 일치화 운동에 적극 참여해 왔다. 그의 생생한 경험을 널리 나누기 위해 이 책을 저술하게 된 것이다. 또한 이 책은 민족의 존망과 교회의 존폐가 일치화 여부에 달린 현 시점에서 우리에게 주어진 큰 은혜라고 생각한다. 강호제현의 일독을 권한다.

이환신(전 기독교대한감리회 감독)

축사 _국내 교회 연합사업의 회고

금번 NCC에서 한국 에큐메니칼 운동사를 출간하게 된 것은 매우 뜻깊은 일이라 생각한다. 1951년부터 1960년에 걸쳐 한국기독교연합회 총무로 있었던 필자는 이 일에 누구보다 큰 기쁨을 느끼면서 지난 일들을 회고해 보고자 한다.

1. 선교사대회와 장감연합회 시대

한국 교회의 연합사업이 시작되던 1905년, 국내에 주재하고 있던 장·감 양 교회 선교사들은 연합회를 조직하고 전도·문서·의료·교육사업 등을 협의하기 시작했다. 양 선교회는 선교지역 구분·찬송가 편찬·일본에 있는 한국인 유학생 전도 등을 연합하여 실시했다. 그 후 한국 교회 지도자들도 선교사들만의 회합에 가담하게 됨으로 조선 기독교 연합공의회로 개칭하고 국제적으로 활동을 확대시켜 1928년에는 국제선교협의회(IMC) 예루살렘대회에 정식 가입하게 되었다. 그러나 질식 상태의 일제 폭정 속에서 유일한 국제적인 창구였던 이 공의회도 1938년 일제의 탄압에 부딪쳐 일본인들이 주관하는 조선기독교연합회에 병합되고 말았다. 여기서 우리 교회의 연합사업은 일단 중지되고 만다.

2. 한국기독교연합회 시대

1945년 8월 15일 민족 해방과 더불어 국내 교회운동은 새로운 활기를 띠게 되었다. 1946년 장로회·감리회·성결교회·구세군 및 이들과 관련된 각 선교회와 국내 기독교연합사업체들이 모여 한국기독교연합회를 조직하였다.

이 기간에 연합회가 이룬 사업으로 내세울 수 있는 것은 교회 기관지 〈기독공보〉 발행·찬송가 합동 출간, 그리고 미국교회협의회와 제휴하여 기독교세계봉사회(CWS) 한국위원회를 설치하고 구제사업 등을 펼친 일 등이라 할 수 있다. 그러나 6·25 전란으로 이 모든 사업은 완전히 무너져 버렸다. 총무였던 남궁혁 목사는 북한으로 납치되었고, 서회회관은 불타 버려 빈손으로 피란길에 오를 수밖에 없었던 것이다.

3. 재건 시대

1951년 9월 5일 부산시 광복동교회에서 회집하여 제5회 총회를 열고 그동안 흩어졌던 업무들을 정비하는 한편, 회장에 전필순 목사, 총무에 필자를 선임했다. 3년간의 피난생활을 끝내고 1953년 9월 16일 서울로 복귀하여 기독교서회 옛 사무실을 준비하여 집무하게 되었다. 이 기간에 있었던 두드러진 업적을 몇 가지 얘기하겠다.

첫째로 1952년 7월 서독(*현재의 독일) 빌링겐에서 회집된 국제선교협의회 제5차 총회에 김인영 목사와 필자가 참석하여 전쟁으로 파손된 국내 교회의 재건과 교인들의 구호사업을 세계 교회에 호소한 바 있다. 이 총회 후 세계 교회는 기독교세계봉사회와 세계교회협의회(WCC)의 원조기구를 통해 한국 교회를 집중 원조하는 운동을 벌였다.

둘째는 미국교회협의회의 지원을 받아 1954년 12월 15일

당시 기독교서회 빌딩 5층에 기독교방송국(HLKY)을 설립하고 방송선교를 개시한 일이다. 기독교방송은 국내 최초의 민간방송으로, 한국 방송 역사의 획기적인 역할을 한 것이다.

셋째는 1951년에 시작된 국군 선교사업으로, 이 사업은 한국 교회 선교운동에 새로운 발전의 전환점을 찍은 것이다. 각 교회 중진 목사들이 6·25 동란 시 맥아더 사령부의 요청으로 군 선교에 참여했는데, 계급이 없는 문관촉탁의 위치에서는 군 안에서의 여러 가지 활동에 애로와 곤란이 많았다. 그때 필자가 총무 자격으로 이 대통령을 면회하여 당시 국방장관과 사전 의논되었던 군목들의 계급 문제에 관해 최종 타결을 본 것이다.

넷째는 피난생활에 시달리고 지쳐 있는 교회 지도자들을 위해 수복 후인 1955년부터 1958년에 걸쳐 전국 교직자들을 영락교회에 초청하고 선명회 회장 피어스 목사의 지원을 받아 외국의 저명한 부흥강사들을 초빙하여 수련회를 연 일이다. 이에 참가한 많은 교직자가 신앙적인 면과 목회생활에서 크게 고무되어 전후 교회 부흥·발전에 크게 기여했다.

다섯째는 예장에서 분리된 한국기독교장로회와 대한성공회, 두 교단이 연합회에 가입한 일이다. 기장이 연합회에 가입을 신청했을 때, 예장의 극심한 반발로 큰 진통을 겪다가 결국 태도를 바꾸어 가입을 동의했는데, 성공회는 보수를 표방하고 가입을 원치 않았던 것이다. 그러나 필자는 굽히지 않고 1952년 빌링겐에서 개최된 국제선교협의회에 참석했을 때 영국의 켄터베리 대승정을 만나 성공회의 본 연합회 가입 문제를 지혜롭게 추진해 달라고 요청했다. 그리하여 당시 아프리카 가나에서 연합운동에 적극적으로 활동하고 있던 데일리 주교를 한국 주교로 내정하게 되었다. 그 후 데일리 주교가 한국에 5년 남짓 머물며 협의한 끝에 성공회의 가입이 이루어진 것이다.

이는 한 교단이 연합회 회원으로 가입하는 것이 결코 용이한 일은 아님을 증명한다. 이런 경험을 토대로 국내 20여 교단 중에서 불과 6개 교단만으로 협의회가 구성된 것을 유감스럽게 생각하며, 새로운 교단을 회원으로 맞아들이는 작업을 전개해야 할 것이다.

　　70여 년의 긴 역사를 지닌 오늘의 한국기독교교회협의회가 구성면에서 이와 같은 취약점이 있는 것을 인정하지 않을 수 없다. 이런 점에서 NCC의 오늘의 활동과 프로그램이 약점을 내포하였다고 할 수밖에 없다. 명실 공히 한국 교회의 대표적인 기관으로서 좀더 권위 있고 보람 있는 활동을 전개하려면 무엇보다 먼저 회원 확대운동에 힘써야 할 것이다.

　　필자가 간절히 염원하는 것이 있다면 본 교회협의회가 외적으로는 모든 국내 교회의 협력과 지원을 받는 일과, 내적으로는 활동 내용을 전체 교회 봉사에 치중했으면 하는 것이다.

　　끝으로 한국 전체 교회와 본 협의회의 무궁한 발전과 아울러 우리 민족국가의 새 번영의 역사에 크게 기여할 수 있는 길이 열리기를 기원한다.

유호준(전 NCC 총무, 예장 용산교회 목사)

한국 기독교 연합운동의 역사가 책으로 나오게 되는 것을 진심으로 기쁘게 생각한다. 일제하에서의 교회연합운동에 직접 관계한 바는 없지만 8·15 해방 이후의 역사에 줄곧 참여해 온 한 사람으로서 책으로 나오는 역사에 대하여 일종의 감정상극 같은 것을 느낀다.

그것은 우선 이 역사의 주역들이 이미 많이 세상을 떠났으나 아직 많은 증인이 생존해 있는 이 시기에 책으로 엮어 낸다는 것이 매우 어렵고도 중요한 일이기 때문이다. 6·25 전란을 위시하여 시간적으로는 짧은 기간이지만 너무 심한 역사 변동 속에서 형성해 온 역사를 이 증인들이 다 떠나고 난 후 기록한다는 것은 물론 매우 힘든 일일 것이다. 그런 의미에서 해방 35주년을 맞이하고 선교 100주년을 5년 앞둔 이 시기에 이 책이 출판되는 것은 매우 깊은 의의(意義)가 있다고 생각한다.

여기서 감정상극이란 말을 쓴 것은 시기적으로 매우 적절하다는 느낌이 있는 반면 역사를 극히 객관적으로, 즉 사실 그대로 기록한다는 것은 언제나 매우 어려운 일이기 때문이라고 생각해서이다. 더욱이 현 시점에서 이런 일을 하기는 거의 불가능에 가까운 어려운 일이라고 생각한다.

왜냐하면 역사책이란 하나의 심판을 기록하는 판결문 같은 성격도 있기 때문이다. 한국 교회의 연합운동을 해오는데 물론 죄인과 의인으로 명백하게 양분할 수는 없지만 그래도 공과(功過)는 비교적 분명하게 가려야 할 것이다. 그러나 공로를 기록하기는 쉬워도 아직 생존해 있고 또 어느 정도 세력화되어 있는 사람들이 역사적으로 범한 과오를 기록한다는 것은 매우 어려운 일이라고 생각한다.

더욱이 본인의 경험을 토대로 본다면 지난 반세기 한국 역사나 한국 교회사는 정사(正史)보다는 야사(野史)로 기록해야 더 이해하기 쉽지 않을까 생각한다.

그러나 이런 넘어서기 어려운 여건을 인정하면서도 우선 한국 교회 연합운동이 하나의 기록으로 나온다면 이를 토대로 앞으로 많은 보완 작업을 기대할 수 있을 것으로 알고 진심으로 환영한다.

이 기회에 본인이 경험한 한국 교회의 연합운동을 몇 가지 살펴보겠다.

이 연합운동을 지지하는 세력이나 반대하는 세력이나 다 자동적(自動的)이고 자주적인 판단에 의하기보다는 외세, 특히 모든 교파가 오랫동안 관계 맺어 온 외국 교회의 영향이 훨씬 크게 작용했다고 생각한다. 그런 까닭에 한국 교회 연합운동은 각 교파나 기독교단체의 신학적인 정립이나 소명감이 거의 없이 그들의 이해관계에 좌우되는 일이 너무 많아서 진정한 에큐메니칼 정신이 매우 약했다고 생각한다. 다른 나라들도 비슷하지만 한국의 경우, 해방 후 교회 청년들과 각 대학·고등학교 학생들은 이런 소속 교파의 제한성을 탈피하고 전체 기독교가 단결하며 그 단결된 힘으로 분단된 조국의 위기를 극복하고 건전한 민주사회를 건설하는 것을 교회의 선교 과제로 이해하고 연합하고 행동했던 것이 사실이다.

그러나 이러한 일련의 움직임은 각 교파나 기독교 단체의 개입이 점차 강화됨에 따라 차츰 분열과 단합의 중간지대에 서게 되면서 많은 상처를 입었다. 한국 교회 연합운동의 이런 우여곡절에도 불구하고 특히 1960년대 이후부터 차츰 에큐메니칼 운동 전선이 정돈되고 강화되었다. 물론 많은 고난과 시행착오도 있었으나 현재는 국제적·국내적인 유대관계가 어느 정도는 이루어져가고 있다고 생각한다.

이제 선교 100주년을 앞두고 또 남북 간의 긴장이 고조되는 한편 대화도 무르익어가고, 정치·경제 모든 면에서 세계 속의 한국이 되어 가는 이때, 한국 교회 연합운동의 새 역사의 첫 장이 기록되었다. 이 책이 훨씬 더 빛나고 자랑스런 교회 연합의 역사가 새롭게 기록되는 하나의 시작이 되기를 진심으로 바란다.

강원용(기장 경동교회 목사, 크리스찬아카데미 원장)

제1부 1885~1905

특정 사업을 위한 연합운동

1.

성서와 찬송가
번역을 위하여

　　한국 개신교 선교사가 이 땅에 들어와 선교의 발판을 다진 것이 1884년이요, 선교사들의 힘으로 최초의 개신교회가 서게 된 것이 1887년이다. 그런데 이보다 앞서 한국인의 힘으로 선교의 터전을 닦아 놓은 것이 있었으니, 그것은 성서 번역이다. 하나는 만주에서 번역한 서상륜(徐相崙)의 누가·요한 두 복음이고, 또 하나는 일본에서 번역한 이수정(李樹廷)의 마가복음이다.

　　만주에서 번역된 것을 흔히 《선교사 로스(John Ross) 번역 성서》라 하지만 이는 따지고 보면 선교사 위주의 사고방식에서 하는 말이지, 실상은 로스 목사의 동역자 서상륜의 힘이 더 컸다. 이에 대하여 미국성서공회 소속 피터즈(Alex A. Pieters)는 〈최초의 번역(First Translation)〉이란 글에서 "그(로스)의 감독 하에 한국인 조사(서상륜)의 도움으로 중국말 신약성서에서 번역이 가능했던 것이다"[1]라고 했으며, 또한 와그너(Ellasure Wagner)

---

1) 피터즈(Alex A. Pieters)는 러시아 출생 유태인으로, 개신교로 개종하여 1895년부터 미국 성서공회 권서인으로 채용되어 한국에서 일했다.(백낙준, 《한국개신교사》, 연세대학교출판부, 1973, 264쪽.) 그의 이 논문은 *The Korea Mission Field*, Vol.34, No.5, May 1938, pp.91-93에 실려 있다.

란 사람은 〈Through the Hermit's Gate with Suh Sang Yun〉이란 글에서 "우리는 로스 박사의 언어학자로서의 실력을 잘 모른다. 그는 다른 무거운 사업을 어깨에 짊어진 사람으로, 성서를 중국말에서 한국말로 옮기기 위하여 어려운 한국말 공부를 해야만 했을 것이다. 그러므로 이른바 '로스 번역'이라는 것은 이 두 한국 청년이 선교사들의 도움을 받아, 자기들이 어릴 적부터 익히 아는 한문 지식을 이용하여 이룩한 사업이라고 단정하는 것이 이치에 맞을 것이다"[2]라고 했던 것이다. 서상륜의 복음서는 1882년 만주에서 출간되었다.

한편 이수정의 쪽복음서도 일본에서 출간되었는데, 이는 1884년의 일이다. 이수정은 임오군란(壬午軍亂, 1882) 뒤 일본에 갔다가 기독교 세례를 받고 "중국어 성경과 일본어 성경을 가지고 미국성서공회의 사업으로 성경을 한국말로 번역했던 것이다."[3] 그가 제일 먼저 번역한 성서는 마가복음이다. 이 마가복음은 1885년 장로교 선교사 언더우드(H. G. Underwood) 목사와 감리교 선교사 아펜젤러(H. G. Appenzeller) 목사가 일본을 거쳐 한국에 올 때 가지고 들어왔던 것이다.[4]

이처럼 장로교와 감리교 두 교회의 개척 선교사들이 똑같은 쪽복음서를 가슴에 품고 입국한 것이 두 교파 연합운동의 큰 동기가 되었는지도 모른다. 그들이 입국하여 제일 먼저 해야 할 일은 우리말 공부였고, 그다음 해야 할 일은 전도였으며, 그다음이 교회 설립이었는데, 전도와 교회 설립에서 가장 긴요하고도 어려운 문제는 성서를 빨리 한국말로 번역하는 것이었다.

하느님의 섭리였던지, 이 두 교파의 개척 선교사들은 같

---

2) *The Korea Mission Field*, 앞의 자료, pp.93-96. 이 논문에서 두 한국 청년이라 함은 서상륜과 백홍준을 가리키는데, 이들은 다 의주(義州) 사람이다.

3) 백낙준, 앞의 책, 79쪽.

4) *The Korea Mission Field*, 앞의 자료, p.94. W. D. Reynolds, "The Contribution of the Bible Societies", *The Korea Mission Field*, Vol.12, No.5, p.127. 또한 Ellasure Wagner, Through the Hermit's Gate with Suh Sang Yun, *The Korea Mission Field*, Vol.34, May 1938, p.94.

은 날 같은 배를 타고 제물포 부두에 상륙했으며, 같은 한국어 쪽복음서를 가슴에 품고 상륙한 것이 그들로 하여금 성서를 공동 번역해야겠다는 결단을 하게 했는지도 모른다.

마침내 이 두 선교사는 성서 번역사업을 같이 하게 되었다. 따라서 그들은 서상륜·이수정 두 한국인이 번역한 마가복음·누가복음·요한복음을 기본 삼아 이 사업을 시작했다. 물론 이 두 한국인의 번역은 중국말 성서와 일본말 성서를 가지고 한 것이어서 "이것(구 번역)을 고쳐 만드느라 시간을 낭비하느니 차라리 새로 번역하는 편이 낫겠다"[5]는 등의 문제가 없지는 않았지만, 그래도 처음에는 구 번역을 수정하여 만드는 데 힘썼다.[6] 그리하여 이 두 선교사는 1887년 2월 7일 "성서의 한국말 번역이나 그 번역의 감수를 목적으로 위원회를 구성하자는 의안에 합의를 보고"[7], 상임성서위원회를 조직하는 동시에 헌장과 세칙을 통과시켰다. 상임위원회는 장로교의 언더우드 목사를 위원장으로, 감리교의 아펜젤러 목사를 서기로 결정하였으며, 위원으로는 헤론(John W. Heron, 장로교), 스크랜튼(William B. Scranton, 감리교) 등이 임명되었고, 그 뒤 헤론의 후임으로 게일(J. S. Gale)이 임명되었다. 1888년 이 상임위원회는 미국성서공회, 영국성서공회 및 스코틀랜드성서공회 등 세 단체에 대하여 성서 출판에 적극 가담해 줄 것을 의뢰하게 되었다. 1893년 5월에는 이 위원회를 상임실행성서위원회로 개칭 강화하는 동시에 그 밑에 번역위원회와 수정위원회를 두게 되었다.

한편 로스 목사와 서상륜은 독자적으로 성서 번역을 계속 추진하여 1887년에 이르러서는 신약성서 전부를 번역 출간하는 데 성공했으며, 이것을 영국성서공회는 '예수셩교젼서'라는

---

5) W. D. Reynolds, 앞의 책.
6) 백낙준, 앞의 책, 159쪽.
7) 위의 책. 또한 The Translation of the Scriptures, *The Korean Repository*, Vol.2, No.5(May 1895), p.195.

이름으로 출판하기에 이르렀다.

초창기 한국인 동역자로는 위에서 말한 서상륜·백홍준·이수정 등이 있고, 국내에서는 이창직(李昌稙, 장로교), 최병헌(崔炳憲, 감리교) 등이 대표적인 동역자였다. 그들은 중국말 성서를 기초로 해서 번역했고, 선교사들은 원본을 가지고 번역을 시도했다. 그리고 이들은 서로의 번역 내용을 대조·종합하기 위하여 1893년 11월 11일 처음으로 전체회의를 열었는데, 3년 동안 무려 31회나 속회를 열었다.

다음으로 중요한 사건은 1895년 영국성서공회와 미국성서공회가 각각 국내에 들어온 사실이다. 1900년에 이르러서는 신약성서를 전부 번역하게 되었는데, 위 세 성서공회는 이를 합동사업으로 출판하였고, 이를 기념하기 위해 그해 9월 9일 감리교 정동교회에서 감사예배를 드렸다. 그때 사회자는 장로교의 모페트(S. A. Moffett) 목사였다. 이때 일본에 있는 미국성서공회의 루미스(H. Loomis) 목사는 영어로, 언더우드 목사는 한국말로 각각 설교를 했다. 또한 알렌(H. N. Allen)은 세 성서공회 이름으로 출판된 신약성서를 성서번역위원들과 한국인 동역자들에게 증정하였다. 이에 대하여 스크랜튼 목사가 답사를 했는데, 이때 관중이 예배당에 다 들어올 수 없어서 마당에까지 가득 찼다고 한다.[8]

신약성서 번역과 출판을 마치게 된 성서위원회는 구약성서 번역을 시작했다. 상임실행성서위원회는 번역·수정·간행 및 보존의 책임을 맡고 5명의 전임번역위원을 임명할 수 있는 권한이 있었다. 5명의 전임번역위원은 게일·스크랜튼·언더우드·레이놀즈·아펜젤러 등이었다. 그들은 모두 목회와 교육 등에 얽매여 있었던 관계로 여간 바쁜 사람들이 아니었다. 그리하여 아펜젤

---

8) Harry A. Rhodes, *History of the Korea Mission*, Presbyterian Church U. S. A., 조선야소교서회(朝鮮耶蘇敎會), 1934, pp.411-412. 성서 출판은 1900년 5월에 했는데, 대자(大字)신약성서는 12,000부, 소자(小字)신약성서는 15,000부, 복음서와 사도행전 합본은 10,000부였다.

러 목사는 배재학당 교장 직을 내어놓으면서까지 성서 번역에 전력을 다했지만, 아깝게도 1902년 7월 12일 세상을 떠나고 말았다. 목포에서 열리는 성서번역위원회 공동회의에 참석하기 위하여 인천에서 배를 타고 가다가 목포 앞바다에서 배가 충돌하는 바람에 숨지게 된 것이다.

그의 별세 직후 번역위원회는 후임으로 감리교의 존스(G. H. Jones) 목사를 번역위원으로 임명하는 동시에 "성서 번역사업에 주력하기 위하여 일정한 기간 일정한 장소에 함께 살면서 번역에만 종사할 수 있도록 했다."[9] 그 후 최병헌·이창직·김필수·유성준(兪星濬)·이원모(李源模) 등 주요 한국인 동역자들도 행동을 같이하게 되었다. 1902년 10월부터 1906년 3월까지 약 3년 반 동안 번역위원들은 555회나 공동회를 가졌다.[10]

한편 재한(在韓) 3개 성서공회는 1900년에 이르러 위 세 성서공회를 대표할 수 있는 공동대리인 제도를 채택하고, 켄뮤어(Alexander Kenmure)를 공동대리인으로 임명하는 동시에, 1902년에 이르러서는 새 규정을 채택하여 성서출판비·한국인 번역자 봉급·번역위원회 경상비 등을 대어 줌으로써 번역사업은 더욱 활기를 띠게 되었다.[11]

드디어 구약성서 번역도 완성되었다. 당시 세 성서공회의 공동대리인이던 밀러(Hugh Miller)는 번역위원회로부터 "구약성서가 다 번역되었다는 전보를 받게 되었으며, ……그것은 그 이듬해 4월에 출판되고 5월(성서주일)에 또 다른 기념감사예배가 거행되었다."[12]

찬송가 번역도 여간 어려운 사업이 아니었다. 물론 찬송가는 성서만큼 긴급히 요구되는 것은 아니었으나, 찬송가를 소리

---

9) 백낙준, 앞의 책, 360쪽.
10) 위의 책.
11) 위의 책.
12) Harry A. Rhodes, 앞의 책, p.413.

높여 부르면 세상에 소문이 나기 쉬웠으므로 초창기에는 찬송가를 부르지 못했다. 그러나 신교의 자유가 주어지고 교인 수가 불어남에 따라 찬송가의 요청은 커지게 되었다.

선교사들은 아쉬운 대로 각각 자기 선교구역에서 필요한 찬송가를 번역하여 부를 수밖에 없었다. 그리하여 1892년에는 감리교의 존스 목사와 로드웨일러(L. C. Rothweiler) 양이 악보 없는 《찬미가》(27곡)를 번역하여 인천 지방에서 부르기 시작했는데, 이것을 아펜젤러 목사가 최병헌·김인식 등의 협력을 얻어 한층 보강했다.[13] 1893년에는 장로교의 언더우드 목사가 서상륜·최명오 등의 협력으로 《찬양가》(117곡)를 펴냈고, 장로교의 리(G. Lee) 목사와 기포드(M. H. Gifford) 목사 부인이 1895년에 《찬성시》(54곡)를 펴내게 되었다.[14] 그리하여 1806년에는 "세 가지 찬송가가 교계에 유행되고 있었다."[15] 그러다가 장·감 두 선교부는 합동찬송가를 편찬하기로 합의하고 감리교의 존스 목사와 장로교의 언더우드 목사를 편찬위원으로 위촉함으로써 1908년에는 합동찬송가가 출간되었다.[16]

---

13) 이유선(李宥善), 《한국양악백년사(韓國洋樂百年史)》(중앙대학교 출판부, 1976), 36쪽. 여기에는 '찬양가'라 했지만 '찬미가'의 잘못일 것이다.

14) 위의 책.

15) The Korean Repository of September 1896, p.376.

16) Harry A Rhodes, 앞의 책, p.418.

2.

정기간행물 발행을
위하여

　　각 파 선교사들이 합동으로 추진한 사업 중의 정기간행물 발행사업은 중요한 부면을 차지했다. 초대 선교사들은 먼저 말을 배워야 했고 그다음에는 한국의 역사·풍속·지리 등을 알아야 했다. 이러한 일을 처음에는 각각 제 나름의 노력으로 했다. 그러다가 각자의 연구 결과와 지식을 서로 나눠 갖기 위해 월간 잡지를 발간하기 시작한 것이다.

　　그 최초의 잡지가 〈코리안 레포지토리(The Korean Repository)〉라는 영문 월간 잡지다. 편집인은 프랭클린 올링거(Franklin Ohilnger)였으며, 출판소는 삼문출판소(三文出版所)라는 감리교 출판소였다. 이 잡지는 1892년 1월 창간되어, 1893년부터 1년간 정간했다가 다시 발간하기 시작하였는데, 편집인은 감리교의 아펜젤러와 존스 목사였고, 집필자들은 대부분 각 파의 선교사들이었다. 이 잡지는 1898년 12월까지 속간되다가 통권 60호로 폐간되었는데, 한국의 문화·언어·풍속·역사 등에 관한 연구논문과 언론·기사 등까지 다루는 광범위한 것으로서 한국 기독교 기록문서의 보고(寶庫)요 시대적으로 중요한 사료

가 되었다.[1]

1901년부터는 헐버트(H. B. Hulbert)가 〈코리아 리뷰(The Korea Review)〉라는 월간 잡지를 발간했다. 이 책은 감리교 선교사의 개인 잡지로, 1906년까지 속간되었다. 장로교 측도 1901년부터 빈톤(C. C. Vinton)이 〈코리아 필드(The Korea Field)〉라는 부정기 간행물을 발행했으며, 감리교 측의 존스는 〈코리아 메도디스트(The Korea Methodist)〉를 발행했다. 그러다가 1905년부터는 이 모든 잡지를 합병하여 두 교파 연합으로 발행하기 시작했는데, 그것이 곧 〈코리아 미숀 필드(The Korea Mission Field)〉이다. 이 정기간행 잡지는 앞으로 말할 재한(在韓) 복음주의선교단체 통합공의회(The Federal Council of Evangelical Missions in Korea)의 기관지로 출발했다.[2]

그런데 위의 모든 간행물은 영문 잡지이며, 선교사 자신들을 위한 연구지 또는 기관지였다. 선교사들은 한국말 신문 발간에도 앞장섰다. 즉 감리교 선교사 아펜젤러가 제일 먼저 1889년 5월에 〈교회〉라는 잡지를 내기 시작했으며,[3] 1897년 2월 2일에는 '죠선 그리스도인 회보'라는 제호로 주간 신문을 창간했다. 그 뒤 국호를 '대한뎨국'으로 고치게 되자 '죠선' 대신 '대한'으로 제호를 바꾸어 속간했다.

장로교의 언더우드와 빈톤도 '그리스도 신문'이란 제호로 주간신문을 발간했는데, 약 두 달 늦게 1897년 4월 1일부터였다. 이것도 〈죠선 그리스도인 회보〉와 마찬가지로 순 한글 신문이다. 편집 내용은 감리교 신문보다 더욱 사회성을 띠었으며, 정부 당국이 467부씩 사서 전국 367개 군과 10개 부처에 한 부씩 배부했기 때문에 상당한 발전을 보게 되었다.[4]

---

1) 백낙준, 《한국개신교사》(연세대학교출판부, 1973), 257쪽.
2) 백낙준, 앞의 책, 357쪽.
3) 유동식, 〈한국기독교문서운동사〉, 대한기독교교회협의회 편, 《대한기독교교육사》(대한기독교교육협회, 1971), 191쪽.
4) 백낙준, 앞의 책, 555쪽.

그러나 교계에서는 장·감 두 교파가 따로따로 신문을 낼 필요가 없지 않느냐 하는 여론이 높아져서 이 두 교파는 '대한 그리스도 신문'이란 제호로 연합신문을 발행하기 시작했다. 1905년 7월 1일자 창간호 역시 '재한 복음주의 선교단체 통합공의회'의 활동 결과였다. 이것은 1907년 12월 3일 격주간지로 바뀌면서 '야소교 신보'란 제호로 속간되었다. 주일학교 공과 해설에 대한 요구도 컸기 때문에 이 신문은 통일공과도 싣게 되었다.[5] 이 연합 신문은, 장로교는 1910년부터 '예수교회보'란 이름으로, 감리교는 1911년부터 '그리스도회보'란 이름으로 각각 갈라져서 신문을 내기까지 계속 연합신문으로 발간되었다.

이와 관련하여 일반 문서운동에도 발전이 있었다. 즉 몇몇 선교사가 1889년 10월 언더우드 목사의 집(정동 그레이 하우스 자리)에 모여 협의한 뒤, 1890년 6월 25일에 준비된 헌장을 통과시키는 동시에 한국성교서회(韓國聖敎書會, The Korean Tract Society)를 조직하기에 이르렀다. 이것이 오늘날 대한기독교서회의 전신이다.[6]

서회 창설위원들은 아펜젤러·베어드(W. M Baird)·기포드·존스·게일·헐버트·모페트·레이놀즈·언더우드·올링거(F. Ohlinger, 초대 회장)·벙커(D. A. Bunker) 등으로, 장·감 두 교파 선교사들이 망라된 초교파 운동을 이루었다. 창설기의 서회는 언더우드 목사의 주선으로 영국과 미국에 있는 전도서류회사 즉 The Tract Society의 원조로 운영되었다. 그러므로 '한국성교서회'의 영어 명칭도 The Tract Society였으며, 그 목적은 "기독교 서적과 정기간행물을 출판하여 전국에 널리 펴는 데" 있었다. 최초의 주요 출간 서적은 《성교촬요(聖敎撮要)》,《장원양우상론(長遠兩友相論)》,《그리스도 문답》,《인가귀도(引家歸道)》,《천로

5) 위의 책, 556쪽.
6) 《대한기독교서회 약사(略史)》(대한기독교서회, 1960. 6. 25.), 49쪽.

역정(天路歷程)》,《신덕통론(信德通論)》,《세례문답》,《신약문답》,
《진도입문문답(眞道入門問答)》,《찬양가》,《찬미가》,《찬셩시》,《구
세교문답》,《구세진전》,《경세론》,《사민필지(士民必知)》,《복음요
ᄉ》,《셩경문답》,《사름의 모본》 등이 있으며, 1903년에 이르러
출판 판매된 서적의 총 부수는 25만 권에 이르렀다.[7]

7) 대한기독교서회, 앞의 책, 49-51쪽, 또한 백낙준, 앞의 책, 257쪽, 또한 1896년도 The Korean Repository 광고.

3.

교회 합동운동을
위하여

1889년부터 1897년까지 8년 동안에는 4개 교파 즉 침례교회·성공회·감리교회·장로교회의 선교단체가 입국하여 정착했다. 당시에는 감리교 남·북 선교부와 장로교 남·북·호주 선교부 등 7개 선교단체가 있었다. 그러나 선교사들은 정착하기 전까지는 무척 고독했던 것이 사실이다. 더욱이 장·감 두 교파만 있을 때는 피차 쓴맛 단맛을 나누고 기쁨과 슬픔을 같이 겪었다. 그래서 그들은 성서 번역·문서전도·찬송가 번역·연합예배 그리고 성찬예배도 공동으로 했다. 말하자면 초대 선교사들은 교파 구별 없이 에큐메니칼적인 선교를 했고, 선교사들의 교적과 국적도 초교파적 성격이 뚜렷했다. 감리교의 스크랜튼 목사 부처를 제외하고는 모두가 신앙 배경이 초교파적이었다. 감리교의 아펜젤러 목사는 스위스인의 후예로서 교육은 독일 개혁교회 기관에서 받고 미국 감리교 신학교를 나왔다. 한편 장로교의 언더우드 목사는 영국인으로 미국 화란개혁교회 교인이었으며, 알렌 박사는 장로교인이지만 교육은 감리교 학교에서 받았고, 헤론 박사는 영국인으로 조합교회 목사의 아들이다.

이처럼 초교파적 성격을 지닌 초대 선교사들은 장차 한국 교회의 합동을 위해서는 제일 먼저 선교사들이 뭉쳐야 된다고 생각하게 되었다. 그리하여 1889년 장로교의 두 파, 즉 북장로교 선교부와 호주장로교 선교부는 '선교부협의회'를 조직하여 의장에는 북장로교의 헤론(J. W. Heron), 서기에는 호주장로교의 데이비스(J. H. Davies)가 각각 취임했다.[1] 감리교파 사이에는 남감리교회 한국선교부 창설자인 리드(C. F. Reid)의 반대로 합작이 이루어지지 못했으나[2] 장로교파 사이에는 1892년 미국 남장로교 선교부가 입국하자 이듬해 1월 28일 '장로교 치리기구 준행 선교부공의회(Council of Mission Holding the Presbyterian Form of Government)'를 조직하기에 이르렀다.[3] 이 공의회는 장로교 선교사 전원이 참가했으며, 여기에는 "한국인을 상대로 하는 우리의 모든 선교활동은 한국에 하나의 장로교회를 조직함을 목표로 함에 있다"라는 규정조항이 있었다.

그리고 뒤늦게나마 감리교회는 교회합동의 횃불을 들었다. 1905년 6월 북감리교 재한 선교부 총회가 서울에서 열렸을 때 감리교 교육 문제 토의회에 다른 교파 선교사들도 초청하기로 결의한 것이다. 왜냐하면 남·북감리교회는 서울에서 학교를 연합적으로 운영하고 있을 뿐 아니라 교육기관도 장로교보다 훨씬 우세했기 때문이다. 그리하여 이 총회에서 교육사업의 합동 운영을 강력히 주장하던 평양의 베어드 박사가 연설을 했고, 다른 여러 선교사들이 같은 내용의 발언을 했다.[4] "감리교 부인병원을 맡아 보던 의학박사 메리 커틀러(Mary Cutler) 양은 새 병원 건물을 지을 수 있는 건축기금이 다 마련되어 있었음에도 자기 병원과 장로교 병원이 합동하기를 원하고 있었다. 또한 당시

---

1) 백낙준,《한국개신교사》(연세대학교출판부, 1973), 209쪽.
2) 위의 책.
3) 백낙준, 앞의 책, 210쪽.
4) 위의 책.

감리교 여자학교 책임자인 힐맨(M. R. Hilman) 양도 건축비를 준비하여 가지고 새 여학교를 또 건축하려는 장로교 선교부와 합동할 것을 제창했다."5

이와 같이 여자 선교사들이 합동운동에 앞장서는가 하면, 남자 선교사들도 그에 못지않게 열광적으로 연합을 지지하였고, 연합전도사업과 신학교 교육의 합작 문제도 토의하였다. 그 뒤 감리교 총회는 위원을 선출하여 장로교 측이 똑같은 목적을 위하여 선출한 위원과 협의하게 하였다. 이에 대하여 무어(S. F. Moore)는 '한국의 획기적인 총회(An Epoch-Making Conference in Korea)'라는 제목의 기사를 쓰기도 했다.6 그리고 〈코리아 리뷰(The Korea Review)〉는 '한국 안의 두드러진 운동(A Notable Movement in Korea)'이라는 사설을 쓰기도 했다.7

교회 연합운동 열기가 이처럼 고조되면서 이 두 교파가 6월 26일 벙커의 집에서 다시 모였을 때는 서울 안의 선교사들은 거의 전원이 참석했다. 이 연합위원회의 확대회의는 감리교 해리스(M. C. Harris) 감독의 사회로 열렸는데, 이것은 하나의 큰 공청회 같은 것이었다. 감리교회 재한 선교부 총회 회록에는 다음과 같은 보고가 실려 있다.

> 레이놀즈(W. D. Reynolds, 남장로교 선교사)는 그 동의에서 이 비공식적인 모임에 출석한 선교사들의 총의(總意)는 단일 한국 국민교회를 창립할 시기가 무르익었다고 보는 데 있다고 전제하고, '한국그리스도교회'라는 명칭 하에 단일 교회 설립을 추진하자는 동의안을 제출하였다. 에비슨(O. R. Avison, 캐나다 선교사) 박사의 재청에 따라 만장일치로 전원이 일어서서 이 동의안을 채택하였다. 그 뒤 베크(S. A. Beck, 영

---

5) 백낙준, 앞의 책, 397쪽.
6) 위의 책. 이 기사는 *The Missionary Review of the world*, Vol.18, No.9(September, 1905), pp.689-692에 있다.
7) *The Korea Review*, July 1905, pp.249-254.

국성서공회 선교사)는 이 모임에서 나타난 총의로 보아 개신교파 기독교 전부가 한국 안에서 교육사업을 합동해야 한다는 것에 동의하여 진지한 토의 끝에 그 동의가 가결되었다.[8]

이러한 감리교회의 움직임에 호응하여 장로교공의회(The Presbyterian Council)는 1905년 9월에 모임을 갖고 감리교의 건의안을 이의 없이 채택했다.

그 결과 "장로교공의회와 감리교선교부에서 취한 공동 조치에 의하여 1905년 9월 15일 여섯 선교부의 관계자 약 150명의 선교사들이 모인 가운데 재한 복음주의선교단체 통합공의회(The General Council of Evangelical Mission in Korea)가 조직되었다."[9] 이 새 단체의 헌장 제2조에는 "이 공의회의 목적은 기독교사업에 협동하고 나중에는 한국에다 단일 복음주의교회를 조직함에 있다"고 되어 있고, 제3조에는 이 기관의 권한을 '자문권과 각 선교부가 위임하는 기타 권한'이라고 규정하였다. 또한 여섯 선교부의 대표자 한 명씩으로 구성되는 실행위원회를 두어, 폐회한 뒤 제출되는 각 선교부의 협동안과 문제를 처리하게 했다. 그 초대 의장에는 북장로교의 언더우드(H. G. Underwood)가 선출되었고 서기 겸 회계에는 북감리교의 벙커가 선임되었는데, 이것이야말로 교회합동을 위한 최초의 공식적이며 성공적인 사례인가 싶었다.[10]

이 통합공의회 조직 초기에 평양과 서울에 있던 두 남자학교는 합동으로 경영되었고, 서울의 병원사업도 대체적인 합동경영체를 구성했다. 주일학교 공과와 찬송가, 공의회 기관지 〈코리아 밋숀 필드(The Korea Mission Field)〉와 교회신문 출판도 협

8) 백낙준, 앞의 책, 397-398쪽. Official Minutes of the Korea Mission Conference, 1905, pp.20-21.
9) 백낙준, 앞의 책, 399쪽.
10) 위의 책.

동사업으로 추진되었다.[11] 그러나 서울의 두 여자학교는 합동하지 못했으며, "통합공의회 자체는 그 공인한바 한국 단일 복음주의 기독교회의 창설 목적을 성취하지 못한 채, 1912년에 가서는 공의회 체제가 연합체제로 변형되고 말았다."[12] 그 원인에 대하여 교회역사가 백낙준 박사는 "이러한 첫 열성이 식은 원인은 선교사업이 성공된 데 있었다"라고 전제한 다음 "각 교회가 성장함에 따라 각 선교부는 그들의 사업 강화에 열중하였고, 자기 선교 중심에 필요한 자체 기관을 설립하였다. 더욱이 한민족의 민족주의가 고창됨에 따라 한국 교인들에게는 소속된 교파의 신앙규례를 중심으로 하는 교파중심주의가 육성되었다. 이렇게 교회가 커질수록 교파 통일은 어려워졌다"[13]라는 의미심장한 발언을 한 것이다.

이 교회합동운동은 1909년부터 시작된 이른바 '100만 명 신자화 운동'을 더 확장하고 조직화했다. 즉 본래는 1909년 9월 남감리교 재한 선교부 연차대회가 "20만 명의 심령들을 그리스도에게로"라는 표어로 발족된 것인데, 이 연차대회가 폐회된 직후 '복음주의선교단체 통합공의회'가 서울에서 모여, 이 표어를 1909년도 모든 개신교회의 전도표어로 삼자는 한국 남감리교 선교부 창설자 리드(W. T. Reid)의 동의를 채택한 것이다. 그리고 이 공의회는 20만 명 대신 "100만 명의 심령을 그리스도에게로"라는 더 과감한 표어를 내세우자고 보고했기 때문에 이를 전국 개신교전도운동으로 추진시켰던 것이다.

이렇듯 과감한 표어를 내세운 이면에는 한일합방 전후 한국인들의 심각한 정서적·심리적 상태가 작용한 것이 사실이다. 이에 대하여 게일 박사는 다음과 같이 말했다. "100만 명 구령

11) 위의 책.
12) 위의 책, 400쪽. 여기서 1912년은 1911년을 잘못 기록한 것이다.
13) 위의 책.

(救靈)이란 소리는 민족의 실망이 극에 다다른 이때 널리 울려 퍼지고 있다. 자기 잘못으로 파멸과 굴욕의 구렁에 빠져 자기방어와 자주정치 능력을 상실한 이 나라 사람들은 만국 백성의 능욕을 받는 처지로 전락하고, 국가의 주권을 빼앗겼으며, 재정권은 남의 손에 넘어갔고, 습관화된 사기와 기만의 생활은 끝장났다. 오늘날에 와서 모든 것을 박탈당하고 망국민(亡國民)의 판정을 받고, 꼼짝할 수 없게 된 이 나라는 한 구세주를 찾고 있다. 오늘은 최악의 날이다. 우리는 내일을 기다릴 수 없고 예언할 수도 없다. 오늘은 전도할 그날이다. 이곳이 전도할 그곳이다. 활짝 열린 전도의 문 앞에는 겸손하게 서있는 수많은 백성과 초조한 심정으로 기다리는 사람들이 있다. 우리 선교사들은 이때가 한국의 중대한 고비라고 확신하고 있다.”[14]

반면 민경배 교수 같은 민족교회사가는 1907년부터 1910년까지의 대부흥운동을 “이 소망 없는 나라의 정형에서 눈을 돌려 주님과의 고고한 영적 교통에 집념할 것”[15]이라는 블레어(W. N. Blair) 선교사의 말을 인용하면서, 단순한 경건주의와 복음주의 신앙·정교분리와 영혼의 안주·내세에의 열락 등을 선교사들의 신앙의 결과라고도 평하는 동시에 이를 한국 교회 비민족화운동이라[16] 지적한 것은 명철한 역사적 관찰이라 찬성은 하면서도, 그 부흥운동의 긍정적인 면이 전적으로 무시될까 봐 격정하기도 했다.

통합공의회의 또 다른 공헌은 일제 통감부의 교육적 탄압에 강력한 조치를 취한 일이다. 이에 대응하기 위하여 1907년부터 조선통감부는 비 온 뒤의 죽순처럼 일어나는 사립학교를 탄압하기 시작했고, 1908년에는 드디어 사립학교령을 공포했다. 선교부가 경영하는 모든 학교가 이 학교령에 의하여 학부에 등

---

14) 위의 책, 403쪽.
15) 민경배,《한국민족교회형성사론》(연세대학교 출판부, 1974), 46쪽.
16) 위의 책, 31쪽.

록하고, 교과서 검열·교사 자격 인준은 물론 경우에 따라서는 폐쇄 명령까지 받아야 했다. 이에 대하여 통합공의회 교육위원회는 즉시 회의를 소집하고 1910년 10월 미국과 영국 두 영사를 통하여 통감부에 외교 접촉을 했다. 그리하여 이때부터 통감부는 직접적인 종교 탄압은 못 하게 되었다.

또 하나의 큰 공헌은 각 선교부의 선교구역 획정과 조정에 있었다. 각 선교부는 처음에는 거의 자연발생적으로 선교구역을 차지했다. 그러나 이것이 차츰 선교부 간에 문제가 되자 1892년 북장로교와 북감리교가 제일 먼저 공식적인 합의를 보았다. 즉 "5천 명 이상의 인구가 사는 개항장과 도시는 양 선교부가 공동 점유하고, 그 이하의 지역에서는 해당 지역에 처음 선교분소를 설치한 선교부에 양도하되, 교인은 그 소속 교회의 추천이 없으면 이적할 수 없다"[17]고 되어 있었으며, 통합공의회가 창설된 다음 해인 1906년부터는 본격적인 합의가 이루어졌다. 즉 선교구역 분할 권한을 위임받은 통합공의회가 적극적인 조정에 나선 결과, 평안남도 내에서 북감리교 선교부와 북장로교 선교부의 분계가 성립되었다.

1907년에는 남감리교 선교부와 북장로교 선교부 간에 합의가 성립되어, 전자는 강원도 북쪽의 3분의 2와 서울 이북에 있던 북장로교 사업을 양도받고, 후자는 강원도 남쪽 2분의 1과 서울 경서(京西) 양단(兩端) 지역에 산재한 남감리교 교인들을 확보하게 되었다.[18] 1908년에는 남감리교 선교부와 캐나다장로교 선교부 간의 합의가 이루어져, 전자는 원산 북부지방을 후자에게 넘겨주었고, 남감리교 선교부는 서울에서 송도까지와 서울에서 원산까지의 지역을 차지했다. 그리고 캐나다 선교부는 함경도 전 지역과 북간도까지의 지역을 차지하게 되었다. 서울 이남은 북장로교와 북감리교 그리고 남장로교 간에 합의가 성립되

---

17) 백낙준, 앞의 책, 211쪽.
18) 위의 책, 401쪽.

어, 충청북도는 북장로교가, 충청남도는 북감리교가, 그리고 전라남·북도는 남장로교가 차지하게 되었다. 영남지방에서는 북장로교가 경상남도 동남부와 서남부 지역을 호주선교부에 넘겨주었을 뿐, 그 밖의 경상남도 지역과 경상북도 전역을 차지하였다.[19]

이처럼 선교구역 분계는 미점거(未占居) 지역의 분할만이 아니라, 기존 교회나 교인집단이 산재한 지역 간의 협정도 이루어지게 했다. 그러므로 그들 교단 간에는 소속 교인들을 넘겨주는 일과 재산을 교환하는 일도 꽤 많았다.[20]

선교구역의 분계 조정은 모든 마찰의 원인을 제거할 뿐 아니라 이중점유의 폐단을 없애기도 했다. 그리하여 통합공의회는 한국 교회를 단결시키고 협조정신을 함양하는 동시에 최종 목표인 한국 단일기독교회의 성취를 위한 빛나는 공헌을 한 것이 사실이다.

---

19) 위의 책.
20) 위의 책.

4.

특수 전도를
위하여

초대 선교사들은 생명을 걸고 전도를 했다. 초대 개신교
선교사들은 가톨릭 신자들보다 몸을 아끼고 죽음을 두려워한
것처럼 알려졌으나 그렇지만은 않았다. 선교 방법과 정책이 가톨
릭보다 비정치적이고 간접적이었을 뿐, 절대로 비겁한 행동을 하
거나 죽음을 두려워하지 않았다.

그 한 예를 전도여행에서 찾아볼 수 있다. 1887년 언더우
드 목사가 평양을 거쳐 중국 접경지 의주까지 여행한 것을 비롯
하여, 1888년에는 장·감 두 교파 선교사 언더우드와 아펜젤러
가 제2차 북부지방 전도여행을 했으며, 1891년에는 게일과 모페
트가 평양과 만주를 거쳐 함흥·원산·서울까지 장거리 탐험여행
을 했다. 그러면서 이 나라 풍속·언어·문화 연구에 용감했던 것
이다. 그 결과로 선교사들은 한국민의 사상·문화·역사 전반에
걸쳐 광범위한 지식을 얻게 되었고, 일반 민중과도 접근할 수 있
었다.

그러나 도저히 접근할 수 없는 계층이 있었으니, 그것은
양반계급과 지식층이었다. 잘 알려진 바와 같이 개신교는 가톨

릭과 반대로 하층계급에 먼저 전도를 시작했다. 양반계급과 상류 지식층에는 도저히 접근할 수 없었기 때문이다. 이를 극복하기 위하여 일으킨 사업 중의 하나가 문서운동이다. 위에서 기술한 바와 같이 19세기 말에 이미 미국·영국·스코틀랜드 성서공회가 정착했는데, 이 세 성서공회는 전부 초교파 기관이다. 오늘날 대한기독교서회, 즉 한국성교서회도 초교파기관이었는데, 이 초교파 문서운동을 통하여 상류층 접근 문제를 어느 정도 극복할 수 있었다. 예를 들면 게일은 독립협회 지도자 김정식(金貞植)에게 전도하기 위하여 무척 애쓴 일이 있다. 게일은 그에게 신약성서를 세 번이나 주었는데 세 번 다 거절당했다. 그리고 김정식이 체포되어 1903년 감옥에 있을 때 또다시 성경을 차입했는데, 그때도 거절당했다. 그러나 김정식은 한문으로 된 무디(D. L. Moody)의 설교집을 읽고 회개하여 신자가 되었다.[1] 이처럼 양반 출신이나 지식층에 접근하기 위해서는 성경 대신 일반서적을, 한글서적 대신 한문서적이 필요했던 것이다.

　　이러한 특수전도에 가장 성공한 사례가 기독교청년회 운동이다. 당시 초대교회 신자들은 무지한 하층계급과 서민뿐이었다. 교회학교 학생들도 거의 전부가 그 계층의 자녀들뿐, 유식하고 똑똑한 청년들은 많이 찾아오지 않았다. 이런 상황에서 계획한 것이 기독교청년회, 즉 YMCA의 조직이다.

　　이러한 구상은 자발적이라기보다 피동적이라 할 수 있다. 지식층 양반 출신 자녀들은 교회당에 가고 싶어도 상민 출신 자녀들에게 먼저 점거된 교회당에는 갈 수 없었기 때문이다.

　　그리하여 장·감 두 교파의 언더우드·아펜젤러 두 개척선교사는 1899년, 의논 끝에 기독교청년회를 끌어들이기로 합의

1) Harry A. Rhodes, Fifty Years of Christian Literature in the Korean Mission, Fiftieth Anniversary Celebration, Korea Mission Presbyterian Church U. S. A. 朝鮮耶蘇教書會, 1934, pp.79-80.

를 보았다. 교회당이 아닌 다른 기독교기관이 아니고는 이들 소
외된 청년들을 포섭할 수 없었기 때문이다. 우선 그들은 5~6명
청년들의 진정서를 얻어 가지고 YMCA 국제위원회에 청원하기
로 했는데, 예상 밖으로 150명의 청년들이 이 진정서에 서명을
한 것이다. 그리하여 이 두 선교사는 1899년 이 청년들의 진정서
를 가지고 한국에 YMCA를 설립해 달라는 청원서를 냈다.[2]

　　YMCA 국제위원회는 이 청원서를 받고 1900년 조사관
을 파견했는데, 때마침 중국 의화단(義和團) 사건으로 피난하게
된 톈진 YMCA 총무 라이언(D. Willard Lyon)으로 하여금 한국
에 가서 조사하게 했다. 그는 1900년 6월 28일부터 9월 17일까
지 한국에 피난해 있으면서 면밀한 조사를 했다. 제일 먼저 언더
우드·아펜젤러 두 선교사를 찾아가 만나 보았고, 그다음에는 영
국 유학 시절 YMCA 운동을 직접 보고 온 여병현을 비롯하여
헐버트, 게일, 벙커, 스크랜튼 등을 차례로 면담했다. 그 면담 내
용과 조사 결과를 요약하면 다음과 같다.[3]

① 상류 지식층과 그 자제들을 포섭하기 위해서는 일반 교회와는 전
　 혀 다른 성격의 기독교 기관이 필요하다.
② YMCA를 창설하기만 하면 200명 이상의 우수한 청년들이 당장 회
　 원이 될 수 있다.
③ 국왕이 청년운동을 위험시하지만 선교사들이 잘 설명하면 허락해
　 줄 것이다.
④ 회관이나 돈보다 사업을 일으킬 전문 간사가 더 필요하다.
⑤ 각계각층 청년들을 포섭하기 위해서는 신앙이 돈독하고 다재다능
　 하고 원만한 성격의 사람이 간사가 되어야 한다.

---

2) F. S. Brockman's Letter to Mr. J. R. Mott, on May 13, 1903.
3) D. Willard Lyon, Twenty Five Years Ago, p.34.

이러한 조사보고서를 받은 뉴욕의 YMCA 국제위원회는 곧 한국 YMCA 창설 작업을 서두르게 되었다. 현지에 파송할 전문 간사를 물색하고, 회관 건축비를 모금한다는 두 가지 방법을 채택한 뒤 곧 전문 간사를 물색하기 시작했다. 전문 간사는 "신앙이 돈독하고, 한국말을 열심히 배우고, 다재다능하고, 원만하고, 점잖고, 독신자이고, 편협하지 아니하고, 범세계적인 성격의 소유자이고 사교적이 인물"[4]이어야 한다고 정하게 되었다. 이때 선출된 질레트(P. L. Gillett)는 "편협하지 아니하고 범세계적인 성격의 소유자"라는 데 의미가 있다.

YMCA는 1844년 영국에서 시작된 때부터 에큐메니칼 운동의 선봉에 섰다. 그리하여 1851년에는 미국과 캐나다에 건너가게 되었고, 1879년 이 두 나라 YMCA가 연합해서 'YMCA 국제위원회'를 조직했으며, 이보다 앞서 1855년에는 파리에서 세계 각국 YMCA가 모여 'YMCA 세계연맹'을 조직한 것이다.

이러한 에큐메니칼 운동의 배경이 있는 YMCA 국제위원회에서 선택받은 예일대학 출신의 유능한 전문 간사 질레트는 1901년 9월 한국에 왔다. 그는 한국에 온 즉시 배재학당에 학생청년회를 조직했으며,[5] 1903년 3월에는 자문위원회를 조직했다.[6] 이 자문위원회는 영국·미국·프랑스·독일·일본·중국 등 각국 주한 외교사절과 실업인 선교사들로 구성되었으며, 의장은 헐버트 씨였다. 이 자문위원회의 주목적은 한국 YMCA 창립과 그 회관 건축기금 모금에 있었는데, 이 목적을 효과적으로 설명하기 위해 질레트는 '중국·한국·홍콩 YMCA 전체위원회(General Committee of YMCA's of China, Korea and HongKong)' 총무이

---

4) 위의 책.

5) P. L. Gillett's Report to the International Committee, on September 30, 1902.

6) P. L. Gillett's Report to the International Committee for the Twelve Months Ending September 30, 1902.

던 브로크만(F. S. Brockman)을 초청해서 큰 집회를 열었다. 이 것이 1903년 3월 18일 모인 '한국 역사상 최초의 대규모 국제회 의'로,[7] 회관 건축기금을 모금하기 위해서뿐 아니라 YMCA 창립 준비도 겸했던 것이다.

이 모임의 결과로 1903년 10월 28일 황성(皇城)기독교청 년회가 창설되었다. 자문위원회 위원장 헐버트의 사회로 열린 이 창립총회에서는 장·감 두 교파 선교사들은 물론, 한국인 지도 자·학생 등 5개국 국민으로 구성된 28명의 정회원이 모였고, 통 과된 헌장에 따라 한국·미국·영국·일본 국민 중에서 12명의 이 사를 선출했다. 이리하여 한국에서 최초의 에큐메니칼 단체가 정식 발족된 것이다. 이때 한국인 이사로는 감리교의 여병현과 장로교의 김필수(金弼秀)가 있었다.

이처럼 교파와 국적을 초월하여 조직된 황성기독교청년 회는 1904년 감옥에서 풀려 나온 이상재·김정식 등 독립협회 지도자들을 맞이하여 더욱 강화되었다. 또한 1907년에는 전덕 기(全德基) 등 감리교 상동교회(尙洞敎會) 교인들을 포섭하여 강력 한 연합운동체를 구성할 수 있었다.[8] 또한 이 해에는 종래 사용 하던 건물을 헐고 9백여 평이나 되는 종로의 현 대지에 3층 양옥 건물을 지어 회관으로 사용하게 되었다.

이때 또 특기할 만한 것은, 황성기독교청년회가 해외에까 지 세력을 뻗친 사실이다. 1906년에 이 청년회는 재일 한국 유학 생 포섭을 목적으로 부총무였던 김정식을 파송하여 일본에 재 일 한국 YMCA를 창설했다. 그리고 1907년 3월 상하이에서 모 이는 세계 YMCA 아시아지구연합회와 4월에 일본 도쿄에서 개 최된 제7회 세계기독학생연맹 세계대회(The World's Christian

7) F. S. Brockman's Letter to Mr. J. R. Mott, May 13, 1903.
8) 이때 회원은 900여 명이었고, 의사부·재정부·교육부·운동부·종교부·학관 등의 위원 및 교사 수는 무려 50여 명에 달했다.

Student Federation Convention)에 윤치호(尹致昊) 부회장을 단장으로 하여 김정식, 김규식(金奎植), 민준호(閔濬鎬), 강태응(姜泰應), 브로크만(F. M. Brockman) 등 7명을 한국 대표로 파송했다.[9] 이로써 한국 YMCA는 한국 교회 에큐메니칼 운동의 해외 진출에 선봉을 섰던 것이다.

---

9) 재일한국기독교청년회 창립 50주년 기념 화보 8쪽. 〈대한매일신보〉 1907년 4월 6일자, 5월 5일, 9일자. 백낙준, 앞의 책. 207쪽.

제2부 1905~1918

일제 무단정치하의 연합운동

1.

정치 탄압과
한국 교회

1910년 8월 22일, 한일합방이 성립되기 직전과 직후 일
제는 한민족에 매우 포악한 정책을 폈다. 우선 그 직전의 몇 가
지 두드러진 사건을 든다면, 첫째로 1905년의 이른바 을사늑약
을 들 수 있다. 이 늑약은 이전 이름('을사보호조약')에서 '보호'라
는 낱말이 암시하듯 한국은 자립할 능력이 없으니 일본이 보호
해 줄 수밖에 없다는, 모욕적이며 침략적인 의도에서 비롯한 것
이다. 일제는 우선 대한제국의 외교권을 박탈하여 외국 주재 한
국공사관을 폐쇄했고 뒤이어 1907년에는 고종황제의 강제 양
위, 그리고 군대해산 조치를 취했다.

그동안 일제는 기독교회에는 그다지 노골적인 탄압은 하
지 않았으나, 기독교 학교와 사회단체에는 흉악한 정책을 썼다.
1907년 7월 공포한 보안법, 1908년 8월에 공포한 사립학교령,
1908년 9월의 학회령, 1909년 3월의 출판법, 1910년 8월의 집
회 결사 엄금령 등이 그것이다. 이렇게 잇따라 공포되는 법령 때
문에 1910년 9월 12일에 이르러는 모든 항일 사회단체들이 강
제 해산되기에 이른 것이다.[1] 예를 들면 대표적인 항일 언론기관

이라 할 수 있는 〈대한매일신보〉(1907년 7월 창간)를 비롯하여 국채보상기성회(1907. 2), 헌정연구회(1905. 5), 대한자강회(1906. 3), 동우회(1907. 6), 대한협회(1907. 11), 신민회 등의 기관이 다 해산되었다.

　　일제는 1905년 을사늑약을 계기로 한국을 완전 굴복시킨 것으로 믿고 있었다. 그러나 방방곡곡에서 일어나는 의병들과 항일운동이 만만치 않았기 때문에 한동안 주춤했다가 1907년 황제의 밀사가 헤이그까지 가서 일제의 침략상을 폭로하는 사건이 일어나자, 이토 히로부미(伊藤博文) 통감은 고종황제에게 "이같은 음흉한 수단으로 일본의 보호권을 거부하기보다는 차라리 당당하게 선전포고를 하소서"라고 협박했으며, 1909년 이토 통감이 안중근 의사에게 저격당하자 최종 수단으로 한일합방을 강행했던 것이다.

　　한일합방 뒤의 정치를 무단정치라 한다. 이 무단정치는 초대 총독 데라우치 마사히사(寺內正毅)에 의하여 시작되었다. 데라우치는 당시 현역 육군대장으로, 1915년에는 일본 중앙정부에 불려 가서 총리대신까지 된 거물이다. 당시 일본제국의 관제(官制)에 의하면, 조선총독이 되려면 친임관(親任官)으로서 육군대장 아니면 해군대장이라야 자격이 있었다. 조선총독은 "천황의 직속 하에 위임의 범위 내에서 육·해군을 통솔하여 조선 방위의 일을 관장한다"라고 되어 있었으므로 그 권한은 막강했다.

　　이처럼 막강한 권한을 위임받고 취임한 데라우치 총독은 위임사항을 철저히 시행하기 위하여 헌병과 경찰제도를 더 한층 강화했는데, 이것이 이른바 무단정치라는 것이다. 그리하여 데라우치 총독은 물샐 틈 없는 행정관제를 공포하는 동시에 모든 관

---

1) 조항래(趙恒來), "구한말 사회단체의 구국운동", 성곡학술문화재단 편, 〈성곡논총〉 제7집(서울대학교 출판부, 1976), 577쪽.

청기구의 요직을 일본인이 독점케 했다.[2] 그리하여 서울 경무총 감은 조선 주재 헌병사령관이 겸임하게 하고, 각 도 경무부장은 각 도의 헌병대장이 겸임케 하여 군대와 경찰행정을 일원화했다. 그리고 조선감옥령을 공포하여 전국에 24개소의 감옥을 설치하는 동시에 집회 결사 엄금령을 내려 수많은 애국지사와 양민을 투옥했으며, 지배자로서의 권위를 과시하기 위하여 일반 문관과 학교 교원까지도 제복과 제모를 착용하며 칼을 차고 활보하게 하는, 소위 조선총독부관제직원복제령을 내림으로써 공포 분위기를 더한층 강화했던 것이다. 이러한 정책의 일환으로 일제는 모든 한국인 민간단체를 해산시켰다. 교육 탄압책으로는 학교에서 한국 역사와 지리를 가르치지 못하게 했을 뿐만 아니라 각 학교에 일본인 교사를 두어 일본어를 강제로 교육했으며, 한글로 된 수십만 권의 교과서와 서적을 불태워 버렸다.[3]

　　1915년 데라우치 총독이 본국 정부 총리대신이 되어 귀국하고, 후임자 하세가와 요시미치(長谷川好道)가 오면서 이 무단정치는 더욱 강화되었으며, 때마침 폭발한 제1차 세계대전의 먹구름 밑에서 일제의 무단정치는 악독한 횡포를 자행할 수 있었던 것이다. 이와 같은 무단정치하에서 살아남을 수 있는 민간단체가 얼마나 있었겠는가? 그로부터 1919년 3월 1일, 3·1독립만세 운동이 일어나기까지 약 10년간은 한민족에게는 문자 그대로 공포와 암흑의 시대였다.

2) 이때 구한국 정부의 관리가 재등용된 자는 287명에 불과했는데, 그것마저도 이왕직(李王職)·중추원(中樞院) 등 한직(閑職)과 지방 말단 관리가 대부분이다. 국사편찬위원회, 《한국독립운동사》, 대한민국 문교부, 국사편찬위원회, 탐구당, 1970, 41쪽.
3) 위의 책, 51쪽.

2.

105인 사건과
선교사들

105인 사건이란 데라우치 초대 조선총독이 기독교 세력을 뿌리뽑으려고 수백 명의 양민을 마구 검거했다가 105인의 지도자들을 기소하여 정식 재판으로 넘긴 사건이다. 이 사건은 1910년 11월 5일 압록강 철교 가설공사를 마치고 그 낙성식에 참석하러 신의주로 가는 데라우치 총독을 기독교인들이 도중에서 암살하려 했다는, 허무맹랑한 조작극이다. 그 내용인즉 서북지방 민족주의자들과 학생들이 만주 안동 현에 사람을 밀파하여 권총을 사서 선천 신성학교(信聖學校) 교실 천장에 감추어 두었다가 거사할 계획이었다는 것이다.[1]

이 사건은 1911년 10월 12일 신성학교 학생 3명을 검거하여 서울로 압송함으로써 시작되었다.[2] 서울에서도 같은 날 경신학교 학생 3명이 검거되었고, 두 주일 뒤에는 초등학교 교사들과 많은 학생이 검거되었으며,[3] 몇몇 선교사도 이 사건을 뒤에서

---

1) 백낙준,《한국의 현실과 이상》(동아출판사, 1963), 383쪽.
2) 선우훈,《민족의 수난, 백오(百五)의 피눈물》(세광출판사, 1953), 35-36쪽.
3) 곽안전(Allen D. Clark),《한국 교회사》(대한기독교, 1961), 142쪽.

조정했다고 추궁당한 것이다.[4]

    당시 검거된 사람은 600여 명이라는 설도 있지만,[5] 실제로 문초를 받고 기소된 사람은 123명이다.[6] 이들의 거의 전부가 기독교인이니, 조합교회 신자 2명, 감리교 신자 6명, 장로교 신자 89명이었다.[7] 모두가 서울로 압송되어 1912년 6월 28일 첫 공판이 열렸다. 그때 각 신문은 일제히 피고인들이 경찰 심문에서 범죄 사실을 자백했다고 보도했으나, 재판 광경을 방청석에서 목격한 미국 북장로회 선교부의 해외총무 브라운(A. J. Brown) 박사는 "여기에는 범죄의 얼굴, 불순하게 보이는 얼굴은 하나도 없다. 반대로 그들은 고상한 인격의 소유자들로, 선교사들이 오래 전부터 존경하던 친구들이다. 또한 그들은 자기 동포들에게 존경받는 저명인사들이다"[8]라고 보고했다.

    그러나 재판은 강행되었다. "제1차로 윤치호가 불려나와 진술하게 되었다. 윤치호는 통감부에서 문초 중 음모 사실을 시인했으나 재판장 앞에서는 이를 강력히 부인했다."[9] 제2일에는 양기탁(梁起鐸), 제5일에는 안태국(安泰國) 등이 호명되었으나 증거물을 제시하면서 일제히 범행 사실을 부인했다. 그러나 재판장은 일방적으로 공판을 진행시켜 마침내 10월 18일 105인에게 실형을 선고했다.[10] 그 뒤 105인 전원이 항소하자 1913년 3월 21일 96명은 무죄로 석방하고 윤치호·양기탁·임치정·유동열·이승훈·안태국 등 6명에게는 6년 징역형을 선고한 것이다.

    그러면 일제의 이러한 정치적 탄압의 주목적은 어디 있었

4) 위의 책.

5) 국사편찬위원회 편, 《한국독립운동사》, 대한민국 문교부, 탐구사, 1970, 81쪽.

6) 위의 책, 82쪽.

7) F. A. Mckenzie, *Korea's Fight for Freedom*, Reprinted by Yonsei University Press, 1969, p.211.

8) 위의 책.

9) 박재원, 〈탄압의 제1막〉, 《한국현대사 IV》(신구문화사, 1969), 84쪽.

10) 제1회 공판에서는 윤치호, 안태국 등 6명에게는 10년 징역, 그 밖의 18명에게는 7년 징역, 그 외 사람에게는 6년 또는 5년 징역을 언도했다.

던가?

　대개는 관서지방에 뿌리를 둔 신민회(新民會)의 비밀 조직을 뿌리 뽑는 데 목적이 있었다고 하지만 기독교 세력 박멸이 주목적이었다. 아무리 악독한 일제라도 기독교회에 직접 손대기가 어려웠으며, 더욱이 그 배후의 각국 선교사 세력을 무시할 수 없었기 때문이다.

　그러나 일제는 선교사들에게도 손을 대고 말았다. "드디어 그들은 사건을 조작하여 교회와 학교에서 120여 명의 기독교인을 검거하게 되었다. ……법정에 제시된 경찰의 조서와 피고인들의 소위 자백서에는 20명의 선교사들이 암살 음모에 가담했다고 되어 있다. 모페트 박사는 권총 상자를 감추어 두었고, 해리스(M. C. Harris) 감독은 선동연설을 했고, 언더우드 박사는 자세한 거사 과정을 전보로 지시하는 등 약 20명의 선교사가 적극 가담했다고 허위 조서를 꾸몄다. 경찰은 "한국 기독교인들이 전국 35개소에서 총독이 지나가는 것을 지켜보고 있다가 암살을 기도했다고 주장했다"[11]라고 했으며, 또한 "이토(伊藤)가 죽은 뒤 군벌이 일본의 정권을 장악했고 한국은 완전히 그 손아귀에 들고 말았다. ……그리하여 각종 집회는 물론 모든 기부행위와 재정은 그네들의 독재적인 법령과 지령에 의하여 통제받게 되었다. 경찰은 재판도 없이 마음대로 외국인을 추방할 수 있게 되었다…… 그리고 물샐 틈 없는 스파이망을 펴고 외국인과 선교사들의 행동을 감시하는 동시에 밀고하는 사람들에게는 상금을 주었다"[12]라며 그 진상을 폭로했다.

　일제가 노린 또 하나의 목표는 기독교청년회였는데, 그중에서도 그들은 학생 Y를 미워했다. 이에 대하여 질레트는 다음과 같이 진상을 폭로하고 있다. "모든 피고인이 가혹한 문초에 못 이겨 소위 자백서라는 것을 썼는데 그 내용을 보면, 1910년

---

11) *P. L. Gillett's Secret Letter*(Not for Publication), Mokanshan, China, July 14, 1913.
12) 위의 자료.

YMCA 국제위원회 간사들이 조직한 학생 하령회는 윤치호와 기타 주모자들이 모여 흉계를 꾸민 모임이며, 여기에는 에디(G. Sherwood Eddy), 화이트(G. C. White), 와이어(H. H. Wire), 이승만, 브로크만과 그 밖의 명사들이 참석했다. 마지막 세 사람은 처음부터 나중까지 학생들과 숙식을 같이 하며 모사했다.”[13]

이처럼 진상을 폭로한 YMCA 총무 질레트는 본래 총독부 정책에 매우 우호적인 사람으로, 총독부 정책에 비판적인 한국인들에게 늘 총독부를 두둔해 왔었다.[14] 그리고 위에서 말한 해리스 감독도 친일적인 선교사로 평가되는 사람이었다.[15] 그들뿐만 아니라 선교사들은 대체로 한국인의 일본화를 원했다고까지 혹평되리만큼 미온적이었으나,[16] 일제의 이러한 흉악한 음모 사실을 알게 된 모든 선교사는 대동단결하여 이에 항거했다.

이때 선교사들은 '재한 복음주의선교단체 통합공의회(The General Council of Evangelical Missions in Korea)'를 통하여, 그리고 교파별로도 강력하게 항의했다. 선교사들은 데라우치 총독에게 각서를 전달했고, 미국 장로교 외지전도국은 워싱턴 주재 일본 대사에게 서한을 발송했다. 또한 선교사들은 영국 에든버러 국제선교협의회(I. M. C.) 상임위원회에 진정서를 제출했는데, 그 진정서에서 "이 음모사건은 조선 내의 기독교 전도사업을 파괴하려는 목적이기 때문에 우리는 좌시할 수 없다. 이것은 분명히 조선 교회를 박멸하려는 음모이다"[17]라고 지적했다.

---

13) *P. L. Gillett's Report*, date unknown. 여기 나오는 에디, 화이트, 와이어 등은 인도와 미국에서 초빙되어 온 학생 하령회 강사였다.

14) *P. L. Gillett's Annual Report for the Year 1913*, p.7에 보면, "이상재 같은 한국인 지도자들은 월급을 받지 않고 일하면 되지 않느냐"면서 다섯 번이나 일제의 보조금을 받지 말자고 했으나 질레트 총무는 그것을 받았다.

15) C. A. Clark, *The Korean Church and the Neuius Methods*, p.163.

16) 민경식,《한국기독교회사》(대한기독교서회, 1972), 243-244쪽에 보면, 미국장로교회 선교부 해외 총무 브라운(A. J. Brown)은 *The Mastery of the Far East*에서 "영토에서나 국민의식에서의 한국의 일본화에 대해 선교사들은 진실한 선의로 이를 받아들인다"라고 진술했다고 한다.

17) 선우훈,《민족의 수난》(세광출판사, 1935), 127-130쪽.

3.

각종 기관별
연합운동

우리는 일제가 한국 내의 사회단체 및 사립학교를 박멸하기 위하여 보안법·출판법·결사 집회 엄금령·학회령·사립학교령 등 각종 법령을 난발한 사실을 보았다. 이 때문에 "드디어는 1910년 9월 12일에 모든 단체를 해산시키기에 이르렀다."[1] 그러나 교회·교회기관 및 몇몇 비밀조직만은 해산시킬 수 없었으므로 이를 뿌리 뽑기 위하여 꾸며낸 조작극이 곧 105인 사건이라고 한 바 있다.

이 사건으로 기독교 학교를 포함한 수많은 사립학교가 문을 닫을 수밖에 없었다. 통계에 따르면, 1908년 사립학교령이 공포되기 전까지는 전국에 5천여 교나 되는 사립학교가 있었는데, 1910년 5월에는 그 반도 못 되는 2,080개로 줄어들었다.[2] 그중 기독교 학교는 796개였고, 불교 학교는 5개였다.[3] 그런데 1911년

---

1) 조항래, "구한말 사회단체의 구국운동", 〈성곡논총〉 제7집, 서울대학교 출판부, 1976, 577쪽.

2) 손인철, 《한국근대교회사》(연세대학교 출판부, 1971), 86-87쪽. 언더우드(H. H. Underwood)의 기록에 따름.

3) 위의 책. 796개 학교 중 장로교 학교 501, 감리교 학교 158, 천주교 학교 46, 성공회와 안식교 등 각 교파 학교 91개였다.

'사립학교 규칙' 및 1915년 '개정 사립학교 규칙'이 공포됨에 따라 1915년에는 1,154개로 줄었고, 1923년에는 649개가 된 것이다.[4]

이런 상황에서 각파 기독교회와 선교부는 어떻게 대처했던가? 한마디로 교회는 연합전선 형성에 실패했다고 결론지을 수 있다. 학교의 합동운영까지를 목표로 발표되었던 복음주의 선교단체 통합공의회마저도 별다른 실력을 발휘하지 못했기 때문에 1911년과 1915년 두 차례에 걸쳐 공포된 총독부 교육정책을 놓고 장·감 두 교파는 분열되고 만 것이다. 개정 사립학교 규칙의 골자는 다음과 같다.

① 모든 사립학교는 총독부의 인가를 받아야 한다.
② 1915년 4월 1일 현재 이미 인가받은 학교는 10년(1925년까지) 유예 기간 중 모든 불비 조건을 갖추어야 한다.
③ 교과과정은 총독부가 정한 규칙에 따르되, 성경·한국지리·한국역 사 등의 과정을 가해서는 안 된다.
④ 신도사상(神道思想)을 확충 보급해야 한다.
⑤ 일본인 교사를 다수 채용하고 교수 용어는 일본말로 해야 한다.

그러나 교회의 가장 큰 관심사는 성경교육이었다. 통합공의회는 1915년 이에 관한 회의를 열고 개정 교육령에 관한 결의문을 작성하여 총독부 당국에 다음과 같이 항의했다.

……사립학교로부터 종교교육과 종교의식을 제거할 것을 지시하고 복음에 대하여…… 공포된 규칙은 그 전에 우리에게 확약한바 성경교육의 자유에 위반된다. 그리고 일본의 국가교육제도는 사립학교에서 교수의 자유를 허용하면서 한국에는 이를 불허하는데, 이에 대한

---

4) 손인철, 앞의 책, 130쪽.

당국의 주의를 환기하는 바다.[5]

이에 대하여 1915년 9월 총독부 정무총감은 '사립학교 성서 교수에 관한 통첩'에서 아래와 같이 경고했다.

본년 부령(府令) 제24호로써 보통교육 또는 전문교육을 하는 사립학교의 교과과정에 종교를 넣을 수 없음은 물론, 일반 교과과정 외에 수의(隨意)과목 등의 명의를 쓰는 경우에도 사립학교사업으로서 종교상의 교육을 행할 수 없으며, 종교의식을 행할 수도 없다. 학교사업 외에 교사를 종교상 목적에 사용할 수 있는 일이기는 하나, 이를 학교사업과 혼동하여 생도에게 신앙을 강제하는 일이 없도록 주의해야 한다.[6]

이에 대하여 각파 교회는 심각한 논의를 거듭했으나 장로교와 감리교는 강경파와 현실파로 분열되고 말았다. 즉 장로교 측은 학교를 세우고 경영하는 궁극적인 목적이 기독교 선교에 있으니만큼 10년 동안의 유예기간 중 총독부를 상대로 투쟁하다 실패하면 마땅히 학교 문을 닫자고 강경하게 나왔다. 그 결과로 순천의 성은(聖恩)중학교와 선천의 보성(保聖)여학교를 포함한 많은 장로교 학교들이 문을 닫았다.

반대로 감리교 측은 성경과 종교의식은 방과 후 과외로 가르치는 것은 무방하다니 그 방침에 따라 학교를 계속하는 것이 현명하다고 주장했다. 그 결과 서울 배재학당을 비롯한 감리교의 다른 학교들은 사립학교 규칙을 준수했다.[7] 한편 개성의 한영서원(韓英書院, 송도松都중고등학교 전신)에서는 찬송가에 애국가나 항일 찬송가를 넣어 부르게 하다가 출판법·보안법 위반 및

---

5) H. H. Underwood, p.202.
6) 손인철, 앞의 책. 123쪽. 또한 조선교육회, 《조선교육회법규예규대전(朝鮮教育會法規例規大全)》, 1927, 531쪽.
7) 손인철, 앞의 책, 124쪽.

불경죄로 학교 선생들이 검거되어 법원에 송치되기도 했다.[8]

무단정치하에서 가장 가혹하게 탄압받은 교회 기관은 황성기독교청년회다. 이미 말한 바와 같이 기독교청년회는 105인 사건 때 강제 해산까지는 되지 않았지만 많은 간부들이 희생당했다. 질레트 총무는 국외로 추방되었고, 저다인(J. L. Gerdine) 회장은 강제 사면(辭免) 당하여 귀국했고, 부회장이며 학생하령회 회장이던 윤치호는 체포되어 영어(囹圄)의 신세가 되었고, 학생부 간사 이승만과 학관관장 김규식은 해외로 망명하게 되었다. 말하자면 기독교청년회 간부진이 모조리 섬멸된 셈이다.

일제는 황성기독교청년회의 활동을 강력하게 저지하면서 두 가지 탄압책을 썼으니, 하나는 이미 말한바 105인 사건이요, 또 하나는 유신회(維新會) 사건이다. 전자는 주로 목적이 한국인 세력을 꺾자는 데 있었고, 후자는 외국인 세력을 몰아내는 데 있었다. 전자의 경우에는 일제가 강권을 발동했고, 후자의 경우에는 친일배와 그 하수인들을 동원했다.

후자의 경우에는 어용교회였던 조합교회의 교인들을 매수하여 청년회 이사진을 독점하자는 방향으로 몰고 갔다. 매수당한 교인 중에는 청년회 부총무 김린(金麟)이 있었다. 김린 일파는 유신회라는 것을 조직하여 총회 때 헌장을 개정하고 이사들을 자기네 파 일색으로 개조하려 했으나 무위로 끝나고 말았다.

1913년 6월 2일, 소란스러웠던 청년회 정기총회 뒤의 첫 이사회에서 이상재가 제2대 총무로 선임됐다. 그때 이상재는 64세의 노인이었는데, 취임하자마자 일제는 그를 대상으로 매수공작을 폈지만,[9] 그는 이를 거절하고 청년회 재건에 나섰다. 그는 제

---

8) 위의 책, 이 찬송가는 1907년 윤치호가 편저한 찬미가로, 여기 실린 15곡의 찬송가 중에는 오늘날의 우리 애국가와 왕실과 민족을 노래하는 찬송가가 세 개나 있다.

9) 하루는 총독부의 한 고관이 그에게 와서 4만 원을 주면서 "이 돈을 가지고 여생을 편안히 사세요" 했다. 그러나 이상재는 "나는 하늘에서 태어날 때부터 평안하게 일생을 마칠 운명을 타고나지 못했다"며 즉석에서 이를 거절했다. 김유동, 《월남선생실기(月南先生實記)》, 69쪽.

일 먼저 공업교육사업을 재건하고 재정난을 극복하여 청년회 행정을 바로잡았고, 나아가서는 각 지방 학생청년회를 재건했다. 그다음 단행한 것이 전국연합회 조직으로, 1914년 4월 2일부터 5일까지 개성에서 '조선기독교청년연합회' 창립총회를 연 것이다. 여기 참석한 청년회는 서울 조선중앙기독교청년회[10]를 비롯하여 재일본 도쿄기독교청년회와 8개 학생기독교청년회 즉 배재학교·경신학교·세브란스 의학전문학교·개성 한영서원·전주 신흥학교·군산 영명학교·광주 숭일학교·중앙청년회 학관 등 학생기독교청년회들이다.[11]

　　언더우드의 사회로 개회하여, 통과된 새 헌장에 따라 시행한 투표에서 대회장에는 최병헌 목사를 당선시켰다. 최 목사의 사회로 진행된 총회에서 15명의 연합위원이 당선되었다. 이것이 곧 오늘날의 대한 YMCA 연맹이다. 15명 연합위원의 구성을 보면, 장·감 양 교파가 고루 섞여 있을 뿐만 아니라 한국인·미국인·영국인 등 3개 국민으로 구성되어 있었다.

　　청년회는 한국 에큐메니칼 운동의 새 계기를 마련하는 사업을 전개했다. 1906년 재일본 한국 유학생들을 위한 사업으로 재일본 도쿄기독교청년회를 창설한 바 있는데, 이 청년회가 본국 교회에 선교사 파송을 요청했다. 그리하여 1909년 9월 3일부터 평양에서 모인 예수교장로회 대한노회 제3회 총회에서는 "한석진 씨를…… 한 달 동안 일본 도쿄에 보내어 유학생에게 목사 일을 보게 하며……"[12]라고 결의하기에 이르렀으며, 일본에 간 한석진 목사는 재일본 도쿄기독교청년회 총무 김정식의 인도로 그 회관에서 예배를 보기 시작했다. 한석진 목사는 도쿄청년회

---

10) 일제의 강압으로 '황성(皇城)' 대신 '조선중앙(朝鮮中央)'을 붙여 회의 이름을 변경했다.
11) 〈제1회 조선기독교청년연합회 3차대회 회록〉. 이때 모인 각 청년 대표는 45명, 4개국에서 온 내빈은 9명이었다.
12) 〈대한 예수교 장로회 로회 뎨삼회 회록〉, 1909, 24-25쪽.

총무 김정식을 비롯하여 조만식(曺晚植), 오순형(吳舜炯) 등 3인을 영수로 삼고 김현수(金顯洙), 장원용(張元瑢), 장혜순(張惠淳), 백남훈(白南薰) 등 4인을 집사로 삼아 교회를 조직했다.[13] 이것이 오늘날의 재일본 한국연합교회다.

한석진 목사가 귀국한 뒤 1910년부터 대한예수교장로회는 전도인 박영일 등을 몇 개월씩 파송하여 청년회관에서 예배를 보게 했는데,[14] 장로교인과 감리교인이 따로따로 예배를 보는 폐단이 생기자 이를 없애기 위해 길선주(吉善宙)·언더우드·부혜리(溥惠利, H. M. Braen) 등 3인을 전권위원으로 삼아 감리교와 협의케 했다.[15] 그 결과 1912년 9월 1일 평양에서 모인 제1회 예수교 장로회 조선총회에서는 다음과 같은 일들이 결정되었다.[16]

① 교회는 연합예수교회라 칭할 것.
② 장로회총회와 감리회대회에서 각기 3인씩 위원을 택하여 3년 동안 도쿄교회 일을 위임케 하되, 위원 중 궐(闕)이 있으면 각기 총회나 대회에서 택차(擇差)할 것.
③ 위원은 2년 동안 목사를 택하여 위임케 할 것.
④ 도쿄에 있는 교회는 장로회나 감리회라 하지 않고 교회 사정을 돌아보는 사무원을 교인 중에서 택하여 일을 보게 하되, 목사로 간 이는 위원에 참례할 것.
⑤ 1년만이면 장로회 선교사 1인과 감리회 선교사 1인씩 도쿄에 가서 일을 돌아보고 도와줄 것.
⑥ 그 학생들이 조선에 돌아올 때는 장로·감리 지경대로 자기 가족이 속한 교회의 교인이 될 일.
⑦ 도쿄에서 쓰는 용비(用費)와 월급은 장로총회와 감리대회에서 반

---

13) 백남훈,《나의 일생》(신현실사, 1968), 108쪽.
14) 〈예수교 장로회 죠선로회 뎨오회 회록〉, 1911, 11쪽.
15) 위의 자료.
16) 〈예수교 장로회 조선총회 제1회 회록〉, 1912, 12-13쪽.

반씩 담당할 것.

이 결의는 감리교와 합의에 의하여 된 것이므로 즉시 실행할 수 있었다. 그러므로 1913년부터 장·감 두 교파는 2년마다 번갈아 도쿄연합교회에 목사를 파송하게 되었는데, 제1대는 장로교의 주공삼(朱孔三) 목사, 제2대는 감리교의 오기선(吳基善) 목사, 제3대는 장로교의 이여한(李如漢) 목사, 제4대는 감리교의 오기선 목사, 제5대는 장로교의 임종순(林鍾純) 목사, 제6대는 다시 감리교의 오기선 목사 등이 시무하게 된 것이다.[17] 이러한 연합교회 전통이 오늘의 재일본 대한기독교연합교회에 이어졌다.

---

17) 백남훈, 앞의 책, 108쪽.

4.

에큐메니칼 운동의 세계 조류와
기맥을 통하면서

'에큐메니칼 운동'이란 사람이 거주하는 모든 세계에 가서 예수 그리스도의 복음을 전파하여 전 세계를 기독교화하자는 데 목적이 있다. '에큐메니칼'이란 말은 가톨릭교회에서 먼저 쓰기 시작했다고 한다. 주후 325년 콘스탄틴 대제의 소집으로 당시 세계 각 지역에 흩어져 있던 교회들이 대표를 파견하여 약 300명의 감독이 원근각지에서 모여와 회의를 하게 되었다. 이때 교통수단이라고는 전혀 없었음에도 멀리 페르시아와 북아프리카에서도 대표가 왔다. 이 회의는 최초의 신조를 제정하였을 뿐 아니라 교회의 신학논쟁을 조정하였고, 교회와 교회 사이의 사무적인 일도 결정했다. 그 뒤 초대교회는 '회의정치'를 교회정치의 원리로 정하고 787년 제7차 세계교회회의가 니케아에서 다시 모였다. 여기서 이 전체회의를 '에큐메니칼 회의'라고 부른 것이다.[1]

중세교회 시대에 접어들어서는 예전처럼 하느님의 백성

---

1) 이장식, 《오늘의 에큐메니칼운동》, 〈에큐메니칼 문고 Ⅱ〉(한국기독교교회협의회, 1977), 15쪽.

들이 전 세계로부터 구름같이 모여들지는 못했다. 도리어 11세기에 와서는 로마교회와 동방교회가 분열되었고, 16세기 종교개혁 이후로는 개신교가 여러 교파를 낳게 되었다. 또한 국가와 민족을 달리함으로써 갈라진 교회들, 신앙고백과 신조의 논쟁으로 분열된 교회들끼리 경쟁하고 불신하고 미워하는 현상이 나타나게 되었다.

한국 선교의 선봉에 선 단체는 미국의 학생외지선교자원단(The Student Volunteer Movement for Foreign Mission)이다. 이 학생단체는 1888년에 조직되었는데, 미국신학교선교연맹(American International Missionary Alliance), 캐나다 대학선교연맹(Canadian Inter-Collegiate Missionary Alliance), 대학 YWCA, 대학 YMCA 등 4개 초교파 학생연합단체로 구성되었다. 이 학생선교단체는 "모두 다 가자, 모두에게로(All should go and go to all)"라는 구호를 외치며 세계로 뻗어 나갔다. 이를 계기로 우리나라에도 선교의 문이 열린 것이다.[2] 그러므로 한국 초대 선교사들은 이러한 학생 기질 때문에 비교적 순수하고, 초교파적이며, 교회 연합정신이 강했던 것이 사실이다.

그러나 프로테스탄트 선교 지역에서는 분열 현상을 나타내지 않은 곳이 거의 없었다. 이는 프로테스탄트 교회의 본질에 속하는 문제라 할 수 있었다. 이런 본질적인 분열 현상 때문에 소집된 것이 1910년 6월 1일부터 23일까지 개최된 에든버러 대회(Edinburgh Conference)다. 이 대회가 소집되기까지는 오랜 준비회의가 필요했다. 1854년 뉴욕과 런던대회, 1860년 리버풀(Liverpool)대회, 1878년 런던대회, 다시 1888년 런던대회, 특히 1909년 뉴욕대회 등을 거쳐야 했던 것이다.[3] 그만큼 에든버러

---

2) J. R. Mott, Address and Papers of John R. Mott, Vol. I, "The Student Volunteer Movement for Foreign Mission", New York Association Press, 1947, p.5.
3) Ruth Rouse and S. C. Neill, A History of The Ecumenical Movement, S. P. C. K., London,

대회는 오랜 준비기간이 필요했다.

이 준비기간 중에 가장 큰 영향력을 행사한 단체가 YMCA와 WSCF라고 할 수 있다. 전자는 1844년 런던에서 시작되어 1855년 파리에서 YMCA세계연맹(World Alliance of YMCA's)으로 발전되었고, 후자는 1895년 스웨덴의 왓체나(Vadstena)에서 기독학생세계협의회(World's Student Christian Federation)로 조직화되었는데, 이 두 단체의 지도자들이 에든버러대회 소집에서 주도적인 역할을 했다. 즉 1910년 에든버러에서 모인 국제선교대회(International Missionary Conference) 의장과 계속위원회(Continuation Committee) 회장이 된 미국의 모트와 총무인 스코틀랜드의 올담(J. H. Oldham)이 다같이 YMCA와 WSCF의 창설자 및 지도자였다.[4]

에든버러대회의 정식 회원권은 각국 선교단체에게만 있었다. 실제로 선교활동을 하는 선교단체만이 대표를 파송할 수 있었고, 준비 작업도 그들만 할 수 있었다. 그러므로 그 대표들은 거의 전부 일정한 교파에 속한 서구 사회의 교회 지도자들이었고, 그만큼 교파의식도 강했다. 따라서 비기독교 세계의 선교사들만 모였는데, 다시 말하면 유럽 내의 미국인 선교사들이라든가, 극동지역 고대 교회 선교사, 라틴아메리카의 가톨릭교회 선교사들은 초청되지 않았다. 인도·일본·중국·한국과 같이 비기독교 문화권 선교사들만 초청된 것이다.[5]

이 대회는 아래와 같은 8개 분과로 나뉘어 진행되었다.

① 모든 비기독교 세계에 대한 복음 선교
② 선교지의 교회

1967.
4) 위의 책, p.356.
5) 위의 책, p.357.

③ 교육과 기독교의 관계

④ 선교와 타종교의 관계

⑤ 선교사의 준비태세

⑥ 선교본부

⑦ 선교와 정부

⑧ 협력과 교회의 일치화

이 가운데 가장 심각하게 토의된 문제는 제1분과와 제2분과 그리고 제8분과의 문제였다. 즉 교회의 세계적인 선교운동 문제, 피선교지역에서 본토민교회 육성 문제, 그리고 어떻게 하면 비기독교 세계에서 단 하나의 그리스도 교회를 세울 수 있느냐 하는 문제를 둘러싸고 열띤 논쟁이 계속되었다.[6]

이런 논쟁은 교파와 교파 사이, 대륙과 대륙 사이, 동일 지역 내 선교사들 사이, 국가와 국가 사이에서뿐만 아니라 동일 교파 선교사들 사이에서도 벌어졌다. 특히 선교 역사가 오랜 인도나 중국 교회 등은 날카로운 비판적 태도를 보였다. 예를 들면 한 인도 대표는 다음과 같이 비판했다.

"선교 초기에 개척선교사는 아버지였고 교인들은 자식과 같은 관계에 있었으나, 그러한 시대는 이미 다 지나갔다. 신생 교회 교인들은 제2대 선교사들을 아버지라 부르기를 원치 않는다. 이는 선교사들의 능력이나 권위가 저하되어서가 아니라 서양 선교사들과 아시아의 성장하는 교회 간의 불합리한 제도와 구조에서 오는 문제다. 과거에는 선교사가 관리인이고 본토 출신 교역자는 그의 고용인이었다. 그러나 지금은 모든 책임이 외국인의 손에서 인도 본토민의 손으로 이관되어야 한다 …… 선교사들은 '이것은 우리 돈이다', '이것은 우리 주관하의 일이다' 하는 식의 사고방식은 버려야 한다."[7]

---

6) 위의 책, pp.358-359.

7) Hans-Ruedi Weber, *Asia and The Ecumenical Movement 1895-1961*, SCM Press LTD,

에든버러 선교대회가 전 대회에 비해 특이한 점은, 비록 참
가자는 극소수였지만 피선교지의 본토인 교회 지도자들도 초청
되었다는 점이다. 이 대회 참석자가 1,346명인데, 그중 인도·중
국·일본·한국 등 아시아 각국에서 뽑혀 간 본토인 지도자 17명
이 있었다. "이 17명의 지도자들은 소속 교회가 정식 회원국이
될 자격이 없었으므로 정식 대표가 아니었다. 그중 14명은 그들
이 속한 선교부가 임명함으로써 참석했고, 3명은 특별히 영국 및
미국 실행위원회의 선출로 참석할 수 있었던 것이다."[8]

이 17명 중에는 한국의 윤치호도 있었는데, 그는 '영국 및
미국 실행위원회'의 선출로 뽑힌 3명 중 한 사람으로 '미국 실행
위원회'의 추천을 받았다.[9] 그의 발언은 권위가 있어서 많은 사
람에게 설득력 있게 받아들여졌다. 이에 대하여 웨버는 《아시아
와 에큐메니칼 운동》이란 책에서 다음과 같이 솔직하게 썼다.

"선교사들의 권위주의적인 선교비 사용에 대한 비판에 대
해 인도 대표 아자리아(Azariah) 씨는 극히 조심스러운 어조로
암시만 했는데, 이에 반하여 한국의 현명한 정치가 윤치호 씨는
에든버러대회 토론 석상에서, 선교사들은 선교비 사용에 대해
본토인 교인들과 충분히 상의해야 한다고 강력하게 주장했다. 본
토인 교인들의 협력 없이는 하느님 나라의 구현을 기할 수 없기
때문이다."[10]

또한 그는 제1분과, 즉 '모든 비기독교 세계에 대한 복음
선교'를 토의하는 자리에서 "영국성서공회의 사업의 중요성을 강
조하는 동시에 고대 종교 부활과 서양철학 부활의 위험성을 지적
했다."[11] 이는 물론 한반도에서 일본 제국주의의 무단정치와 횡포
를 경계하는 말이기도 했지만, 다른 한편으로는 서양 선교사들

London, p.118.
8) Ruth Rouse and S. C. Neill, 앞의 책, p.359.
9) Hans-Ruedi Weber, 앞의 책, p.131.
10) 위의 책, p.120.
11) 위의 책, p.133.

의 문화적·정신적 우월감을 경계하는 말이기도 했다. 윤치호의 이 같은 발언은 한국 교회의 실력과 주체성을 여실히 보여 준 산 증거였다. 이에 대하여 웨버는 다음과 같이 논평했다. "아시아 토착교회는 더 빨리 성장했다. 그들은 '조산원', 즉 선교사들이 기대했던 것보다 더 큰 진통과 고통을 겪으면서 성장했다. 더욱이 그 성장에서 선교사들의 이론보다는 민족주의의 대두와 같은, 이른바 비신학적 요인이 더 큰 작용을 했다."[12]

에든버러대회가 교회일치 운동을 위한 예언자적 구실을 한 것은 사실이다. 물론 그 대회의 순서 가운데 교회일치 문제가 정식 의제로 올라 있지는 않았고, 있을 수도 없었으나, 참석한 모든 대표는 한결같이 교회일치에 대한 염원을 표했다. 그리하여 제8분과가 '협력과 교회의 일치화' 문제를 다룰 때는 유력한 세계지도자들이 다투어 발언했다. 또한 다음 대회 때는 로마 가톨릭교회와 희랍정교회도 정식 대표로 참석하게 되어야 한다는 강력한 발언이 있었다.

이를 추진하기 위하여 이 대회는 상설기관으로 계속위원회(Continuation Committee)를 설치하게 되었는데, 이는 제8분과의 토의 결과였다. 그리하여 6월 23일 모트 박사는 폐회 연설에서 다음과 같은 의미심장한 말을 했다. "대회 종결은 곧 정복(征服)의 개시다. 계획 종결은 곧 행동 개시다."[13]

이와 동시에 모트 박사는 계속위원회 의장이 되었고, 올담(J. H. Oldham) 박사는 총무가 되었다. 1911년 105인 사건이 일어났을 때 우리나라 선교사들이 이 사건을 고발한 곳이 바로 이 계속위원회다.

윤치호가 미국 교회의 추천으로 세계 최초의 본격적인

---

12) 위의 책, p.124.
13) Ruth Rouse and S. C. Neill, 앞의 책, p.362.

에큐메니칼 대회에 참석했다는 것은 우연한 일이 아니다. 이보다 앞서 그는 개인적으로나 교회적으로 세계선교운동과 깊은 관련이 있었기 때문이다. 즉 1907년 2월 9일 모트 박사가 한국에 와서 종교집회를 가졌을 때 윤치호는 통역을 했으며,[14] 1907년 4월 3일부터 7일까지 도쿄에서 제7회 WSCF대회가 열렸을 때는 한국 대표단을 인솔하고 참석했다.

이때부터 벌써 한국 교회는 세계의 에큐메니칼 운동 조류와 기맥을 통하고 있었던 것이 분명하다. 그리고 또 한 가지 다른 사실은, 한국 교회가 세계주일학교 운동에 관여했다는 점이다. 즉 1907년 5월 로마에서 열린 제5회 주일학교 세계대회에 윤치호가 개인 자격으로 참석했다가 실행위원으로 당선되었고, 1910년 워싱턴에서 열린 제6회 세계대회에 이승만과 참석하여 다시 실행위원이 되었다.[15] 그리하여 '재한 복음주의선교부 통합공의회'는 1911년 세계주일학교연합회 특파원으로 내한한 브라운(F. H. Brown)을 맞이하여 협의한 끝에 '조선주일학교연합회'를 조직하기에 이르렀다. 이 새 기구의 실행위원으로 13명이 선출되었다.[16] 그리고 1913년 7월 8일부터 15일까지 스위스 취리히에서 주일학교 세계대회가 열렸을 때는 신흥우를 정식 한국 대표로 파송했다.

대회 석상에서 신흥우는 연설을 통하여 "우리 한국 기독교가 참말 장족의 발전을 했다. 우리나라 교회의 특색은 주일학교와 교회의 관계인데, 말하자면 교회가 곧 주일학교이고 주일학교가 곧 교회라 해도 과언이 아닐 만큼 밀접한 관계가 있다"[17]고

---

14) J. R. Mott, Address and Papers of J. R. Mott, Vol. Ⅱ .(The World Student Christian Federation), New York Association Press, 1947, pp.438-440.

15) 문동환, "한국의 교회교육사", 대한기독교교육협회 편,《한국기독교육사》, 1973, 40쪽.

16) 대한기독교교육협회 편, 앞의 책, 39쪽.; 엄요섭,《한국기독교교육사 소고(小考)》(대한기독교교육협회, 1959), 10쪽. 13명의 위원은 스윈하트(M. L. Swinhart), 베어드(W. N. Baird), 크로더스(J. Y. Crothers), 푸트(L. H. Foote), 맥래(McRae), 콜리어(C. T. Collyer), 빌링스(B. W. Bilings), 노블 부인(Mrs. W. A. Noble), 현순(玄楯), 윤치호, 한석원(韓錫源), 남궁혁(南宮爀), 홍병선 등이었다.

17) 위의 책.

말했다. 그때 모인 사람이 2천여 명이었는데, 모두가 한국 교회 발전상을 듣고 박수로 환영했던 것이다. 이것이 곧 한국 최초의 주일학교 운동의 세계진출이다.[18]

　　이 대회에는 20개국에서 2,000명의 대표가 참석했으며, 신흥우는 그때 실행위원으로 피선되었다.

---

18) 전택부, 《인간 신흥우》(대한기독교서회, 1971), 118-119쪽, 신흥우 방송 녹음 기록, 164-175쪽.

5.

컨진하는 국내의
에큐메니칼 운동

한국 교회가 세계대회에 대표를 파송한 일이 있는데, 하
나는 에든버러대회이고 다른 하나는 취리히대회다. 전자에는 윤
치호가, 후자에는 신흥우가 대표로 파송되었다. 그런데 이 두 명
의 대표 파송은 저 유명한 105인 사건 직전과 직후에 있었다는
데 의의가 크다. 다시 말하면 한국 교회는 일제의 무서운 탄압에
도 굴하지 않고 세계와 연락을 계속했다는 말이다. 그리고 그때
까지 모든 국내 에큐메니칼 운동은 선교사들 중심의 운동이었
는 데 반하여 국제대회에는 한국인이 파송되었다는 데 또한 의
의가 크다고 하겠다.

이 두 한국 대표가 귀국하여 언제 어떻게 대회보고를 했
는지, 그 보고의 영향이 무엇인지에 관한 기록은 찾아보기 어렵
다. 105인 사건 때문에 공식 보고나 보도를 할 수 없었는지도 모
른다. 그리고 이 사건 때문에 선교사들의 교회통합운동이 타격을
받은 것도 사실이다. 그 증거로 본래 '재한 복음주의선교단체 통
합공의회(General Council)'라는 명칭으로 발족된 것이 "1911년
7회 회의에서는 '재한 복음주의선교단체 연합협의회(Federal

Council)'로 명칭을 바꿔 재조직"[1]된 것으로 우선 알 수 있다. 즉 종래의 통합공의회의 목적은 "기독교 사업에 협동하는 한편 한국에 단일 복음주의교회를 조직함에 있고, 그 권한은 자문권과 각 선교부가 위임하는 그 밖의 권한"이었는데,[2] 연합협의회의 목적은 "분열보다 연합에서 더 좋은 사업을 할 수 있고, 그 권한은 자문에만 있고 동일한 신조와 치리기구 또는 동일한 예배에 대한 권한은 없다"[3]고 하여 일보 후퇴한 것이다.

이러한 후퇴의 원인으로 백낙준 박사는 선교사들의 교파중심주의와 한국민족의 민족주의 사상을 들지만,[4] 그보다는 일제의 험악한 정치적 공포분위기가 주된 원인이 아닌가 싶다. "1913년부터 연합협의회는 일본 연합협의회에 대표를 파송하기도 하고, 그 대표를 받아들이기도 했으며,"[5] 때마침 일어난 제1차 세계대전(1914년)에 휘말려들어 한국 교회는 많은 어려움에 부딪히게 된 것이다.

그럼에도 이때까지 선교사들만의 조직이었던 연합협의회는 한국인 교회 지도자들도 정식 회원이 되게 하자는 중대한 결의를 했다. 즉 "1916년 선교사연합협의회 총회에서는 한국 교파 지도자들로 하여금 연합협의회에 발언권을 갖게 하기 위한 연구위원회를 조직하게 된 것이다."[6] 그리하여 1917년 6월 21일 평양에서 장로회를 대표한 위원 4인과 남북감리회를 대표한 7인 등 모두 11인의 위원이 회집하여 '장감연합협의회'를 조직하기로 합의를 보고 헌법을 기초하기에 이르렀다.[7]

그 결과 1918년 3월 26일에는 서울 YMCA회관에서 '조

1) Harry A. Rhodes, *History of the Korea Mission Presbyterian Church*, p.453.
2) 백낙준, 《한국개신교사》, 399쪽.
3) Harry A. Rhodes, 앞의 책, p.454.
4) 이 책 41쪽 참조.
5) Harry A. Rhodes, 앞의 책, p.454.
6) 위의 책, p.455.
7) 〈예수교장로회죠선총회 대륙회 회록〉(1917), 32~33쪽. 헌법은 부록 제1호 참조.

선예수교장감연합협의회' 창립총회가 모이게 되었다.

감리교 노블(W. A. Noble) 감리사의 사회로 개최된 이 창립총회는 종래의 선교사들만으로 조직된 협의회를 개편하여 한국 교회 지도자들이 정식 회원이 된 '조선예수교장감연합협의회'가 조직되기에 이르렀다. 이 역사적인 새 협의회의 목적은 다음과 같다.

> ① 양 교회가 예수 그리스도 안에서 일치되는 정신을 증진케 하며 친목하는 정의(情誼)를 돈독케 함.
> ② 양 교회가 단행하기 어려운 일이 있을 경우 협력 진행하기를 힘써 도모함.
> ③ 양 교회가 교역상(教役上) 경험과 지식을 교환하여 그리스도의 사업을 확장함에 유조(有助)케 함.

이때 참석한 각 교파 대표들은 미국 북감리회에서 10명, 남감리회에서 10명, 북장로회에서 12명, 남장로회에서 4명, 캐나다 장로회에서 3명, 호주 장로회에서 1명 등 모두 40명이다.[8] 회장으로는 남장로교회의 김필수(金弼秀) 목사가 선출되었으며, 서기는 북감리교회의 오기선 목사, 회계는 저다인 목사 등이 임원으로 피선되었다. 이는 한국 교회의 토착화를 의미하는 것이며, 이때부터 한국 교회는 선교사 위주의 시대에서 본토민 신자 위주의 시대로 넘어가는 단계로 접어들게 되었다.

---

8) 〈조선야소교장감연합협의회 제1회 회의록〉, 4-6쪽. 대표 명단은 아래와 같다. ① 북감리회: 김창식, 신홍우, 노보을, 문요한, 손정도, 김득수, 오기선, 최병헌, 현순, 현석칠. ② 남감리회: 강조원, 양주삼, 유철수, 박이양, 신석구, 오화영, 윤치호, 왕영덕, 전요섭, 정춘수. ③ 북장로회: 길선주, 김영옥, 김동원, 김창건, 김성탁, 양전백, 이원민, 방위량, 안승원, 윤산온, 한석진, 함태영. ④ 남장로회: 김인전, 남궁혁, 김필수, 이율서. ⑤ 캐나다 장로회: 김이현, 김내범, 업아력. ⑥ 호주 장로회: 왕길지.

제3부

1918~1928

한국 에큐메니칼 운동과 IMC 운동

1.

3·1운동과
미국 NCC

1918년 1월, 윌슨 미국 대통령은 전후(戰後) 처리를 위한
방안으로 민족자결주의 조건이 들어 있는 '14개 조항'을 발표했
는데 이를 계기로 국내는 활기를 띠기 시작했다. 그 실례의 하나
로, 앞 장에서 말한 바와 같이 종래의 선교사들만으로 조성되었
던 '연합협의회' 외에 한국 장·감 두 교파만으로 된 '장감연합협
의회'가 조직된 것이다. 이때 선출된 회장이 장로교 김필수 목사
이며 서기는 감리교 오기선 목사였다. 이는 선교사 위주의 교회
가 한국인 위주의 교회로 넘어가는 것을 의미한다.

1918년 11월에는 더 활발한 움직임이 나타났다. 한국
YMCA는 세계기도주간을 이용하여 대대적인 강연회를 개최했
는데, 당시 YMCA 종교담당 간사이던 김필수를 비롯하여 신흥
우·오화영·오긍선·박희도·정춘수 등이 강사로 나와서 기독교
신앙에 입각한 민족의 자주독립과 민주주의의 회복을 외쳤다.

드디어 일본 유학생들은 1919년 2·8독립선언을 했고, 국
내에서는 3·1운동이 터졌다. 그러나 일제의 무단정치하에서는
모든 언론·국제정보·국제연락이 봉쇄되어 있었기 때문에 선교

사들이나 YMCA를 통하지 않고는 외국 소식을 들을 수 없었고, 국내 소식을 외국에 전할 수도 없었다. 따라서 3·1운동의 소식도 완전 봉쇄되어 있었다.

이러한 상황에서 가장 구체적이고 효과적으로 일제의 탄압상을 외국에 폭로한 사람이 둘 있었는데, 선교사 스코필드(F. W. Schofield)와 신흥우였다. 스코필드는 일제의 포악상을 사진에 담아 외국에 보냈으며, 〈끌 수 없는 불꽃(Unquenchable Fire)〉[1]을 써서 국제사회에 뿌렸다. 그리고 신흥우는 국내에서 탈출하여 미국에 가서 미국 교계 지도자들에게 이를 전하는 동시에 영문으로 된 《The Rebirth of Korea》(한국의 갱생)라는 책자를 발행하여 일제 탄압 정치의 진상을 폭로했다.

신흥우의 증언은 국제 여론 형성에 결정적인 작용을 했다. 당시 그는 감리교의 배재학당 당장이며, YMCA 이사의 한 사람으로서 감리교 웰치(Herbery Welch) 감독의 주선으로 1919년 5월, 미국 오하이오에서 열리는 감리교회 100주년 기념대회에 참석하러 간다는 구실로 3·1운동 직후 미국으로 갈 수 있었다.[2]

미국에 도착하자 그는 곧 감리교 본부에 있는 메이슨 노드(Frank Mason North)를 만나 3·1운동의 진상을 보고했다. 마침 그때 메이슨 노드 총무는 미국 NCC 회장이었던 만큼 그의 요청으로 신흥우는 특별히 소집된 실행위원회 석상에서 3·1운동의 진상을 보고할 수 있었다. 이에 대하여 신흥우는 그때의 일을 이렇게 말했다.

"금요일 낮 12시에 예일대학 구락부에서 모인다고 해서 그리로 갔습니다. …… 점심을 먹고 나서 …… 3시간 동안이나 얘기를 했습니다. 그들이 그 자리에서 결의하기를, 내게 들은 얘기와 선교사들에게서 편지로 들은 얘기를 종합해 가지고 전국으

---

1) 이장낙, 《우리의 벗·스코필드》(정음사, 1982), 129쪽.
2) 전택부, 《인간 신흥우》(대한기독교서회, 1971), 127쪽.

로 발표하자고 했던 것입니다. ……그래서 4월 어느 날 전국적으로 일시에 발표하게 된 것입니다."[3]

신흥우는 이를 구두로 보고했을 뿐만 아니라, 책자로 발표하기 위하여 1919년 8월에는 영문으로 《The Rebirth of Korea》라는 책을 탈고하여 1920년 4월에 4·6판으로 된 2,762면의 책자를 출간했다. 이 책은 3부로 되어 있는데, 제1부에서는 3·1운동의 진상과 기독교 선교사업에 대한 일제의 탄압상을 폭로했고, 제2부에서는 정치·경제·교육·문화 전반에 걸친 일제 식민지 정책을 역사적으로 고찰했으며, 제3부에서는 일본의 한국 침략사 및 한국 민주주의와 한국 민족주의의 장래를 서술했다. 부록으로는 총독부 당국의 현행 법령 및 각종 정책과 3·1운동에 대한 외국 선교사들의 공문서를 게재했고, 특히 1882년 맺은 한미조약의 전문과 한일 간의 각종 조약 내용을 게재했다.

신흥우의 이런 활약을 계기로 미국 교회는 한국 문제에 깊이 개입하게 되었다. 그가 미국 NCC 실행위원회에서 3시간 동안이나 얘기한 결과 "그들이 그 자리에서 들은 얘기와 선교사들에게서 편지로 들은 얘기를 종합해 가지고 전국적으로 발표하게 된 것이다."[4]

즉 NCC는 동양문제위원회로 하여금 '한국의 실정(Korean Situation)'을 조사케 한 다음 이를 국내외에 발표하기에 이르렀던 것이다. 그 실정 보고서의 일부를 인용하면 다음과 같다.

예수교회가 이번 운동에 참여한 것이 정당했다고 믿지 않을 사람은 한 사람도 없습니다. 많은 목사·장로 및 학생·유력한 평신도들이 지금 감옥에서 옥고를 치르고 있다는 것이 바로 예수교의 영향이 전국에 미치고 있다는 증거가 되는 것이라고 봅니다. 예수교인만이 현 국

---

3) 위의 책, 129쪽. 신흥우 방송 녹음 기록, 200-233쪽.
4) 위의 책.

제정세에 밝아 민족자결의 횃불을 들기로 결심했던 것입니다. 그것도 시간적으로 보아 이때가 가장 적당한 때라고 판단하리만큼 그들의 안목은 트여 있었습니다. 예수교인의 이와 같은 박력 있는 행동과 의의 있는 존재 양식이 없었더라면 이 백의민족이 호소하려 했고 수호하려 했던 민족적 이념이 총을 쏜 듯이 전국에 파급되지는 못했을 것입니다. 예수교인만이 가혹한 식민정책에서 소망을 포기하지 않은 유일한 사람들이었습니다.[5]

　　이 실정 보고서는 1919년 4월 30일자로 발표되었는데 그 결과 첫째, 맥코맥 미국 상원의원의 제의로 이를 7월 17일자 60회 회의록에 게재했고, 둘째, 1920년 3월에는 노리스와 쉴스 두 상원의원의 공동제의로 "일본은 한국의 독립을, 영국은 아일랜드의 독립을 승인케 하며, 한국과 아일랜드를 국제연맹 회원이 되게 하기를 상원은 희망한다는 결의안이 상정되었던 것이다."[6]

　　이로써 미국 NCC 실정 보고서가 얼마나 큰 파문을 일으켰는지 알 수 있다.

---

5) 민경배, 《한국기독교회사》(대한기독교서회, 1972), 254쪽.
6) 주요한 편저, 《도산전서(島山全書)》(삼중당, 1963), 290쪽에는 "기미년 독립운동 발발 이후 미국 여론은 상당한 반향을 보였다"고 하면서 이 사실을 보도했다.

2.

한국 NCC가
조직되기까지

1910년은 세계 에큐메니칼 운동사에서 매우 중요한 해라고 할 수 있다. 이 해에 에든버러선교대회가 열렸는데, 이 대회에서는 복음의 세계적인 선포·교회 간의 협력 및 교회의 일치화·세계 구석구석에까지 교회를 세우는 문제 등이 논의되었다. 그리고 이 대회로 "에큐메니칼 운동은 서구 사회에서보다 신생 교회(Younger Churches) 지역에서 더 빨리 발전된다는 것을 알게 되었다."[1] "1912년 10월부터 1913년 5월 사이에 모트(J. R. Mott, 상설 계속위원회 위원장)는 18개국을 순방하면서 회의를 열었으며…… 한국을 위해서는 자문위원회 설치를 추진했다."[2] 이에 대해 웨버(H. R. Weber)는 이렇게 논평했다. "제1차 세계대전은 외지 선교사업, 특히 독일 선교사업에는 큰 타격을 주었지만 아시아 에큐메니칼 운동에는 그다지 큰 타격을 주지 못했다. 서구인의 위신은 추락한 반면 아시아인의 민족주의는 크게 일어나 본

---

1) Ruth Rouse and S. C. Neill, *A History of the Ecumenical Movement*, S. P. C. K. London, 1967, p.363.
2) 위의 책.

토민 교회의 발전에 큰 자극제가 되어 주었다."[3]

이런 상황에서 국제선교협의회(I. M. C.) 창설 준비 작업은 착착 진행되었다. 1918년 미국이 제1차 세계대전에 참전하면서부터 영국과 북아메리카의 각 교회지도자들은 협력선교 긴급촉진위원회(The Emergency Committee of Co-operation Missions)라는 협력기구를 조직했다. 이 기구는 북아메리카 선교회 대표 8명과 영국 선교회 8명, 기타 1명으로 조직되었고, 모트와 올담이 회장과 총무로 각각 취임했다. 세계대전이 끝나자 에든버러대회가 임명한 계속위원회는 1920년 또 한 차례 회의를 열고 본격적인 준비 작업에 착수했다. 그리하여 1921년 10월에는 미국 뉴욕 주 레이크 모혼크(Lake Mohonk)에서 국제선교협의회(International Missionary Council)가 창설되었는데, 이때 전 세계 14개국에서 모두 61명이 참석했다. 그중 피선교국 신생교회 대표는 7명밖에 없었으나 통과된 헌장에는 선교국 교회만 아니라 피선교국 교회에서도 정식 대표를 파송할 수 있게 되어 있었다.

그 헌장을 보면 "본 협의회의 회원권은 각 선교회, 각 선교본부, 그들이 속한 각 교회, 피선교지의 각 교회에 있다"[4]라고 명시되어 있었다. 그리고 선교문제 연구와 조사, 각국 선교단체 및 선교회 간 협력과 사업 증진, 종교 및 선교의 자유에 관한 통일된 기독교 여론 환기, 국제적·초민족적 정의 구현에 관한 통일된 기독교 세력 형성 등 8개 기능이 명시되어 있다. 초대 회장에는 모트가 당선되었고, 총무로는 올담(J. H. Oldham)과 완쉬스(A. L. Warnshuis)가 당선되었다.

모트 회장은 1922년에 아시아 여러 나라를 순방하며 회의를 주관했다.[5] 그 결과 중국 NCC가 1922년에 조직되었고, 이

---

3) Hans-Ruedi Weber, *Asia and the Ecumenical Movement*, 1895-1961, SCM Press LTD, London, p.139.
4) Ruth Rouse and S. C. Neill, 앞의 책, p.367.

어서 인도·버마·실론 등도 이에 가담했다. 일본 NCC는 1923년에 조직되는 동시에 IMC의 정식 가맹단체가 되었다.

한국의 경우에는 조금 다른 문제가 있었다. 모트 회장은 교회보다 YMCA 문제에 먼저 손을 대야 했다. 한국 YMCA는 1913년부터 강제로 일본 YMCA 동맹 산하에 들어가 있었는데, 이 문제를 해결해 주기 위하여 그는 1922년 5월 도쿄에서 열린 '한일 양측 YMCA 대표자 회의' 중재자로 참석했다. 이 회의에는 한국 Y측에서 이상재(조선 YMCA 연합회 회장)·윤치호·신흥우·브로크만 등 네 사람이 참석했고, 일본 Y측에서는 이부카 가지노스케(井深梶之助)·모토다 사쿠노신(元田作之進)·사이토 소이치(齊藤惣一) 등 네 사람이 참석했다.

이 회의에서 한국 YMCA는 일본 YMCA 동맹 산하에서 벗어나 독립하는 데 합의되었고, 1924년 7월 스위스 제네바에서 열린 YMCA 세계연맹 회의에서 이 안이 통과되어 한국 Y는 단독으로 YMCA 세계연맹에 가맹하게 된 것이다.

한편 한국 YMCA 학생부는 1922년 4월 중국 베이징에서 열린 세계기독학생연맹(WSCF) 세계대회에 이상재·신흥우·이대위·김활란·김필례 등을 대표로 파송하여 한국 Y 학생부가 독립하는 데 성공했고, 1924년 8월 영국 하일리그에서 모인 WSCF 회의에서 정식 가맹이 승인되었다. 또한 베이징대회 직후에는 한국 YMCA가 창설되었고, 그 학생부도 한국 Y 학생부와 함께 세계연맹에 가맹할 수 있었다.

한국 NCC 조직에 대한 본격적인 준비는 1922년 10월 26일 서울에서 모인 제6회 장감연합협의회 때 시작되었다. 그때 장감연합협의회는 전문위원을 위촉하여 선교사연합협의회 전

---

5) Hans-Ruedi Weber, 앞의 책, p.140.

문위원과 함께 한국 NCC 조직 문제를 논의하게 하였다. 이 전문위원들은 1923년 3월 25일 회합 때 장감연합협의회는 발전적인 해산을 하고, 그 대신 조선예수교연합공의회(Korean National Christian Coucil)를 조직하기로 결의했다. 그리고 그 구성 단체는 조선예수교장로회·남감리회·미 감리회·조선선교회 장로파 네 단체·감리파 두 단체·영국 성서공회·조선기독교청년회 등 11개 단체로 하기로 결의했다.[6] 조직 날짜는 1924년 9월 25일로 정하는 동시에, 초안된 규칙에 따라 각 구성 단체에 이를 발송했다.[7]

이때 초안된 규칙은, 첫째, 종래 장·감 두 교파의 연합협의체에 불과했던 것을 연합공의체로 강화했다는 사실, 둘째, 장·감 두 교파만 아니라 각 교파 선교단체 및 기독교단체도 회원단체가 될 수 있도록 구성원의 범위를 확대한 사실, 셋째, 대표 파송은 교파별 교인 수를 기준으로 하되 큰 교파의 대표가 독점하지 못하도록 제한규정을 설정한 사실 등이 특이했다.

창립총회는 예정보다 하루 전인 1924년 9월 24일 서울 새문안교회에서 열렸다. 참가 단체와 대표는 장로회에서 19명, 미(북)감리교회에서 11명, 남감리회에서 6명, 북장로회 선교부에서 8명, 남장로회 선교부에서 5명, 캐나다 장로회 선교부에서 2명, 호주 장로회 선교부에서 2명, 도합 53명이다.[8] 그리고 통과된 규칙(부록 제2호)에 따라 임원을 선거했는데, 회장에는 장로회 차재명(車載明) 목사, 부회장에는 북감리회 김종우(金鍾宇) 목사, 서기에는 북감리회 홍순탁(洪淳倬) 목사, 회계에는 장로회 김성탁(金聖鐸) 목사가 각각 선임되었다.

한편 이 총회에서는 하와이 교포교회 부인전도회에서 보내 온 기부금 52원을 정식 접수하여 사업비에 쓰기로 결정했다.

---

6) 〈조선예수교장로회총회 제12회 회록〉(1923), 52-53쪽, 부록 제2호 참조.
7) 위의 자료.
8) 〈조선예수교장로회총회 제14회 회록〉(1925), 42-43쪽. 여기 참가 단체 중 남북 감리회선교부 총대는 남북감리회총대에 포함되어 있기 때문이다.

3.

조선 기독교계 대표자회의와
농촌사회 조사

한국 NCC 조직에 이어 국내에서는 두 가지 작업이 진행
되었다. 우선 1928년 국제선교협의회(IMC)가 주도하는 예루살
렘 세계 선교대회 참가 준비를 위해 조선 기독교계 대표자회의
와 농촌사회 조사를 하게 되었다.

다음으로는 조선호텔에서 조선 기독교계 대표자회의가
1925년 12월 28일부터 2일간 열렸다.[1] 이 회의는 국제선교협의
회 회장 모트 박사의 내한을 계기로 그의 요구에 따라 개최된 것
이다. 이 회의는 윤치호를 의장으로 하여 한국 교회의 각파 지도
자 및 선교사를 포함한 60명이 참석했다. 모트 박사는 1928년
예루살렘에서 열릴 예정인 세계 선교대회 준비 차 아시아 각국
을 순방 중이었는데, 한국에도 그 준비 여행의 일환으로 온 것이
다. 각파 교계 대표자란 장·감 두 교파와 YMCA·YWCA의 지
도자를 의미한다.[2] 이때 한국 YMCA가 산파역을 맡았던 만큼
참석자 중에는 YMCA 관계자가 제일 많았으며, 장·감 두 교파

---

1) Conference of Representation Christian Leaders of Korea With Dr. John R. Mott, Seoul,
December 28-29, 1925.

의 유력한 지도자들이 총망라되었고, 갓 조직된 YWCA의 여성 지도자들도 포함되었다. 토의는 4분과로 나뉘어 진행되었는데, 그 내용은 아래와 같다.

제1분과: "오늘날 기독교회와 그 사업에 대한 조선 청년의 태도"[3]
주로 한국 교회 청년들의 사상적 불안과 사회문제에 대해 논의했다. 이러한 경향은 도시의 학생층과 실업자층에 더 심하다. 이 사상적 불안은 특히 러시아와 프로문학의 영향에서 많이 온다. 좌익 계열 신문과 잡지·소책자 등은 종교를 노골적으로 공격하고 있으며, 이 공격은 한국의 경제적 곤란 때문에 더욱 심해진다. 그러므로 한국 교회는 교회 청년들로 하여금 신앙이 없는 학생과 청년들을 지도할 능력을 길러 주어야 한다. 이러한 실력 배양 없이는 유물주의 훈련을 받은 좌익 청년들을 이겨 낼 수 없다. 그리하여 이 분과의 최종 결론은 "조선예수교연합공의회는 오늘날 조선 청년들이 당면한 사회문제와 문화적 혼란에 관한 각종 기독교 서적 및 그 해설에 관한 서적을 출판해서 읽게 해야 한다"는 것이었다.

제2분과: "조선기독교 사업에 대한 재평가"[4]
한국 개신교회 40년 역사를 돌아보면 과거와 현재 사이에는 엄청난 차이가 있는 것을 알 수 있다.

---

2) 위 자료. 그 명단은 다음과 같다. 한국인(30명): 윤치호·이상재·신흥우·홍병선·구자옥·오긍선·양주삼·유억겸·오화영·변성옥·이순기·김동원·김득수·최흥종·한석진·이태권·차재명·최디모데·장규명·남궁혁·길선주·김성모 부인·김우순·이자익·이익모·이승훈·김활란·윤활란·김미리사·이 여사(Mrs. K. K. Lee)·이건춘. 선교사(35명): Miss Ai Heui, G. Anderson, Miss A. R. Appenzeller, A. L. Becker, B. W. Billings, H. E. Blair, L. I. Bowers, F. M. Brockman, W. M. Clark, J. O. Crane, J. Y. Crothers, Miss L. Edwards, J. S. Gale, F. M. Gamble, J. L. Gerdine, Mrs. R. S. Hall, J. G. Holdcroff, D. A. McDonald, Huge Miller, S. A. Moffett, J. Z. Moore, W. A. Noble, Com W. Palstra, Miss H. E. Pollard, J. B. Reynolds, H. A. Rhodes, M. L. Swinheart, M. N. Trollope, J. D. van Vuskirk, A. W. Wasson, H. Welch, H. E. I. Woods, W. I. Nash, G. W. Avison, F. T. Shipp.
3) 위의 자료.
4) 위의 자료.

① 우리는 소속 교회의 통계 즉 교역자 수, 학생 수 등에 관한 통계 및 연구와 함께 그 문제성을 분석해 보아야 한다.

② 과거의 선교 방법을 그대로 오늘에 적용해서는 안 된다. 선교사들 중에는 현 상황에 맞지 않는 방법을 씀으로써 한국인 선교사들 간에 소외현상을 빚어내고 있다.

③ 외국에서 사용하는 방법을 그대로 한국에 적용해서는 안 된다. 한국에는 한국 사회의 독특한 경제 조건과 문제가 있기 때문이다.

④ 한국 교회 지도자들의 질을 향상시켜야 한다. 모든 남녀 청년을 지도할 수 있는 유능한 지도자가 양성되어야 한다.

⑤ 교회학교의 질이 저하되었기 때문에 기독교 가정의 자녀들마저도 교회학교를 버리고 관립학교에 들어가고 있다. 이 현상은 초기와는 정반대의 중대한 현상이므로 하루 빨리 문제의 핵심을 파악하는 동시에 그 대책을 강구해야 한다.

그리하여 다음과 같은 세 가지 최종 결정을 내렸다. 첫째, 현재의 조선예수교연합공의회를 더 강력한 연합기구로 키워야 한다. 둘째, 공의회 안에 특별조사위원회를 둔다. 셋째, 특별조사위원회는 9명으로 구성하되 만일의 경우를 대비하여 그에게 전권을 부여한다.

제3분과: "신앙의 힘"
주로 교회의 신앙 문제가 논의되었다. 오늘날 청년들은 가정예배·안식일을 지키는 문제·교회 출석 등에 염증을 느끼고 있는데, 이는 15년 전부터 나타난 현상이다. 그러나 기독교에 관한 열성이 완전히 없어진 것은 아니다. 그러므로 다음과 같이 건의하기로 결론을 내렸다.

① 선교사들과 한국인 목사들은 개인의 신앙의 힘을 불러 일으켜야 한다.

② 우선 선교사들과 한국인 교회 지도자들이 성신을 받아야 한다.

③ 신학교육이 철저히 시행되어야 한다.

④ 한두 사람의 지도자라도 더 배출하기 위해 열심히 기도해야 한다.

⑤ 교회 안의 기독교 교육에 중점을 두어야 하며, 교회·학교뿐만 아니라 관립학교 학생의 신앙생활에도 항상 유의해야 한다.

⑥ 다른 나라의 교회도 한국 교회를 위한 특별 기도일을 제정하고 기도해 주기 바란다.

⑦ 다른 나라 교회도 기독교문서운동에 협조해 주기 바란다.

⑧ 다른 나라 교회는 한국 교회 부흥을 위하여 강사를 파송해 주기 바란다.

제4분과: "앞으로 개최될 예정인 국제선교협의회와 조선예수교연합공의회의 관계 문제"

주로 국제선교협의회(I. M. C.) 가입 문제와 예루살렘 세계 선교대회의 대표 파송 문제를 다루었는데, 우선 만장일치로 조선 예수교연합공의회가 정식 가입할 것을 결의했다. 그리고 한국 교회는 비록 역사가 짧고 국가의 규모는 작지만, 이미 선교사를 '보내는 나라'(Sending Nation)의 범주에 드는 만큼 예루살렘 세계선교대회에 9명의 대표를 파송하되 그 대부분이 한국인이어야 한다는 것을 만장일치로 결의했다. 또한 제2분과의 요청을 받아들여 조선예수교연합공의회 헌장을 수정하는 동시에 정식 대표를 파송하기로 결의했다.

종합토의에 들어가 의장이 9명의 특별조사위원을 발표하니, 노블(W. A. Noble)·임택권·윤치호·저다인(J. L. Gerdine)·최흥종·김활란·이순기·밀러(H. Miller)·한선진 등이 선출되었다.

또 하나의 준비 작업은 농촌사회 조사였다. 이는 모트 박사의 주선으로 미국의 저명한 사회학자이며 콜럼비아대학 교수인 브루너(Edmund de Schweinitz Brunner) 박사의 주도하에 시행되었다.

그는 1926년 내한하여 약 두 달 동안 한국에 머물러 있으면서 조사를 했는데, 그의 협조자로 국내 사회학자 하경덕(河敬德)이 실무 책임자가 되어 YMCA에 사무실을 두고 약 1년 동안 조사를 했다. 이것이 한국 역사상 농촌 사회에 대한 최초의 사회학적 조사이다.[5]

이 조사보고서는 1926년 '한국 농촌(Rural Korea)'[6]이란 이름으로 발표되었다. 보고서 작성의 직접적인 동기는 한국 YMCA 농촌운동의 업적을 전 세계에 선전하고, 한국과 같은 피선교지의 농촌사업이 매우 긴박하며 중요하다는 사실을 예루살렘 선교세계대회에 보고하자는 데 있었다. 〈한국 농촌〉의 서문에는 이렇게 언급되어 있다.

"한국이 조사대상으로 선정된 이유는 첫째로 한국 교회의 농촌운동이 성공하고 있기 때문이며, 최근에 와서는 한국 교회 지도자들이 농촌 조사를 의뢰하여 왔을 뿐만 아니라 여러 가지로 협조해 주었기 때문이다."[7]

여기서 한국 교회 지도자란 조선 기독교계 지도자와 YMCA 관계자들을 두고 하는 말이다.

농촌 조사는 한국 YMCA가 단독으로 먼저 시작했다. 즉 한국 YMCA는 1923년 겨울 농촌 조사를 마친 뒤 "우리는 모든 국민의 경제적 향상, 사회적 단결 그리고 정신적 소생을 도모한다"라는 3대 강령을 발표하면서 사업에 착수했다. 1924년에는 국제적 제휴로 이를 확대했는데, 신흥우 총무는 당시 YMCA 국제위원회 총무이던 모트, 페니(J. C. Penny), 브로크만 등과 레이크 플래시드(Lake Placid)에서 회담을 갖고 다음과 같은 합의에

---

5) 이만갑 교수는 〈나의 전공 한국 사회에 관한 논문〉(1970년 7월 15일자 〈조선일보〉)에서 이렇게 말했다. "1926년 미국인 학자 브루너(E. S. Brunner)가 기독교 전파를 위한 한국 농촌 연구보고서를 작성하여 예루살렘에서 열린 세계 선교대회에서 발표한 것이 최초의 사회학적 연구의 시도이다."
6) Edmund de Schweinitz Brunner, *Rural Korea*, A Preliminary Survey of Economic Social and Religious Conditions, 브루너 박사는 1927년 9월에 다시 내한하여 약 1개월간 전국 20개 농촌을 순회하였다. 〈동아일보〉 1927년 9월 8일자.
7) 위의 책.

도달했다.

① 전국 10개 지역을 선정하여 북아메리카에서 파송한 전문 간사를
배치한다.
② 이 전문 간사는 1925년부터 시작하여 1년에 2명씩 5년에 걸쳐 10명
을 파송한다.
③ 이 전문 간사들은 전부 농촌 문제 전문가여야 하며, YMCA 정신에
투철한 사람으로 한다.
④ 조선기독교청년회연합회는 이 10명의 외국인 전문 간사와 함께 일
할 수 있는 한국인 간사 10명이 있어야 한다.
⑤ 각 지역에는 회의도 할 수 있고 교육도 할 수 있는 시설을 구비하여
농사개량과 농산물 증산을 시범할 수 있는 농토를 마련해야 한다.

이러한 5종의 합의에 따라 YMCA 국제위원회는 1925년
부터 농촌 전문 간사들을 파송하여 한국인 전문 간사들과 손잡
고 조직적인 농촌 선교에 나서게 했다. 한편 한국 YMCA 측은
"영국 YMCA는 산업혁명의 소산이요. 미국 YMCA는 농촌에서
보다 도시 중심으로 한데 비하여 한국인은 80% 이상이 농촌에
살고 있기 때문에 영국이나 미국의 운동 방식을 그대로 따를 수
는 없다"[8]며 주체의식을 나타내는 한편 "전체 인구의 85%가 농
민이고 그 농민의 4분의 3이 소작인인데, 이 소작인들은 영농비
가 없어 30~48%의 이자를 내어 영농을 한다"[9]라고 한국 농민
의 빈곤상을 개탄하며 농촌 운동을 시작했던 것이다.

8) 신흥우 방송 녹음기록, 396-402쪽.
9) D. Willard Lyon's Notes of a Conference on YMCA Rural Work in Korea held in Seoul, April
5-9, 1926, p.2.

4.

IMC 가입과
예루살렘 세계선교대회에 대표 파송

교계 대표자 회의 때 논의된 네 가지 건의안을 처리하기 위하여 연합공의회는 1926년 3월 23일 서울에서 임시 총회를 열었다. 여기서 처리된 것은 다음과 같다.[1]

① 제반 사회 문제와 지적 빈곤 문제는 서적 출판 등으로 해결한다.

② IMC 가입과 연합공의회 구성 범위 확대 문제를 위해 일부 헌장을 개정한다.

③ 급변하는 사회적·종교적 실정을 파악하고 그 대책을 강구하기 위해 각 구성단체 대표로 된 15인의 교회 조사위원을 위촉한다.[2]

④ IMC 대회에는 10인의 대표를 파송한다.

⑤ 교역자의 영적·질적 향상을 위하여 1926년 7월 21일부터 1주일간 연희전문학교에서 하기수양회를 개최하기로 한다. 여기에는 전국

---

1) 〈죠선예수교장로회 데15회 회록〉(1926), p.71.
2) 위의 자료. 그 명단은 다음과 같다. 장로회 측에서 한석진·강운림·최홍종·이자익·차재명·강학린·로즈(Rohdes), 남감리회 측에서 홍종숙·원익상·감보리, 북감리회 측에서 김종우·홍순탁·현석칠·노블(Noble), YMCA 측에서 윤치호 등.

에서 205명(그중 장로교인 170명)이 모여 대성황을 이루었다.

그 뒤 연합공의회는 1927년 9월 20일 서울 정동교회에서 제4회 총회를 개최했는데, 여기서 여비 관계로 신흥우·양주삼·정인과·김활란·노블 등 5명만이 예루살렘 선교대회 대표로 결정되었다. 그러나 자비로 갈 수 있는 모페트(Moffett)가 추가되어 6명으로 낙착되었다.[3] 그 후 한국 NCC는 IMC의 정식 인준을 받아 예루살렘 세계선교대회에 정식 대표를 파송할 수 있게 된 것이다.

예루살렘대회는 1910년 에든버러대회 이후의 가장 역사적인 에큐메니칼 대회이다. 이 대회 때 모인 회원은 231명밖에 안 되어서 에든버러대회 때 모인 1,346명에 비해 빈약한 것이었다. 그러나 참가국은 50개국이나 되었으며, 참가자의 4분의 1이 신흥교회(Younger Churches)에서 왔다고 한다. 그중 아시아 대표가 42명이었는데,[4] 이 숫자는 에든버러대회 때의 17명보다 많을 뿐만 아니라 그 전에는 선교부 추천으로 참가했지만 이번에는 각국 NCC 대표로 참석했다는 데 큰 의의가 있다. 다룬 문제에서도 엄청난 차이를 보여 주었는데, 다음과 같은 광범위한 것들이었다.

① 기독교의 사명
② 종교적 교육
③ 신흥 및 선진교회 간의 관계
④ 동방 기독교회와 고대 기독교회의 관계
⑤ 인종적 관계

---

3) 〈조선예수교연합공의회 제5회 회록〉(1927), p.11.
4) Hans Ruedi Weber, *Asia and the Ecumenical Movement*, 1865-1961, SCM Press LTD, London, p.154.

⑥ 아시아와 아프리카의 산업문제에 대한 기독교의 사명

⑦ 아시아와 아프리카의 농촌문제에 대한 기독교의 사명

⑧ 구미교회의 선교사업 후원

⑨ 교회사업에서 의료사업의 위치

⑩ 유대인에 대한 선교사업

⑪ 기독교 선교사업과 전쟁

⑫ 선교사 보호

⑬ 각국 NCC를 통하여 하는 협동

⑭ IMC의 미래 조직[5]

이 대회의 특색을 웨버(Hans-Reudi Weber)는 아래와 같이 간추렸다.

① 타종교에 대한 올바른 선교 태도를 위한 신학적 투쟁

② 세속화에 대한 자각이 깊어지고 사회·정치·경제 문제에 대한 선교사들의 관심 증대

③ 선교 위주의 사고에서 교회 위주의 사고에로의 추이[6]

이 대회에서는 타종교와의 대화 문제가 크게 대두되었기 때문에 "예루살렘대회는 자유주의 신학과 혼합주의(Syncretism)를 노골화시킨 대회"라는 오해를 받을 정도였다.[7] 그리고 "기독교의 목적은 유교를 박멸하는 것이 아니라 그 완성에 있으며, 유교의 장점을 완성함에 있다"[8]라는 주장이 나오게 되었다. 그 점에서 유교 문화권에 있는 우리 대표들은 큰 격려를 받은 것이 사실이다.

---

5)《기독교의 세계적 사명(예루살렘대회의 보고 급及 결의)》, 조선야소교연합회공의회, 1927, 번역간행위원 신흥우, 정인과, 번역인 변영태.

6) Hans Ruedi Weber, 앞의 책, pp.155-156.

7) 위의 책.

8) 위의 책.

세속문화의 문제에 대해서도 열띤 논쟁이 있었는데, 오늘날 세계 문제는 불교나 유교나 힌두교 같은 타종교의 문제라기보다는 학생애국운동·민족주의운동·노동자 농민운동 같은 것이 더 큰 문제라는 것이 강조되었다. 이 문제에서는 한국 대표들의 활약이 컸다. 앞에서 말한 바와 같이 한국 교회는 이 문제에 대한 준비로 미국의 사회학자 브루너 교수로 하여금 〈한국 농촌〉이라는 조사보고서를 작성케 하였고, 미국의 농촌문제 전문가 버터필드(K. L. Butterfield)가 한국을 여러 차례 방문하여 한국 농촌에 대한 조사 연구를 했다.[9]

특히 신흥우는 한국 Y 농촌운동의 개척자로, '농촌사회 혁명의 개시'에 대한 논의가 진행될 때 크게 활약한 사람의 하나로 지목되었다. 이에 대하여 웨버는 다음과 같이 말했다. "이 문제에 공헌한 주요 아시아인이 폴(K. T. Paul, 인도 Y 총무), 신흥우(한국 Y 총무), 로(R. Y. Lo, 중국 대표) 등이었다. 그들은 일제히 말했다. 농민들은 함께 정신적 불만을 느끼면서도 초연한 태도로 스스로의 구원운동에 나섰다. …… 교회는 그리스도의 사회적 구속 사업에서 사실 그대로 증인이 될 수 있다. …… 만약 교회가 이에 실패하여 농민들이 그리스도에게 기대하는 바 사회적 구원과 민족적 구원이 제거된다면 교회는 전적으로 그 책임을 져야 할 것이다."[10]

이미 말한 바와 같이 한국 YMCA는 1923년부터 농촌운동을 개시할 때 "우리는 농민들의 경제적 향상·사회적 단결·정신적 소생을 도모한다"라는 3대 강령을 내걸고 이른바 '농촌 사회의 혁명'을 목표한 것이 사실이다. 그리고 김활란은 인종 문제, 교회의 자주성 문제 등을 다룰 때 좋은 발언을 했다.[11]

이 대회는 1928년 3월 24일부터 4월 8일까지 예루살렘

9) Ruth Rouse and S. C. Neill, *A History of the Ecumenical Movement*, 1517~1948, p.368.
10) Hans Ruedi Weber, 앞의 책, p.160.
11) 위의 책.

감람산 위에 있는 카이젤 기념관에서 열렸다. 마지막 날에는 겟 세마네 동산 정원에서 기도회를 가졌다. 그날은 어떤 사무 처리 보다 기도로 일관한 것이 특색이다. "교회로 하여금 전 세계가 그리스도를 바라보게 하여 주시며, 전 인류 앞에 그를 나타냄에 교회가 어떤 희생도 감수할 수 있게 하여 주시며, 모든 교회가 그리스도 안에서 새로이 하나 되는 체험과 염원을 갖게 하여 주소서."[12] 하고 기도할 때 모든 대표, 특히 우리 대표들은 영적으로 큰 감동을 받고 귀국했다.

---

12) 위의 책. p.163.

제4부

1928~1945

보수와 진보의 갈등 · 전쟁 속에서의 에큐메니칼 운동

1.

보수·진보의 갈등과
그 계열

한국 개신교사에서 보수와 진보의 갈등 양상은 두 가지로 나누어 볼 수 있는데, 첫째는 19세기 말부터 교회의 직접적인 테두리 밖에 있는 기독교 기관에서 찾아볼 수 있고, 둘째는 20세기 초 교회 테두리 안에서 찾아볼 수 있다.

첫 번째의 대표적인 현상은 독립협회의 경우이다. 역사가 문일평(文一平)은 "갑신개혁당에 4거두(巨頭)가 있는 것과 같이 독립협회에는 3거두가 있었으니 서재필·윤치호 및 이상재다…… 서씨가 창시자라면 윤씨는 계승자요 이씨는 확충자"[1]라고 했는데, 이 세 사람이 다 같이 독실한 기독교 신자이거나 기독교 사상가였다. 이 지도자들은 각종 집회와 강연을 통하여, 또는 〈독립신문〉이나 언론을 통하여 봉건주의 체제의 개혁과 의회 입헌정치를 제창했다. 따라서 집권층의 횡포·부정부패·무능 등을 맹렬히 공격하면서 민족의 자주독립을 촉구했다.

그러다가 독립협회는 1898년 정부 내의 보수세력에 의하

---

1) 문일평,《한말(韓末) 오십년사》(조광사, 1945), 208-209쪽.

여 해산 명령을 받고 그 지도자들은 국외로 추방되거나 지방으로 좌천되었으며, 투옥당하기도 했다. 그뿐만 아니라 독립협회 지도자들은 "기독교가 정치도구화 될 위험이 크다"[2]고 보는 선교사들에 의하여 입교를 거부당했다.

　　이런 독립협회의 정신과 전통이 황성기독교청년회에 이어졌다. 서재필을 제외한 거의 모든 지도자가 황성기독교청년회 운동에 가담했기 때문에 이 운동은 하나의 변형된 독립협회운동이 된 것이다. 그 뒤 황성기독교청년회는 전덕기·최광옥·이승훈·안창호 등 신민회 및 소위 상동파 지도자들의 집단 가입을 계기로 일종의 민족적 연합세력을 형성했다. 이 세력이 1911년의 105인 사건과 1919년의 3·1운동, 그리고 1927년의 신간회 운동으로 이어져 갔는데, 기성교회는 이 세력을 위험시하고 배제했을 뿐 아니라, 사회주의 운동 또는 공산주의 운동과 동일시하여 적대시하기도 했다.

　　두 번째 현상은 교회 내 보수 대 자유의 신학논쟁에서 찾아볼 수 있다. 물론 한국 교회는 아직 완전히 토착화되지 못한 상태에서 진정한 의미의 신학논쟁이 있었다고 할 수는 없지만, 그래도 소박한 의미의 보수신앙 및 자유신앙은 처음부터 있어왔다. 그리고 보수신앙은 자유신앙보다 훨씬 빨리 뿌리박기 시작한 게 사실이다.

　　그 원인은 초대 선교사들의 신앙이 대개 보수신앙이었기 때문이다. 아직 역사가 짧고 미숙한 상태의 한국 교회는 복음을 갖다 주는 입장에 있던 선교사들의 신앙을 본받지 않을 수 없었다. 여기서 가장 큰 문제는 한국 초대 선교사들의 뒤를 이어 온 선교사들의 신학사상도 미국 교회의 보수주의 신학계열에 있었다는 사실이다. 이에 대해서는 모든 사람이 일치된 견해이므로

2) 지명관, "한국현대지성사 서설", 〈기독교사상〉 1975년 1월호 별책, 156쪽.

더 이상 구구한 설명이 필요 없거니와, 한국 교회의 보수신앙의 본거지라 할 수 있는 한국 장로교회가 창설될 때(1907년) 그 회장이 보수신앙의 대표적인 인물인 모페트 선교사였고, 처음으로 안수 받은 한국인 목사 7인 중에는 길선주 같은 보수신앙의 거물들이 있었기 때문이다. 그리고 그때 발표된 〈대한 장로교회 신경〉과 〈대한 예수교 장로회 규칙〉은 1905년에 채택한 인도교회의 보수적인 신경과 규칙을 그대로 채용한 것이었다. 이에 대하여 보수신앙의 대표적 인물이라 할 수 있는 클락 알렌(Clark Allen, 郭安連) 선교사는 "조선신경이 간단하나 유치한 신경이 아니요 완전한 신경이며 이보다 우수한 신경이 세상에 없고, 웨스트민스터 신경이라도 이 신경보다 우수하다고 하기 어렵다. 이 신경은 현시대 형편에도 적당하고 성경에도 적합하니 귀한 보물이로다"[3]라고 격찬했다.

이러한 장로교의 신앙 전통이 한국 교회 보수주의 신앙의 주류가 되었으며, 1920년대와 1930년대에 이르러 자유주의 신앙과 충돌하기에 이르렀는데, 그 내용은 대강 다음과 같다.

첫째는 성경관이다. 본래 미국 선교사들이 소개한 성경관은 '기계영감설'인데 한국 교회 지도자들의 이해 부족으로 그것을 '축자영감설'로 극단화한 것이다.[4] 따라서 감리교의 류형기(柳瀅基) 목사가 《어빙돈 단권 성경주석》을 펴내자(1935년) 이 성경관의 논쟁은 한층 격화되었다. 이것은 그 뒤 소위 '모세 5경설'에 관한 논쟁으로 발전하여 장로교에는 길선주·강병주·박형룡 등이 중심이 된 보수파와 송창근·김영주·김춘배 등이 중심이 된 진보파로 갈라지게 되었다.

이때 장로교 총회는 그 보고를 받은 뒤 특별연구위원을 위촉하여 "장로교 안에서 창세기를 모세의 저작이 아니라고 가

3) 한철하, "보수주의신학의 어제와 오늘", 〈기독교사상〉, 위의 책, 97쪽.
4) 이종성, "한국 신학계의 좌와 우", 〈기독교사상〉, 위의 책, 75쪽.

르치는 목사들도 있고…… 신구약 성경 대부분의 파괴를 도모할 것이 분명하외다"라고 지적한 다음 다음과 같이 판정을 내렸다.

"우리 교회는 복음을 처음 받을 때부터 잇어온 그대로, 우리 교회의 신조에 가르친 그대로, 5경과 기타 신구약 모든 책을 포함하는 성경전서를 하나님의 말씀이요, 신앙과 본분의 정확무오한 법측으로 밋기를 조곰도 주저할 리유가 업스며…… 그런 사람은 우리 교회 신조 제1조에 위반하는 자임으로 우리 교회 교육자 됨을 거절함이 가하나이다."[5]

이로 인하여 그 단권 주석의 집필자인 채필근·한경직·송창근·김재준 등 장로교 소속 목사들을 징계하기에 이르렀으며, 따라서 이 문제는 장로교와 감리교의 교파 싸움으로 번졌다.

둘째는 여권(女權) 문제였다. 당시 장로교 목사들은 거의 다 성경을 일점일획도 변할 수 없는 것으로 믿었다. 즉 "하느님이 짝지어 주신 것을 사람이 마음대로 나누지 못한다"라는 성경말씀에 따라 당시 교회 내에 유행하기 시작한 이혼 문제를 비성서적이라고 단정했으며, "여자는 잠잠하라…… 가르치지 말라"라는 성경말씀에 따라 여자 장로 제도를 반대했다. 이러한 신앙의 대표적인 인물이 전계은(全啓殷) 목사다. 그는 성자라는 말까지 듣는 경건한 목사지만 당시 교역자가 재혼하는 것마저 "하느님이 짝지어 주신 것을 사람이 마음대로 나누지 못한다"라는 성경말씀을 범하는 행위라고 주장했으며, 3·1운동 때 여학생들이 만세를 부르는 것마저 "여자는 잠잠하라…… 가르치지 말라"라는 성경말씀에 위배되는 행위라고 주장한 사람이다.

그는 이러한 주장을 토대로 〈귀정원서(歸正願書)〉라는 논문을 작성해서 함남노회 등 노회와 총회에까지 찾아가 뿌렸다.

이 같은 성서무오주의(聖書無誤主義) 신앙에 대한 반발이

---

5) 〈조선예수교장로회 총회 제24회 회록〉(1935), 84-85쪽.

곧 김춘배 목사의 여권 문제에 대한 '장로회 총회에 올리는 말씀'
이다. 이 글은 〈기독신보〉 제977호에 실린 논문 중 여권 문제를
다루는 대목에서, 사도 바울이 "여자는 조용하라, 가르치지 말
라" 한 것은 2천 년 전 한 지방 교회의 교훈과 풍습이지 결코 만
고불변의 진리는 아님을 강조한 것인데, 이에 대하여 장로회 총
회는 다음과 같은 판결을 내렸다.

"성경의 파괴적 비평을 가르치는 교육자들과 성경을 시대
사조에 맞도록 자유롭게 해석하는 교역자들을 우리 교회 교육계
에서 제외하기 위하여 총회는 각 로회에 명령하야 교역자의 시취
문답(試取問答)을 행할 때 성경비평과 성경해석 방법에 관한 문답
을 엄밀히 하야 조곰이라도 파괴적 비평이나 자유주의 해석방법
의 감화를 밧는 자는 임직을 거절케 할 일이오매 이미 임명을 밧
앗던 교역자가 그런 교훈을 하거든 로회는 그 교역자를 권징조례
제6장 제42조, 43조에 의하야 처리케 할 일이웨다."[6]

셋째는 정교분리 문제로, 이는 3·1운동 때 교회가 직면
한 문제였다. 성경무오설과 축자영감설을 비롯한 장로교의 철저
한 보수주의 신앙은 정교분리주의 신앙과 직결되었다. 3·1운동
당시 장로교에 속한 대부분의 신실한 교역자들은 적어도 내심으
로는 기독교회의 정치 참여를 비성서적이라며 반대한 것이 사실
이다. 그 대표적 인물이 전계은 목사다. 당시 함흥 신창리교회 목
사였던 그는 교인들의 만세 운동 참여를 극력 만류했는데, 다른
많은 교역자도 그러한 신앙 노선을 찬성하고 있었던 것이 사실
이다.

그러므로 한국 장로교의 보수주의 신앙의 성격을 신본주
의적 신앙·복음주의적 신앙·실용주의적 신앙 등 세 가지로 분
류한 신학자의 견해[7]는 불완전한 견해라고 보아야 할 것이다. 여

6) 위의 자료, 89쪽.
7) 〈기독교사상〉, 앞의 책, 98쪽.

기에는 정교분리주의적 신앙 성격이 추가되어야 할 것이다.

　　그런데 이상한 점은, 이 극단적인 보수주의 신앙이 무교회주의 신앙 및 신비주의 신앙과 공존했다는 사실이다. 즉 이 철저한 성경무오설·축자영감설의 주창자 전계은 목사는 최태용(崔泰瑢)·김교신(金敎臣)·이용도(李龍道)·백남주(白南柱)·한준명(韓俊明) 등에게 영향을 준 장본인이며, 그네들을 기성 교회가 이단으로 단정할 때 전계은 목사는 "하나 된 그리스도의 몸을 찢어놓는 결과밖에 안 된다"며 그들을 이단으로 단정하는 기성교회에 반대의사를 표명했다. 그러므로 한국 교회의 전통적인 보수신앙은 오늘날과 같은 분파주의·교권주의·독단주의 신앙과는 본질적으로 달랐음을 알 수 있다.

　　끝으로 보수주의 신앙에 대한 도전의 하나로 자유주의 신학을 말하지 않을 수 없다. 자유주의 신학은 일찍이 미국·캐나다·일본 등지에서 신학을 공부하고 온 남궁혁·송창근·채필근·양주삼·김관식·백낙준·김재준 등 소장파 목사들이 교회 혁신과 신앙 갱신을 목적으로 부르짖은 것이 나중에는 신학적 논쟁으로 번져 간 것이다.

　　그중에도 감리교 정경옥(鄭景玉) 교수의 바르트 신학 강의와 그의 저서 《기독교 신학개론》은 성서비평학에 근거한 일종의 조직신학의 대두로, 보수신학에는 큰 타격이 아닐 수 없었다. 또한 박형룡(朴亨龍) 교수의 정통주의적·근본주의적 신학 이론은 제일 먼저 최태용 등 무교회주의 지도자들의 맹렬한 공격을 면치 못했으며, 또한 김재준 등 자유주의 신학자들의 비판을 면할 수 없었다. 따라서 김 교수는 〈십자군〉지를 통하여 "정통신학은 신신학보다 더 교묘하게 위장한 실제적 인본주의요 정통적 이단이다"[8]라고 혹평하기까지 이른 것이다.

---

8) 〈기독교사상〉, 앞의 책.

2.

예루살렘대회의 보고와
방향 설정

　　　1928년 예루살렘 선교세계대회가 열릴 당시 연합공의회
회장이며 실행위원장이던 양주삼은 1928년 10월 20일 YMCA
회관에서 실행위원회를 소집하고, 모트 IMC 회장 내한에 대한
대책을 의논한 결과 연합공의회 대회를 개최하기로 결의했다.[1]
그 결의의 골자는 다음과 같다.

　　① 이번 모트 회장 내한을 계기로 연합공의회 대회를 소집한다.
　　② 예루살렘대회가 제안한 사업안을 토의하고 금후 사업 방향을 설정
　　　한다.
　　③ 13개 가입단체의 정회원 65명을 100명으로 늘린다.

　　　이상과 같은 실행위원회의 결의에 의하여 연합공의회 대
회는 1929년 4월 18일부터 20일까지 3일간 서울 경성호텔에서
열렸다. 회장에 정인과(鄭仁果), 부회장에 김영섭(金英燮), 기록서

---

1) 조선야소교연합공의회대회(1929. 4. 18-20), 실행위원부 보고와 제의안, 1쪽.

기에 전필순(全弼淳)·유각경(兪珏卿)·장리욱(張利郁), 영문서기에
빌링스(B. W. Billlings), 회계에 차재명(車載明)·박연서(朴淵瑞) 등
이 임원으로 선출되었고, 윤치호·노블·김활란(金活蘭)·에비슨
등 18명의 환영위원까지 선정되었다.

　이때 네 번의 발제 강연이 있은 후 분과토의가 진행되었는
데, 먼저 모트는 '오늘이 요구하는 지도자'라는 제목으로 첫 강
연을 했다. 그는 이해력, 창조적 능력, 정치적 능력, 협동정신, 부
지런한 사람, 어려운 문제를 찾아서 하는 사람, 청년을 신임하는
사람 등을 이상적인 지도자상으로 꼽았다.[2] 이어서 네 가지 제
목의 발제 강연을 정인과·백낙준·윤치호·신흥우 등 4인이 했는
데, 그 요지는 다음과 같다.[3]

　1) 강연 1: 금일 조선 교회의 생활과 사업 중에 치중할 요
점(정인과)

　① 전도에 치중해야 한다
　우리 사업 중 제일 먼저 치중해야 할 부면은 전도사업이
다. 우리 주 예수 그리스도의 생명의 복음을 우리의 언행으로 증
거해야 한다. 따라서 우리의 설교는 실제적이어야 하며, 교회 조
직이나 제도나 행정보다는 수백만 동포의 구령사업에 먼저 정열
을 쏟아야 한다.
　목사의 설교는 신자들이 사명의식에 불타게 하고, 신자들
의 직장생활과 일상생활에서 참다운 크리스천 상이 돋보이게 해
야 한다. 전도인은 성신을 받되 한국인으로서의 주체성을 잃지
말아야 하며, 그럼으로써 교회는 정신과 실제에서 한국인 속에
깊이 뿌리박게 되리라 믿는다.
　신학교는 신학생을 양성하되 민중과 유리된 교역자를 양

2) 〈신학세계〉 제14권 제3호, 65-66쪽.
3) 위의 책, 83-89쪽, 김인영(金仁泳)의 기록.

성해서는 안 된다. 신학생은 설교도 잘 해야겠지만, 그보다 먼저 모든 사람의 고난과 그들이 하는 일을 잘 이해하고 동참하는 교역자가 되어야 한다. 참다운 봉사자, 참다운 친구가 되어 줌으로써만 전도의 성과를 기할 수 있다.

오늘날 교회 학생들은 농촌에 들어가 농민의 경제력 향상을 위하여 봉사한다. 신학생들만 아니라 각 전문학교 학생, 각 교회 계통의 학생들이 농민교육과 계몽에 힘쓰고 있다. 이는 대단히 바람직한 현상이다. 오늘날 한국 교회의 급선무는 경제 문제 해결인 것이 사실이다. 그러나 교역자들이 너무 여러 가지 일에 종사함으로써 영적 능력이 약화되어서는 안 된다.

② 농촌교회

한국 교회의 73%가 농촌교회다. 교회는 농촌교회 교역자들의 봉급제도를 개선·향상시켜야 한다. 오늘날 농촌 지도자들이 토지개량·수확 증대·종자선택·비료선택·병충해 방지·금주 금연운동 등을 벌이고 있는데, 이는 아주 바람직한 현상이다. 그러나 이 일을 그들 전문가들에게만 맡길 것이 아니라 농촌교회 목회자들도 적극 관여해야 할 것이다.

③ 종교교육

이 문제는 세 가지로 말할 수 있는데, 첫째는 학교교육 문제다. 각 교회학교의 종교교육에서 미비한 점을 과감하게 시정해야 한다. 이를 위하여 기독교교육 전문가들로 구성된 특별교육대회 같은 것을 소집하여, 교과목과 그 지도방법을 공동 연구하는 게 좋을 것이다. 둘째로는 사회교육 문제다. 주일학교·하기 성경학교에서 만국통일공과만을 쓰는데, 여기서 탈피하여 우리 실정에 맞는 공과를 사용하는 게 좋을 것이다. 그리고 청년사업에 유의하여 그들의 사상 문제·실업 문제 등을 연구·지도해야 한다. 셋째로 가정교육인데, 부모는 가정 안에서 종교교육가가 되어야 한다는 것을 잊지 말고 건전한 자녀교육을 위하여 필요한 지도서나 가정예배 지침 등이 출판되도록 힘써야 한다.

2) 강연 2: 조선 교회에 필요한 지도자의 모집과 양성(백낙준)

① 교역자 모집 방법 개선이 요청된다.
  ㉮ 매년 1회씩 중학 또는 전문학교에서 교역자의 사명을 격려할 것
  ㉯ 교회 집회, 특히 노회나 연회 때 교역자 모집을 선전할 것
  ㉰ 교회신문이나 잡지를 통하여 교역자 모집을 발표할 것
  ㉱ 목사는 교역자 모집에 의무감을 가질 것
  ㉲ 교역자 모집을 기준화함으로써 교역자의 사회적 지위를 확보할 것

② 교역자 양성 방법 개선이 요청된다.
  ㉮ 착실한 기독교적 훈련과 신앙의 내실화
  ㉯ 교수과목으로 동양문화·한국 사회 문제와 농촌 문제 등을 추가
  ㉰ 신학교 입학 자격은 적어도 고등학교 졸업생, 더 나아가 전문학교 학생으로 할 것
  ㉱ 신학교 교수는 각각 전문분야 권위자여야 함
  ㉲ 신학교 졸업 후에도 공부를 계속할 것

③ 평신도 사역자가 요구된다.
  ㉮ 모집 방법은 이상 교역자의 경우와 꼭 같은 방법으로 할 것
  ㉯ 양성 방법은 임기응변하되 안수 받은 목사가 해야 함
  ㉰ 종교교육가와 전도부인의 수준을 높일 것

④ 선교사 교역자가 요청된다.

선교사는 남녀노소·신앙 경력을 불문하고 지배자 의식을 버리고 동역자가 되어야 하며, 한국인의 문화적 배경과 장래의 가능성을 통찰하여 인종적 우월감을 갖지 말아야 한다. 또한 한국인의 영적·육체적 또는 심리적 고통을 이해하고, 교파 분열을 조장하지 않으며, 특히 모든 생활 태도가 한국인화되어야 한다.

3) 강연 3: 조선 교회의 재원 증진(윤치호)

① 경제적 책임……조선 교회의 영적 단결은 경제적 단결과 산업적 단결을 불가피하게 한다. 이러한 단결은 교회 자체의 생명력과 조직력을 강화한다. 그러므로 교역자는 신도들의 경제력을 증진시킬 책임이 있다.

② 자급 자담……교회가 그 교회 활동 전부의 책임을 자담하여야 한다. 물론 자급 자담이 교회의 유일한 목적은 아니지만, 교회가 스스로 서려면 그 교회의 경상비만큼은 다른 곳의 도움을 받지 않고 자립할 수 있어야 할 것이다. 공중예배나 간단한 사업까지 남의 도움을 받는다는 것은 말이 안 된다.

③ 교회와 선교회의 협력기관……학교, 병원 등을 경영함에 인적자원과 재정을 선교부에서 담당하는 것은 당연하다. 그러나 이것도 결국 한국 교회가 자립할 수 있을 때까지 잠정적인 것으로만 필요하지, 영구적인 것이 되어서는 안 된다. 그러므로 교회는 인재 양성과 재정 확보에 꾸준히 노력해야 하며, 결국 한국 교회가 전 책임을 질 수 있도록 노력해야 한다.

④ 재정 관리……한국 교회의 연보는 물론, 선교부의 보조금도 그 재정 관리는 한국 교회의 책임으로 해야 한다. 선교사

들이 한국 기독교의 일원이 된 자격으로 재정 관리 책임을 진다면 무방하다.

⑤ 선교회 보조금 증액 필요……현 단계에서 선교부 보조는 불가피하다. 한국 교회의 자립과 당면 문제 해결을 위해서는 선교부 보조금을 늘려야 한다.

⑥ 실천 방안
  ㉮ "일하고 먹자", "빚지지 말자" 등의 표어를 내걸고 살아야 한다. 이를 위하여 교회 강단과 교회 기관지 발행에도 협력해야 하며, 교역자는 근검·저축·근면 등을 역설함으로써 기독교적 윤리생활만이 아니라 경제생활도 풍요케 해야 한다.
  ㉯ 신도들의 농산물 처리 또는 구매생활의 합리화를 위하여 협동조합을 육성해야 한다.
  ㉰ 신도들은 저축조합을 만들 필요가 있다. 특별 연보도 할 필요가 있다. 그리하여 토지를 개인 소유 또는 공동 소유로 만들어야 한다.
  ㉱ 전국 주요 지구마다 산업교육기관이나 직업교육기관을 설치하여 기독교 정신에 입각한 경제활동을 육성해야 한다.

4) 강연 4: 정신상 단합과 사업상 협동(신흥우)

한국 교회는 교파 간의 정신적 단합과 협동사업을 위하여 조선예수교연합공의회를 만들었다. 연합공의회는 이 점에서 선교 구역 분할 조정·재일동포를 위한 연합전도 등에 다대한 공헌을 했다.
그러나 아직도 우리에게는 부족한 점이 많은데, 한 예를 들면 교파정신·씨족관념과 지방색 등이 여전히 연합운동에 지장을 주고 있다. 우리 연합공의회는 교회의 단합과 협동을 위한 국내 유일한 기관으로, 목표 달성을 위해 더 적극적으로 노력해야 한다.

그 추진 방안의 하나로 나는 본 연합공의회가 집행기구를 상설화해서 아래 업무를 담당할 것을 제의한다.

㉮ 조선예수교연합공의회는 통신기관 구실을 할 것,

㉯ 필요에 따라 교회 및 사회조사를 할 것.

㉰ 사회정의 구현을 위한 제반 사회활동을 할 것.

㉱ 기성 질서 및 가치관 파괴에 대한 새 기독교적 가치관 수립.

㉲ 모든 기독교 단체는 연합공의회가 하는 전도회·수양회 등 사업과 신문·잡지 기타 서적 출판에 협력해야 된다.

㉳ 본 연합공의회로 하여금 세계의 동일한 성격의 기관, 특히 국제선교협의회와 잘 연결되는 기관이 되게 하며, 세계 모든 기독교 기관이 그리스도와 한몸 됨을 인식케 함으로써 에큐메니칼 운동에 기여하게 되기를 바란다.

3.

재일동포를 위한
전도사업

　　재일본 동포를 위한 전도사업은 1909년 장로교가 먼저 시작하여 1913년부터는 장·감 두 교파의 연합사업으로 발전되었다는 사실은 제2장에서 말한 바 있다. 그런데 이 사업은 주로 유학생을 상대로 한 것이었으며, 더욱이 도쿄를 중심으로 한 간토(關東) 지방의 범위를 벗어나지 못했다.

　　그러나 1917년부터는 오사카를 중심으로 한 간사이(關西) 지방에도 확대되었다. 동포들은 간사이 지방에 더 많이 살고 있었는데, 1917년 통계에 의하면 20만 명 또는 28만 명[1]이나 되는 동포들을 방치할 수 없다 해서 당시 "고베(神戶) 신학교 전정과(專政科)에 재학 중이던 임택권과 이인식(李仁植)이 고베에 재류(在留)하는 동포 중 믿는 형제 몇 사람으로 더불어 예배 처소를 정한 것이 간사이 지방의 우리 교회가 시작되던 첫소리였다."[2]

　　그 뒤 조선장로회총회는 1922년 3월 김이곤(金二坤) 목사를 전도목사로 파송하여 오사카·니시노미야(西宮)·하루키(春

---

1) 〈죠선예수교장로회 데14회 회록〉(1925), 18쪽.
2) 위의 자료.

木)·아카시(明石)·효고(兵庫) 등지를 찾아다니며 전도를 시작했다.[3] 5~6개월 뒤 그가 귀국해 보니 경제난으로 고베에 있는 우리 신학생 윤치병·김영구·김우현·전필순 등에 의하여 그 사업은 간신히 유지되는 형편이었다. 그리하여 1924년 5월에는 당시 간사이 지방에 산재해 있던 13개 교회가 신도회(信徒會)라는 자치기관을 조직하여 1년에 2회씩 각 교회 총대와 담임자가 모여 각 교회를 순방하면서 진흥책을 강구하게 되었다.[4]

　　그러나 간사이 지방의 전도사업은 1925년부터 새로운 단계에 접어들게 되었다. 1924년 10월 장감연합선교사협의회가 남감리교의 박연서 목사를 전도 목사로 파송한 바 있는데,[5] 1925년부터는 이 사업을 새로 조직된 조선예수교연합공의회(NCC)와 공동사업으로 추진하게 되었기 때문이다.[6] 따라서 박연서 목사는 1925년 6월 종래의 '신도회'라는 명칭을 '일본 간사이 지방 조선교회위원회'라 고치고 국내의 상회(上會), 즉 한국 NCC 및 선교사연합공의회와의 연락관계를 체계화시켰다.[7] 그리고 박연서 목사는 이때부터 간사이 지방만 아니라 간토 지방·규슈 지방까지 총망라하여 그 전도본부로서 '련합전도ᄉ무국'[8]을 설치하기에 이르렀으며, 이 연합전도사무국은 이때부터 재일본조선교회위원회·조선예수교연합공의회·조선예수교선교사연합공의회 등 세 단체의 공동사업을 주관하는 공식기관이 되었다. 이 연합전도사무국에 의하여 연합공의회에 제출된 보고(1927년 9월)에 의하면 전도 상황은 대략 다음과 같다.[9]

---

3) 위의 자료.
4) 위의 자료.
5) 위의 자료.
6) 〈조선예수교연합공의회 제2회록〉(1925), 8쪽.
7) 〈죠선예수교장로회 총회 데14회 회록〉(1925), 18-19쪽.
8) 〈조선예수교연합공의회 제4회록〉(1927), 18쪽.
9) 〈조선예수교연합공의회 제4회록〉(1927), 18-22쪽.

① 도쿄

　　도쿄와 요코하마 근처에 우리 학생 약 5천 명이 있고, 그 외에는 대개 노동자인데, 완전한 교회는 2개, 기도소는 3개가 있었다. 교민은 약 6백 명이며 그중 세례교인은 312명이었다. 서상현(徐相賢) 목사는 금년에 만기로 귀국하고 남감리회의 신공숙(申公淑) 목사가 파송되어 왔다. 특기할 사실은, 침례교 목사 한 분이 노동자 전도에 힘써 3만 원 가치의 예배당 건물을 건축하기도 했다는 점이다.

② 간사이 지방

　　교회는 12개이고 교인은 약 5백 명인데, 그중 세례교인은 약 3백 명이다. 박연서 목사는 금년 3월에 소환되어 가고 북감리교의 한태유(韓泰裕) 목사가 파송되어 약 30만 동포(그중 학생은 불과 수백 명)들을 위하여 전도에 힘썼다. 부인 전도를 위해서는 특히 남감리회 여선교회에서 부인전도인 1인이 파송되어 왔다.

③ 규슈 지방

　　약 5만 명의 동포가 사는데, 작년(1926년) 12월에 장로회 오택관(吳澤寬) 목사가 파송되어 와 전도를 시작함으로써 이미 후쿠오카와 야와타(八幡)에는 교회 2개, 기도소 2개가 설립되었고, 신자는 50여 명인데 그중 세례교인이 9인이었다. 하기 방학을 이용하여 메이지 학원 신학부 재학생 백인기는 오이타(大分)에서, 간사이 대학 경제과 재학생 김근석은 후쿠오카와 야와타에서 각각 전도에 힘썼다.

　　전도 목사는 서상현·오택관·한태유(박연서 목사 후임) 등 3인이었고, 직·간접으로 전도사업에 가담한 단체는 조선장로회 총회·남감리회 연회·북감리회 연회·대구 부인회·북감리선교회·남감리선교회·북장로선교회·캐나다선교회·호주선교회·남장로선교회 등이다. 일본에 있는 각 선교사들도 이에 가담해 주었다.

이로써 재일동포 전도사업의 특징은 여실히 드러났다. 더욱이 1930년 연합공의회 총회에서는 "재일본 조선인교회의 헌법과 정치에 관한 기초안을 작성하기로 하고"[10] 그 기초위원을 임명하기에 이르렀다. 드디어 1932년 연합공의회 총회에서 재일본 조선기독교회(在日本朝鮮基督敎會) 헌법을 통과시켰다(부록 제4호). 이로써 재일본 조선기독교회는 이름 그대로 한일 기독교연합교회로 등장하게 되었다. 한국 교회가 일찍이 만주 선교·시베리아 선교·산동성 선교 등 외지 선교를 많이 했지만 그것은 각 교파별 선교였지 '재일본 조선기독교회'와 같이 각 교파단체의 연합사업으로 이룩된 단일교회는 아니었다.

1934년도 사업보고는 김수철 목사와 오택관 목사 두 사람에 의하여 제출되었는데, 김수철 목사는 1932년 9월부터 1934년 4월까지 오사카교회에서 시무하다가 간토 지방으로 전임되어 갔다. 요코하마교회는 캐나다 선교부에서 파송된 주관유(朱觀裕) 목사가 부임했으므로 도쿄에 있는 여러 교회만을 맡게 됐다.[11] 오택관 목사는 교회 상황을 다음과 같이 보고했다.

"일본에 전도한 지도 벌써 23년의 장구한 역사를 가졌습니다. 도쿄를 위시하여·오사카·고베·교토·나고야·후쿠오카·야와타·고쿠라·시모노세키·나가사키·홋카이도·사할린까지 대도회에는 전도자의 발이 안 미친 곳이 없사오며 교인 수는 3천여 명입니다. 그중 세례교인이 천여 명이오며, 교회는 5~6개나 됩니다. 교역자는 선교사 6인(남자 2 여자 4), 목사 9인(공의회 목사 1인), 남녀 전도사 12인 등 각처의 교회가 건전하게 발전됨을 주께 감사하나이다."[12]

한편 그는, "조직으로는 중회(中會)구역이 5지역(간토·간사이·쥬부·규슈·홋카이도)이며 간사이와 쥬부와 규슈에는 중회

---

10) 동 회록(제7회, 1930), 15쪽.
11) 동 회록(제11회, 1934), 25쪽.
12) 위의 자료. 30쪽.

가 벌써 조직되었고 간토와 홋카이도는 조직하기로 준비 중입니다"[13]라고도 했다. 여기서 중회라 하면 새로 제정된 교회 헌법에 따른 제도로, 장로교의 노회(老會)에 해당한다.(부록 제4호 헌법 참조) 통계에 따르면 1936년 현재 시무중인 선교사가 6인, 목사가 13인, 장로가 7인, 전도사가 5인, 집사가 204인, 전도사가 26인이 있고, 교회 52개, 기도소 18개이며 교인 총수는 3,038인을 넘고 있었다.[14]

끝으로 1924년 조선예수교연합공의회(NCC)가 조직된 때부터 1936년까지 몇 가지 교회 통계와 시무한 역대 한국인 목사를 보면 대략 다음과 같다.

교회 및 교인 통계

연도 / 종류	1925	1928	1931	1933	1936
집회	7	39	46	56	52(기도소18)
세례교인	179	367	826	809	1,009
교인총수	545	998	2,414	2,288	3,038
주일학교		19	29	45	
(아동수)		488	1,009	1,704	
유치원		2	6	9	
(원아수)			119		
청년회		12	19	27	
(회원수)			540	885	
부인회		6	14	19	
하기아동 성경학교			33	39	
(아동수)			1,373	1,785	
야학회			12	16	
(회원수)			470	650	
헌금	250원	429원 82전	11,313원 30전		26,619원 95전

---

13) 위의 자료.
14) 동 회록(1936), 23쪽.

역대 한국인 목사

연대 이름	1924	1925	1926	1927	1928	1929	1930	1931	1932	1933	1934	1935	1936
박연서 (朴淵瑞)	도쿄	도쿄	간사이	간사이									
서상현 (徐相賢)		도쿄	도쿄	도쿄									
신공숙 (申公淑)					도쿄	도쿄	도쿄						
한태유 (韓泰裕)			간사이	간사이	간사이					북해도	북해도		
오택관 (吳澤寬)			규슈	규슈	규슈	규슈	규슈	규슈	간사이	간사이	도쿄	도쿄	도쿄
박상동 (朴尚東)							간사이	간사이	간사이	간사이	간사이	간사이	간사이
김길창 (金吉昌)							?	도쿄	도쿄				
김응태 (金應泰)								도쿄	도쿄	도쿄	도쿄	도쿄	도쿄
최영래 (崔永來)									규슈	규슈	규슈	규슈	규슈
오근목 (吳根睦)									규슈	규슈	규슈	규슈	규슈
최경학 (崔敬學)									간사이	간사이	간사이	간사이	간사이
김치선 (金致善)									간사이	간사이	간사이	간사이	간사이
이인섭 (李寅涉)									간사이	간사이	간사이	간사이	간사이
김수철 (金洙喆)									간사이 도쿄	도쿄 간사이	도쿄	도쿄	도쿄
문종수									후쿠이				
고려위									간사이				
주관유 (朱觀裕)											요코하마	요코하마	요코하마
계(명)	1	2	3	5	3	3	3	4	11	12	10	10	10

4.

농촌선교와
사회개발운동

농촌선교는 이미 1923년부터 한국 YMCA에 의하여 시작되었고, 이 사업의 전국적인 확대를 위하여 국제적 규모의 농촌조사 및 전문가 유치에 성공했다는 사실에 대해서는 앞서 말한 바 있다. 한국 NCC가 이 사업에 직접 가담한 해는 1930년인데, 이보다 1년 전 연합공의회 총회가 1929년 9월 13일 YMCA 강당에서 개최되었을 때 국제위원회에서 파송되어 온 농촌사업 전문가 클라크(F. C. Clark, 具乙樂)의 강연이 있었다. 이 강연을 기점으로 한국 NCC는 농촌사업에 직접 가담하게 되었다. 그의 강연 요지는 다음과 같다.

자기가 미주(米洲)에 사업을 중지하고 조선에 온 이유는 고(故) 파락만 (巴樂萬, F. S. Brockman) 씨의 말과 갓치 조선에 농촌사업이 시급히 요구되여 각 교회와 선교사가 다 협력하야 하려고 한다. 6개월 시찰로 이것을 수긍케 되엿스나 아직까지도 농촌사업을 효과있게 한 것은 업스니 금일에 요구는 모든 기관이 합하야 조직적으로 진행할 것이다. 20여 명 전문가가 현재에 필요되매 각 기관이 4·5인씩의 전문가를 담

당할 것이다. 조선인이나 선교사 간 전문가가 7·8인에 불과하니 부족
이다. 12월~3월까지 14처에 2주 농촌사업 지도자양성소를 연 후 기
중(其中)에 십수 인을 택하야 더욱 양성식히고 명년도에는 2·3처에
3개월간 양성반을 개최할 것이다. …… 류소(柳韶, D. N. Lutz) 씨 갓흔
전문가는 자기 교파 구역 이내에 한(限)치 말고 강습 갓흔 것이 개최
될 째에는 다른 지방에도 갈 것이다. 각 교파에서 1인씩 추천된 위원
이 명일(明日) 제1회 회집(會集)이 잇서 장래 방침을 연구케 하려는 것
이다.

이 회에서도 위원을 택하야 이 사업에 협력하기를 바란다. 기독교청년
회로만은 이 사업을 전부 감당할 수 없다.……[1] (*원문의 한자를 한글 및
괄호 안 한자로 표기함)

이 강연이 있은 뒤 즉석에서 농촌사업 연구위원으로 김
수철(金洙喆)·정인과(鄭仁果)·이석원(李錫源)·방위량(邦緯良) 4인
을 뽑고 다음과 같은 조직 방안을 통과시켰다.[2]

① 농촌사업 협동위원회라 칭한다.
② 조선예수교연합공의회 3인
③ 각 선교사당 각 1인씩(합 6인)
④ 장로교회 2인
⑤ 남북 감리회 각 1인(합 2인)
⑥ 남녀 기독교청년회연합회 각 1인(합 2인)

이상 15인으로 농촌사업 협동위원회를 조직하기로 건의
한 것이다. 그 결과 1930년부터 연합공의회는 "본회에 농촌부

---

1) 〈조선예수교연합공의회 제6회 회의록〉(1929), 11쪽. 이 강연에서 "명일 제1회 회집이 잇다"는
것은 Mission Agriculturist Association을 말한다. 이 Association은 1929년 9월 14일 첫 모임을
갖고 농촌사업을 에큐메니칼 성격으로 확대하는 데 공헌했다.
2) 동 회록, 24-25쪽.

를 설치하되 현금(現今) 사업을 진행 중인 조선기독교청년회연합회 협동농촌부와 피차협동적 양해를 득(得)하야서 본회와 합하게 하자고 가결"[3]하기에 이른 것이다. 그 뒤 연합공의회는 윤산온(G. S. McCune)·신흥우·정인과·노블·클라크(F. C. Clark)·러츠(D. N. Lutz, 柳韶) 등을 실행위원으로 삼아 각 선교부 및 교파·YMCA 등과 접촉케 하고 연합사업을 추진시켰으며,[4] 이 사업은 연합공의회·YMCA·숭실전문학교 등 3단체의 공동 사업으로 추진되었다.[5] 1931년 말부터 1932년 초까지는 공주·청주·안동·대구·진주·부산·서울·선천·안주·강계·덕천·평양·양시·재령·해주·개성 등 16개 도시에서 농업강습회를 열고[6] 작물·토양·축산·양토·양돈·농업경영법·농업경제협동조합론 등을 강의했는데, 강사는 이훈구(李勳求)·차광수(車光秀)·이은택(李恩澤)·우리암(禹利岩)·홍병선(洪秉璇)·김상근(金常根)·조두서(趙斗西)·어구도(魚求道)·계병호(桂炳鎬)·배은수(蓓股秀)·클라크·류소 등이 동원되었다. 강습회마다 약 1주일을 기준으로 하여 진행시켰다.

특기할 만한 것은, 연합공의회는 이 사업을 농민들의 사회의식, 경제의식 등 의식을 개발하는 방향으로 추진했다는 데 큰 의의가 있다는 점이다. 이미 말한 바와 같이 농촌사업은 YMCA가 개척했고 그 뒤 장로교회가 추진한 사업이지만, 연합공의회는 이를 하나로 뭉치게 하고 조직화하는 데 큰 역할을 했으며, 사업 목적과 방향도 통일하고 체계화했다. 그런 의미에서 연합공의회는 1933년부터는 농촌사업에 대한 아래와 같은 10대 추진방안을 제정·보급하기에 이르렀다.

3) 동 회록(제7회, 1930), 11쪽.
4) 동 회록(제8회, 1931), 29쪽.
5) 동 회록(제9회, 1932), 23쪽.
6) 위의 자료, 56-58쪽.

① 여러 곳에서 농사 개량에 관한 이론을 통과하여 실제적으로 모범 농장을 설치한다.

② 농사에 관하여 농민 가족은 전체가 활동한다.

③ 농가에서 특히 음식 요리법을 연구·장려한다.

④ 각 교회에 있는 토지를 전부 모범농장으로 설치한다.

⑤ 추수감사절에 교인들이 가장 잘 된 곡식을 선택하여 전람회를 연다.

⑥ 농촌 보건에 힘쓴다.(시간·위생·운동)

⑦ 농민을 중심으로 한 농촌에 의료기관(공의)을 둔다.(각 촌락 30리 1원으로 둔다)

⑧ 농민 문화운동에 힘쓴다.(신문·잡지·기타 서적들을 돌려보기)

⑨ 농촌 청소년운동으로 농촌에 적합한 기관을 두어 힘쓴다.

⑩ 농촌운동에 관한 모든 사항은 그리스도의 정신 아래서 신앙생활에 절대 합치하도록 도모한다.

이상 10대 추진방안은 각 교파와 선교단체와 YMCA·YWCA 등 각 가맹단체에 통지하여 일제히 시행하게 하며, 이 운동에 필요한 전문가의 기술적·경제적 협조 등을 강력히 촉구했다.

5.

각종 사업과
기독교의 사회 참여 움직임

　　본론에 들어가기 전에 1930년 전후의 사회적 배경을 조금 알아볼 필요가 있다. 잘 알려진 대로 1919년 3·1운동 직후부터 한국에는 이질적인 외래사조가 등장하기 시작했다. 철통같은 무단정치를 견디다 못해 중국·만주·시베리아·일본 등 외국에 가있던 신진세력이 3·1운동 직후부터 차례로 입국 또는 침투함으로써 한국 사회는 대혼란에 빠지게 되었다. 일본에 가서 사회주의, 무정부주의, 공산주의 사조에 물들어 온 북성회(北星會) 세력과, 러시아 귀화인들을 중심으로 뭉친 이르쿠츠크파 공산분자, 즉 화요회(火曜會) 세력과, 고려공산당이 중심이 된 상하이파 세력이 저마다 패권을 장악하기 위하여 때로는 서로 합치기도 하고, 때로는 주먹싸움을 하면서 공산주의 운동을 맹렬히 전개시킨 것이다. 그 결과 1925년 4월에 이르러는 아서원에서 극비밀리에 조선공산당을 창당하기에 이르렀다.

　　한편 국내 민족진영은 한국 YMCA를 중심으로 한 세력과 〈동아일보〉를 중심으로 한 세력이 주동이 되어 1927년 2월 YMCA 강당에서 3백여 명의 민족대표들이 참석한 가운데 신간회(新幹會)를 창설하게 되었다. 이 회의 명칭으로도 알 수 있듯이 '신간회의 간(幹)'은 옛 글자의 한(韓)으로 통하며, 고목신간(古木新幹) 즉 고목에서 새 줄기가 뻗어 난다는 의미로 해석[1]하여 처음부터 순수 민족진영의 조선인이라면 누구나 포섭함으로써 소위 민족의 단일당·민족 연합전선을 펴자는 것이 근본 목적이었다. 그래서 그 간부 중에는 좌익 계열의 맹장들도 있었는데, 신간회는 식민지 교육 철폐·한국어와 역사 교육 실시·학원의 자유·민족을 억압하는 제 법령의 철폐·공개재판·동양척식회사 철폐·남녀평등·여자 인신매매 금지·노동자 농민 단결과 파업권·시간 노동제·최저임금과 최저봉급제 실시·언론 집회 결사의 자유 등을 외치고 나섰다. 그럼에도 신간회의 공산분자들은 "신간회의 주도권을 잡지 못할 바에는 차라리 깨어버리라는 지령을 받고" 1931년 5월에 열린 대표자 회의에서의 투표 결과로 신간회는 깨어지고 말았다.

이와 같은 공산분자들의 파괴공작은 기독교계에도 있었는데, 침투공작 및 포섭공작과 병행하여 실시되었다. 그중 함흥 지방에서 농촌사업에 종사하고 있던 YMCA 외국인 간사 번스(A. C. Bunce)의 경험담을 예로 들면, 그는 캐나다 출신으로 아주 진보적이고 개혁정신이 강하여 YMCA 안에서도 위험시하는 인물이었다. 그는 1934년 마지막 농민강습회에 대하여 이렇게 말했다.

"그때 83명의 강습회원 중 10명만이 기독교 신자이고 50명은 공산주의자들이었다. 공산주의자들은 도중에 전부 체포되어 투옥되고 말았다. 우리는 날마다 예배를 보았는데, 그들은 수요일 저녁예배 때 나의 설교를 듣고 '세계에서 가장 좋은 종교는 무엇이냐'고 물었다. 나는 '인간과 사회제도를 개조할 수 있는 종교

---

1) 이관구, "월남 선생의 정치·구국활동", 외솔회, 〈나라사랑〉 제9집(1972), 39-40쪽.

가 제일 좋은 종교이며, 만약 공산주의가 기독교보다 이 점에서 더 잘할 수만 있다면 기독교는 물러나야 한다. 그 증거로 나는 덴마크의 경우를 들 수 있다'고 대답했다."[2]

이것 하나만으로도 우리는 당시 공산주의가 얼마나 악착 같이 기독교계에 침투했는지 알 수 있다. 당시 공산주의자들은 교회에 대하여 "종교는 아편이다"라며 정면 대결을 하는가 하면, 기독교인을 가장하여 교회 각 기관·각 사업체 사업에 침투했다. 한편 악랄한 일본 경찰은 기독교 세력 파괴를 위하여 공산분자 들의 침투를 묵인 또는 방조하는 일도 서슴지 않았다.

YMCA의 농촌운동·협동조합운동도 이러한 사회적 분위기에서 시작되었다. 그리고 평양지방에서 시작된 물산장려운동을 비롯하여 금주·금연운동·절제운동·주일학교운동·기독학생운동·농촌계몽운동 같은 것이 다 그랬다. 조선예수교연합공의회는 항상 이러한 각 단체의 자발적인 운동을 초교파적 입장에서 종합 지도하고, 상호 협력관계를 강화하는 동시에, 나아가서는 그것의 조직화 및 체계화에 노력했다. 그 좋은 예의 하나가 YMCA 농촌사업과 협동조합운동이다. 여기서는 연합공의회가 직접 손을 댔거나 간접적으로 관여한 사건만을 몇 개 골라 간단히 그 골자를 소개한다.

1) 사회복지사업

연합공의회는 처음부터 사업기구 속에 사회부(위원회)를 두고 교파별 또는 YM-YWCA 및 기타 여성단체가 추진하는 절제운동·물산장려운동·사창폐지운동 등을 지원해 왔다. 그러나 그 지원은 그다지 적극적이지 못했는데, 연합공의회 사회부위원 김수철(金洙喆)·헐버트·신석구(申錫九)·김병렬(金炳烈)·배명진(裵

---

2) Questions for Annual Administrative Report of International Committee of YMCAs, on April 16, 1934, 그리고 A. C. Bunce's Reply on November 14, 1934.

明進) 등 제씨는 1929년 9월의 제6회 총회 때 다음과 같은 기본 방침을 상정하여 통과시켰다.[3]

① 재경 유학생의 기숙사를 설치하고 그들에게 전도인을 파송할 것.
② 남녀 직공을 보호하고 그들에게 전도할 것.
③ 공창 폐지운동을 촉진할 것.
④ 금주운동을 촉진할 것.

이보다 앞서 1925년 '여자절제회연합회'가 조직되었는데, 연합공의회는 1931년부터 이 단체를 정식 가맹단체로 인준하였다. 그리고 그 연합회 총무 이효덕(李孝德)을 사회부 위원으로 임명하는 동시에, 1932년 9월에 열린 연합공의회 제9회 총회 때는 공의회 '사회 신조'를 제정 발표하기에 이르렀다. 그 전문을 소개하면 다음과 같다.[4]

우리는 하나님을 부(父)로 인류를 형제로 신(信)하며, 기독(基督)을 통하야 계시된 하나님의 애(愛)와 정의와 평화가 사회의 기초적 이상으로 사(思)하는 동시에 일체의 유물교육·유물사상·계급적 투쟁·혁명수단에 의한 사회개조와 반동적 탄압에 반대하고, 진(進)하야 기독교 전도와 교육 급(及) 사회사업을 확장하야 기독 속죄의 은사를 받고 갱생된 인격자로 사회의 중견이 되어 사회조직 중에 기독정신이 활약케 하고, 모든 재산은 신께로 받은 수탁물(受託物)로 알아 신(神)과 인(人)을 위하야 공헌(貢獻)할 것으로 신(信)하는 자이다. 우(右) 이상(理想)에 기(基)하야 우리는 하(下)와 여(如)히 주장한다.

① 인류의 권리와 기회 평균
② 인종 급(及) 민족의 무차별 대우

---

3) 〈조선예수교연합공의회 제6회 회록〉(1929), 28쪽.
4) 동 회록의 제9회 회록.

③ 혼인신성(神聖)·정조에 남녀 동등 책임

④ 아동의 인격 존중·소년노동 금지

⑤ 여자의 교육 급(及) 지위 개선

⑥ 공창 폐지·금주 촉진

⑦ 노동자 교육·노동시간 축소

⑧ 생산 급(及) 소비에 관한 협동조합 장려

⑨ 용인(傭人) 피용인(被傭人) 간에 협동조직기관 설치

⑩ 소득세 급(及) 상속세의 고율적(高率的) 누진세 제정

⑪ 최저임금법·소작법·사회보험법 제정

⑫ 일요일 공휴법 제정·보건에 관한 입법 급(及) 시설

(*원문의 한자를 한글 및 괄호 안 한자로 표기함)

그리고 연합공의회는 1932년부터 매년 음력 1월 15일을 전국 금주운동의 날로 정하고 전국적으로 운동을 전개케 했으며, 그 해에 '소년소녀 절제회'를, 그 다음해에는 '영아 절제회'까지도 조직하였다. 1933년도 통계에 따르면 그 지회가 114개, 회원이 2,535명으로 확보되었으며,[5] 주요 여성 간부지도자는 이효덕·장점심·손매리 등이었고, 유각경·최활란 등은 연합공의회 사회부위원으로 활약했다.

2) 교육자 훈련 및 문교 홍보 사업

연합공의회는 일찍부터 하기수양회위원회를 상설기관으로 설치하고 있었다. 이는 연합공의회가 교역자 훈련에 역점을 두었음을 의미한다. 일반적으로 교회가 사경회 또는 부흥회 일색으로 활동한데 비하여 연합공의회의 하기수양회는 이색적인 행사였다.

연합공의회가 하기수양회란 명칭을 내걸고 행사를 연 것

---

5) 김양선, 《한국기독교사》, 〈한국문화사대계Ⅵ〉, 661-662쪽.

은 1926년부터다. 이는 물론 YMCA 연례행사인 학생하령회(夏令會)의 자극 때문이다. YMCA 학생하령회는 1910년에 처음 열린 뒤로는 해마다 성황을 이루었다. 기성 교회의 사경회나 부흥회와 달리 여기서는 사상강연·시사문제 해설·음악·체육 등 다채로운 순서를 마련하여 큰 인기였다. 이러한 학생하령회의 순서를 모방해 가지고 연합공의회는 교역자 재교육을 위해 하기수양회라는 새로운 현대식 방법을 도입한 것이다.

이 사업을 위해 많은 예산을 책정했고, 연희전문학교를 고정 장소로 삼았다. 그만큼 재교육 프로그램의 차원을 높이려 했음을 알 수 있다. 이에 자극받아 장로교회는 1930년 금강산 수양관을 지어 현대식 프로그램을 도입하기도 했다.

이제 본보기로 그 수양회 내용과 성격을 알기 위하여 1932년 7월 6일부터 14일까지 8일간 열린 '제6회 전조선 교역자 하기수양회'의 순서와 강사를 소개하면 다음과 같다.[6]

① 기도회 8시간, 윤하영 목사(신의주)
② 성경연구 8시간, 송창근 목사(평양)
③ 정식연보 2시간, 방혜법(邦惠法) 목사(대구)
④ 사회학개론 4시간, 하경덕 박사(연희)
⑤ 농촌교회연구 2시간, 유백희 목사(연희)
⑥ 예배의범 1시간, 아펜젤러 목사(배재)
⑦ 교파연합문제 1시간, 구자옥 선생(공의회)
⑧ 사상문제 3시간, 백낙준 목사(연희)
⑨ 교회음악 1시간, 현제명 선생(연희)
⑩ 영의 역(力) 2시간, 빌링스 목사(협신)
⑪ 강연회
  ㉮ '세계의 동향과 우리의 당면문제' 3시간, 신흥우 박사(YM)

6) 동 공의회 회록(1932), 53-55쪽.

⑭ '평신도로서 본 우리 교회문제' 1시간, 김창제 선생(이화)

회기 중에 이 수양회는 다음과 같은 결의안을 채택하기도 했다.

> 조선기독교연합공의회를 구성한 각 교회와 단체에서 전 조선적으로 소집하는 모든 하기수양회는 명년부터는 동일한 시일과 장소에서 개(開)하야 공통된 문제는 일반적으로, 전문적 연구는 부문적으로……겸하여 교우간 친의(親誼)를 돈수케 하도록 연합공의회에서 알선하여 실시케 하기를 간절히 바라나이다.[7]

따라서 이 수양회에서는 교역자들의 독서 지도 및 신사조 연구에도 중점을 두었으니, 여기서 우리는 연합공의회가 교역자의 질적 향상과 역사의식에 얼마나 유의했는지 엿볼 수 있다. 구체적으로 말하자면 연합공의회는 1931년부터는 서적위원회를 상설기관으로 두고 교역자들의 독서를 권장했다. 그리고 1931년 서적위원회는 예수교서회와 교섭한 결과 신정(新訂) 찬송가 문제를 해결하기 위하여 선교사연합공의회·장로회·연합공의회 등 3단체 연합위원회를 두어 추진하기로 했다.

연합공의회의 가장 야심적인 시도는 신문 발행과 라디오 방송이었다. 그러나 노력에 비해 성과가 매우 적었던 것도 사실이다. 이를 위해 연합공의회는 1925년 이익모(李益模)·김종우·홀드크라프트(J. G. Holdcraft, 許大殿)·클라크·빌링스 등을 '기독신보사 교섭위원'으로 임명하여 그 신문을 일간신문으로 확장하는 운동에 나섰다.[8] 그러나 역부족으로 좌절되자 그 신문을 인수·경영하고자 노력했다. 즉 1932년 연합공의회 제9회

---

7) 위의 자료.
8) 동 공의회 회록(1925), 2쪽. 그리고 〈죠선예수교장로회총회 데14회 회록〉 32쪽.

총회에서는 "〈기독신보〉는 종래 예수교서회에서 경영·발행하던바, 사정상 해회(該會)에서 경영키 난(難)하다 하야 거(去) 6월 20일 실행위원회를 개(開)하고 토의한 결과, 거 1928년도 본회 제5회 총회의 결의에 의하야 〈기독신보〉를 본 공의회에서 9월 1일부터 인수하야 경영하기로 가결하고 특별위원으로 '기독신보 경영위원' 22인을 선정하고 또 본 실행부에서 교섭위원 3인 (차재명·왕래王來·김종우)을 택하야 예수교서회 실행부와 교섭케 하얏든바 예수교서회 실행부에서는 〈기독신보〉를 본 공의회에 이관케 하기로 가결하고 실지 인계하는 기일에 대하야는 본 총회에서 지정하는 일자에 인계하기로 하였던"9) 것이다. 그리고 매회 2천 부씩 발행할 수 있는 예산(5,100원)도 세우게 되었다.

그러나 이것도 실패로 돌아가고 말았다. 기독교서회가 〈기독신보〉의 운영권을 연합공의회에 넘기기로 한 1932년은 그냥 지나갔지만 그때 마침 장로교 경기노회가 둘로 갈라지는 불상사가 일어났다. "이는 서북계 출신의 등장에 대한 서울계 목사들의 반발이라는 지방적 내지 신학적 요소의 복합 때문에 해결이 쉽지 않았다."10) 한편 기독교서회는 〈기독신보〉 운영이사회를 개편하여 책임자를 선교사로부터 한국인으로 바꾸게 되었는데, "그 책임자가 법정 발행권의 소유를 기회로 서회로부터 이탈하는 동시에"11) 그것을 개인 소유로 만들면서 본래의 약속이 이행되지 못했다. 이런 불상사로 연합공의회의 꿈은 이루어지지 못하고 말았다.

그 대신 연합공의회는 일반 신문과 라디오를 이용할 수 있었다. 즉 연합공의회 방침에 따라 1933년에는 클라크(W.

---

9) 동 공의회 회록(1932), 24쪽.

10) 민경배, "경성노회 약사(略史)", 〈서울노회 회의록〉 합본 부록(대한예수교장로회총회 교육부, 1975), 213쪽.

11) 《대한기독교서회 약사》(대한기독교서회, 1962), 64쪽, 이는 하디(R. A. Hardie) 목사로부터 전필순(全弼淳) 목사에게 사장 자리가 넘어간 사실을 말한다.

M. Clark, 康雲林)·오천영(吳天泳)·채필근(蔡弼近)·크레인(J. C. Crane, 具禮仁) 등이 협력하여 매주 〈동아일보〉·〈중앙일보〉·〈조선일보〉 등 세 신문에 논설을 쓰기 시작했으며,[12] 신흥우·차재명·도마련 등은 매달 두 번씩 수양강좌 및 라디오 전도를 시작했다.[13] 이를 위하여 상당한 액수의 예산을 해마다 세웠으며, 급변하는 사회에 대응하여 채필근 목사의 '종교와 과학', 김인영 목사의 '하나님의 존재', 맥도널·리상문 양씨의 '종교와 사회문제' 등을 서적으로 출판했다. 이처럼 연합공의회가 비록 소규모이긴 하나 새로운 선교방법을 채용한 것은 그만큼 사회참여에 적극적이었음을 입증해 준다.

---

12) 동 회록(1932), 24쪽.
13) 위의 자료, 25쪽.

6.

교회 진흥책 수립과
토착화 노력

한국 교회의 진흥운동은 1907년부터 1910년 사이에 일
어난 '백만 명 구령운동', 1919년 '3·1운동' 이후 1925년까지
의 '제1차 진흥운동', 1929년부터 1934년 한국 교회 희년까지의
'제2차 진흥운동' 등으로 줄잡을 수 있다.

장로교회는 1919년 9월 제8회 총회를 열어 전국을 12노
회로 나누고 그 대표를 3인씩으로 하여 진흥위원회를 조직하고
추진했다. 감리교회에서는 1920년 이래 '선교 100주년 기념 부
흥운동'과 1923년의 동양 선교 75주년 기념사업으로 부흥운동
을 벌였는데, 특히 남감리교회는 1925년을 부흥의 해로 설정하
고 열띤 부흥운동을 계속했다. 성결교회에서도 노방전도·야시
전도 등의 방법을 활용하였으며, 교회 각 기관별로도 전도대 또
는 하기순회강연단 등을 조직하여 진행시켰다.

연합공의회가 진흥운동에 직접 손댄 것은 제2차 진흥
운동 때부터다. 즉 "1929년 9월 9일 서울에서 행한 연합공의
회 주관하의 각 교파 연합 대전도회는 박람회 기간을 이용한 것
으로, 광화문 네거리에 임시로 광대한 전도관을 세우고 50일간

135

98회 전도강연을 통하여 수강자 27,000명, 결신자 3,000명을 얻었다."[1]

　　한편 장로교회는 1930년 제19회 총회에서 교회진흥방침 연구위원회를 설치하고 조직적인 진흥책을 강구했다. 1931년 제 20회 총회에서는 1934년 한국 선교 50주년 기념대회를 목표하 여 "제1년은 헌신·성서연구·특별기도 등의 해요, 제2년은 대부 흥전도운동의 해요, 제3년은 1935년까지 2년간으로 하되 기독 교 문화운동의 해로 삼았다."[2] 이 기간 중의 사업은 한국 기독교 초유의 사업으로, 교회마다 문고 설치, 교역자를 위한 이동도서 관 설치, 현대사상과 기독교의 관계를 해명한 서적을 문고판으로 보급, 현대사상 및 기독교사상 연구회 조직 운영, 교파를 초월한 정기연구지 발행 등이 그 내용이다.

　　감리교회는 남감리회와 북감리회의 합의가 시급함을 인 식하고 "1924년 3월 5일과 6일 이틀 동안 서울에서 북감리회 진 흥방침연구회와 남감리회 진흥방침연구회가 연합으로 회집하 여 전도사업, 교육사업, 출판사업, 공동예문 사용, 직임(職任) 명 칭 통일 등 여러 가지 문제를 평화리에 토의"[3]했다. 그 결과 두 감 리교회가 하나가 된 '기독교 조선 감리회' 제1회 총회가 1930년 12월 2일 서울에서 열리게 되어 '조선 감리교회 교리적 선언'을 발표했는데, 이때부터 감리교회는 교회진흥운동을 더 강력하게 전개했다.

　　연합공의회는 이러한 교파별 진흥운동을 종합하고 지원 하는 입장이었기 때문에 1933년 총회 때 "장·감 양 교회가 연합 하여 선교 50주년 기념 축하식을 갖기로 하는 동시에"[4] 각 교파

---

1) 김양선, 《한국기독교사》, 고려대학교 민족문화연구소, 〈한국문화사대계Ⅵ〉, 고대민족문화연구 소 출판부, 1970, 629-630쪽.
2) 위의 책.
3) 양주삼, 《조선남감리교회 30년 회보》(조선남감리회 전도국, 1930), 141쪽.
4) 〈조선예수교연합공의회록〉(1934), 21쪽.

진흥운동의 더 조직적인 추진을 위하여 다음과 같은 진흥방침안을 각 교파에 발송했다.[5]

① 불신자를 상대로 하여 현대사조에 적절한 문제를 다룬 소책자 10여 종을 출판하여 전국적으로 보급할 것.
② 하기휴가 때 순회전도강연대를 조직하여 각 지방을 순회케 하되, 강사는 현대사조의 전문가를 채용할 것.
③ 신문과 라디오를 이용하여 1주 일 차씩 전도기사 게재 및 방송을 할 것.
④ 대영 성서공회의 후원으로 성서에 관한 서류를 보급할 것.
⑤ 개인전도 공과책을 편찬·출판하여 교인 전부가 이 운동에 가담케 할 것.
⑥ '원탁신앙간담회'를 가급적 모든 교회가 시행할 것.

교회진흥운동은 연합공의회가 하기 전에 각 교파에서 먼저 추진했다는 사실을 이미 언급한 바 있거니와, 그중에도 YMCA의 진흥운동은 보다 과감하고 진지한 것이었다. YMCA는 1923년부터 농촌선교에 앞장섰고, 1926년 2월 28일 '기독교 연구회'를 조직함으로써 더 활발해졌다.[6] 4월 19일에는 교조 교파의식의 둔화, 산업기관의 적극적 개발 운영, 교회의 제도 및 운영과 복음 선포의 토착화 등을 논의했다.

더욱이 YMCA는 이 기독교 연구회의 안을 1926년 12월 27일부터 29일까지 열린 제5회 조선기독교청년회 정기대회에 정식 안건으로 상정한 결과 '교화(敎化)진흥의 건'이라는 주제 밑에 아래와 같은 다섯 가지 안건을 채택하기에 이르렀다.

① 1927년에는 평신도로 하여금 조선 교회에 큰 운동을 일으키게 하

---

5) 〈죠선예수교장로회 데21회 회록〉, 31-32쪽.
6) 고려대학교 민족문화연구소, 앞의 책, 66쪽.

여 현재의 배 이상의 신자를 얻도록 힘쓸 것.

② 교파를 통일케 하도록 힘쓸 것.

③ 교회를 조선적 정신의 교회로 이루도록 노력할 것.

④ 교파진흥 연구위원 선정 건.

⑤ 준회원대회 개최 건.

이 결의안에서 중요한 것은 교파의 통일·조선적 정신의 교회·준회원대회 등이다. 이런 문제는 교회가 이때까지 못하던 것이며, 이것을 1927년 이후의 사업 기본방향으로 설정한 것이다. 결의에 따라 선정된 교파진흥연구 중앙위원은 신흥우·홍종숙·박희도·박동완·김활란·유각경·홍병덕 등 7명이었다. 이에 대하여 1927년 1월 5일자 〈기독신보〉는 "제5회 조선기독청년회연합회의 5대 의제 중 제4의제 교파진흥에 관한 건-교파진흥 연구위원을 연합회에서 선정하여 평신도운동과 교파통일운동과 조선적 교회 형성에 노력케 할 것"이란 논평기사를 썼던 것이다. 이때야말로 한국 기독교가 정식으로 '민족교회'의 형성을 시도한 때라고 할 수 있으며, 토착화의 움직임을 구체적으로 보여 준 때라고 볼 수 있다.

이 운동이 이로써 끝난 것은 아니었다. 신흥우와 교파진흥연구 중앙위원들은 1932년 전국신앙단을 조직함으로써 이 운동을 더 발전시켰다. "신흥우 박사는…… 비보수적인 선교사들, 진보적인 한국인 교역자 및 평신도들, 교회와 공식 관계가 적은 다른 한국인 지도자들의 찬동을 얻어 필요한 조직·표어·헌장 등을 만들게 되었다."[7] 그리고 아래와 같은 5개조의 '전국신앙단 선언문'을 발표했다.

① 나는 자연과 역사와 예수와 인간경험 속에 살아 계시는 하느님을

---

7) H. A. Wilbur's Letter to F. S. Brockman, June 14, 1932.

믿는다.

② 나는 하느님과 하나가 되고, 죄악과 더불어 싸워 이기는 것을 인생 생활의 제1원칙으로 믿는다.

③ 나는 남녀 차별 없이 인간의 권리·의무 행위에서 완전한 동등권이 보장되어야 하며, 타인의 권리를 침해하지 않는 완전한 자유가 있어야 한다는 것을 믿는다.

④ 나는 새 사회 건설을 위하여 개인적 욕망보다 인간적 공익심을 앞세워야 한다는 것을 믿는다.

⑤ 나는 사회가 많은 사람에게 경제적·문화적·종교적·생활에서 승등적(昇登的) 균형과 안전이 보장되어야 한다는 것을 믿는다.

이상 5개조 선언문 중 다섯 번째의 승등적(昇登的) 균형이란, 기독교운동은 공산주의 운동과 본질적으로 다르다는 것을 보이기 위한 표현이다. 즉 "공산주의는 잘사는 사람들을 때려눕히고 끌어 내려서 잘 못사는 사람들과 균등하게 만들자는 것이지만, 기독교는 잘 못사는 사람들을 잘사는 사람들의 수준까지 끌어 올려서 다 같이 평등하게 만들자는 것이라"[8]는 것이었다.

그러나 아깝게도 이 평신도들의 토착화운동·기독교사회주의운동은 지방적·파벌적 색채와 외부 인사들의 오해로 인하여 이단시됨으로써 주도했던 이들이 교회에서 제명되거나 축출당하고 말았다.

---

8) 당시 적극신앙단 회원이었던 엄재희(嚴載熙)·이건춘(李建春) 등과 1971년 6월 15일 면담.

7.

초기 구성단체와
지도자

오늘날 '한국기독교교회협의회'라는 공식명칭이 있기까지는 여러 가지 역사적 변천이 있어 왔다. 즉 1918년 한국 NCC 운동이 시작될 때의 공식명칭은 '조선예수교장감연합협의회'였다. 그러던 것이 1924년부터는 '조선예수교연합공의회'로 바뀌었고, 8·15해방 뒤 1946년부터는 '한국기독교연합회'로 개칭되었다가, 1971년 헌장이 개정되면서부터 오늘날의 '한국기독교교회협의회'로 된 것이다.

이처럼 공식명칭은 연합협의회·연합공의회·연합회·협의회 등으로 바뀌었으나 세칭 NCC란 영어 약자 명칭만은 변하지 않았다. 다시 말해서 1924년 '조선예수교연합공의회' 때는 National Christian Council이었고, 1971년 '한국기독교교회협의회' 때는 National Council of Churches였다. 따라서 이것은 국제적으로 공통적인 명칭이기도 했다.

그러면 1924년 이전의 장감연합협의회는 NCC라고 부를 수 없는 것이 아닌가 하는 문제가 있는데, 이는 다음과 같은 공식 기록으로 답변이 된다. 즉 '조선예수교장감연합협의회'가

해산되고 그 대신 '조선예수교연합공의회'가 조직된 뒤 그 회의
록 서두에는 언제나 반드시 다음과 같은 연혁이 씌어져 있다.

"본회의 전신인 장감연합협의회는 1918년 3월 26일 경
성 종로 중앙기독교청년회관 내에서 제1회로 개최하야 1922년
10월 26일에 신문내예배장에서 제6회까지 모혓섯다. 그리고
1924년브터는 협의회를 야소교연합공의회로 변경 조직하게 되
얏는대 협의회 회장과 서기의 씨명은 여좌(如左)하다."

이런 공식 기록으로 우리는 이 두 조직의 역사적 일관성
을 확인할 수 있다.

한국 NCC의 개념 파악은 이 정도로 마치고. 이 두 조직
체의 목적을 대비해 보면 다음과 같다. 헌장과 목적 난에 이렇게
명시되어 있다.

① 장감연합협의회(1918)
　　㉮ 두 교회가 예수 그리스도 안에서 하나 되는 정신을 증진케 하며
　　　　친목케 하는 정의를 돈독케 함.
　　㉯ 두 교회가 홀로 행하기 어려운 일이 있는 경우에는 합력 진행하
　　　　기를 힘써 도모함.
　　㉰ 두 교회가 교역상 경력과 지식을 교환하여 그리스도의 사업을
　　　　확장함에 유조케 함.
② 예수교연합공의회(1924)
　　㉮ 협동하여 복음을 전파함.
　　㉯ 협동하여 사회도덕 향상을 계도함.
　　㉰ 협동하여 그리스도 문화 보급에 계도함.

둘째로 이 두 조직체의 구성단체와 총대 비율은 다음 도
표와 같다.(숫자는 총대 수)

단체 ＼ 연대	1918~1923	1924~	1926~	1930~	1931~	1935~	1937~
장로회총회	20	20	20	20	20	10	10
미 감리회*	10	10	10	10			
남감리회*	10	10	10	10	20	10	10
북장로회선교사회		6	6	6	6	3	3
남장로회선교사회		3	3	3	3	1	1
캐나다장로회선교사회**		2	2	2	2	1	1
호주장로회선교사회		2	2	2	2	1	1
미 감리회선교사회		4	4	4	4	2	2
남감리회선교사회		3	3	3	3	2	2
기독교청년회연합회		1	1	1	1	1	1
영국성서공회		1	1	1	1	1	1
여자기독교청년회연합회			1	1	1	1	1
주일학교연합회			1	1	1	1	1
재일캐나다장로회선교사회***				1	1	1	1
예수교서회					1	1	1
기독교여자절제회연합회					1	1	1
합계	40	62	64	65	67	38	38

* 두 남북 감리회는 1930년에 기독교 조선감리회라는 명칭으로 통합 되었기 때문임.

** 캐나다 장로회는 1925년에 캐나다 연합교회로 통합됨에 따라 재한 선교회는 캐나다 연합선교사회가 됨.

*** 그중 통합에 가담하지 않은 장로파가 재일교파선교사업을 담당했 기 때문임.

위 도표에서 1935년부터 총대 수가 거의 반으로 줄어든 사실이 발견되는데, 그것은 장로회 측에서 헌장 개정을 강력히 요구해 왔기 때문이다. 즉 장로회 측은 가입단체를 각 교파로 국한시키며 총대 수를 5인씩으로 하자는 헌장개정안을 내었는데, 그 후 장로회 측은 일방적으로 1934년도 연합공의회 제11회 총회 때 5인의 총대만을 파송한 것이다.

그리하여 이 문제를 연합공의회 규칙위원회는 신중히 다루는 동시에 다음과 같이 건의했다.

첫째로, 장로교총회에서 제의한 본 공의회를 교파단체로 하자는 것은 세계연합공의회 규칙이 비교파단체로 가입케 할 것이며, 우리 공의회도 세계연합공의회와 관계를 맺는 이상 비교파단체를 가입한 것이 이미 잘 된 줄 아오며,

둘째로 "대표자 수를 5인으로 축소하자는 것은 너무 소수인 고로 장·감 양 교파에서 각 10인씩으로 하고 반수를 감하되, 3인은 2인으로 1인은 그냥 1인으로 함이 가한 줄 아옵니다"라고 건의한 것이 그대로 통과된 것이다.[1]

셋째로 일제 강점기 장·감 두 교파의 교세와 교인 통계를 비교하면 다음과 같다.

장감연합협의회 시대의 교인 통계

연도·단체 종목	1918년			
	장로회	미 감리회	남감리회	합계
교회수	2,005	652	238	2,895
한국인목사수	169	70	14	253
전도인수	657	263	32	952
입교인수	68,506	12,346	5,765	86,617
세례아동수	12,332		3,957	
학습인수	22,206	7,197	965	30,368

---

1) 〈조선예수교연합공의회 제11회 회의록〉(1934), 34-35쪽.

종목				
원입인수	54,951	17,535	4,006	76,492
교인총수	160,919	41,044	10,740	212,703
주일학교	2,655	412	138	3,205
(직원수)	17,756	2,133	482	16,371
(생도수)	147,953	26,640	5,911	180,504
남학교	423	75	26	524
(학생수)	15,573	4,070	986	20,629
여학교	132	58	40	230
(학생수)	5,041	3,214	1,145	9,400
신학생수	174		20	
성경학생수	1,476			
연보 (원, 한국인)	282,948	75,809	15,995	374,743

연도·단체 종목	1919년			
	장로회	미 감리회	남감리회	합계
교회수	1,935	472	217	2,624
한국인목사수	192	65	18	275
전도인수	279	262	29	570
입교인수	69,047	12,666	5,077	86,790
세례아동수	11,147	3,507	1,590	16,244
학습인수	18,663	5,867	800	25,330
원입인수	45,243	14,066	2,153	61,462
교인총수	144,061	35,482	9,460	189,003
주일학교	2,590	466	162	3,218
(직원수)	8,409	1,634	536	10,579
(생도수)	116,369	23,546	5,761	145,676
남학교	351	65	13	429
(학생수)	12,075	3,041	1,054	16,170
여학교	121	57	14	192
(학생수)	4,408	2,511	836	7,755
신학생수			20	
성경학생수	1,029		6	1,035

연보 (원, 한국인)	372,231	97,882	15,050	485,163

연도·단체 종목	1920년			
	장로회	미 감리회	남감리회	합계
교회수	1,921	467	241	2,629
한국인목사수	180	69	16	261
전도인수	260	280	41	581
입교인수	69,025	12,293	5,451	86,769
세례아동수	12,143	3,263	1,708	17,114
학습인수	20,038	5,900	1,025	26,963
원입인수	50,597	14,698	4,394	65,245
교인총수	153,915	36,243	12,468	202,104
주일학교	2,901	458	164	3,523
(직원수)	9,783	1,671	608	12,062
(생도수)	138,796	22,790	6,989	168,575
남학교	405	63	9	477
(학생수)	13,008	4,131	677	17,816
여학교	119	50	11	181
(학생수)	5,238	3,058	527	8,823
신학생수	79	30	22	129
성경학생수	1,171	25	90	1,286
연보 (원, 한국인)	575,997	124,732	37,281	737,986

연합공의회 시대(전기)의 교인 통계(남·북 감리회 합동 이전)

연도·단체 종목	1925년			
	장로회	미 감리회	남감리회	합계
교회수	2,309	648	492	3,449
한국인목사수	315	114	31	460
전도인수	779	475	156	1,410
입교인수	89,879	13,622	9,324	112,825
세례아동수	18,263	4,571	3,715	25,549

종목				
학습인수	29,589	4,577	2,454	36,620
원입인수	56,128	20,571	8,098	84,797
교인총수	193,823	45,066	22,591	261,580
주일학교	4,663	498	448	5,609
(직원수)	21,510	2,656	979	25,156
(생도수)	206,913	31,337	14,793	253,043
남학교	454	82	16	552
(학생수)	21,255	9,068	1,349	31,672
여학교	151	55	11	217
(학생수)	9,304	4,670	1,513	15,487
신학생수	211	84	47	342
성경학생수	2,154	54	140	2,348
연보 (원, 한국인)	1,000,779.12	200,404.00	120,723.95	1,321,907.07

연도·단체 종목	1929년			
	장로회	미 감리회	남감리회	합계
교회수	2,641	457	357	3,455
한국인목사수	404	129	49	582
전도인수	409	489	80	978
입교인수	90,544	10,605	7,630	108,779
세례아동수	18,052	5,363	2,473	25,889
학습인수	25,079	18,114	1,377	44,570
원입인수	51,764	3,513	7,537	62,814
교인총수	186,994	40,907	17,173	245,074
주일학교	4,776	709	357	5,842
(직원수)	6,397	2,388	1,003	9,788
(생도수)	245,927	27,781	12,682	186,390
남학교	522	50	11	583
(학생수)	19,974	7,191	2,731	29,896
여학교	355	38	13	406
(학생수)	15,492	4,878	1,361	21,731
신학생수	62	38	19	119

성경학생수	1,794	49	53	1,794
연보 (원, 한국인)	905,214.09	137,995.00	67,298.24	1,110,507.33

연도·단체 종목	1930년			
	장로회	미 감리회	남감리회	합계
교회수	2,571	473	257	3,301
한국인목사수	404	136	54	594
전도인수	368	440	71	879
입교인수	91,270	10,299	7,879	109,448
세례아동수	19,382	5,688	252	25,322
학습인수	28,271	3,581	1,547	33,399
원입인수	55,586	19,609	6,665	81,860
교인총수	194,678	39,177	16,640	250,495
주일학교	4,752	609	372	5,733
(직원수)	22,758	2,528	1,136	26,422
(생도수)	258,781	32,595	13,315	304,691
남학교	699	45	8	752
(학생수)	28,982	9,048	2,160	40,191
여학교	250	106	12	368
(학생수)	15,472	6,537	2,400	24,409
신학생수	100	34	19	153
성경학생수	2,235	81	41	2,357
연보 (원, 한국인)	1,522,346.18	147,520.00	64,759.51	1,522,346.18

연합공의회 시대(후기)의 교인 통계(남·북 감리회 합동 이후)

연도·단체 종목	1931년			
	감리회	장로회	양교파연합사업	합계
교회수	898	2,612		3,510
한국인전도인수	915	1,519		2,506
선교사수	136	204		340

종목	감리회	장로회	양교파연합사업	합계
입교인수	20,550	94,728		115,278
세례아동수	8,157	20,497		28,654
학습인수	4,507	30,751		35,258
원입교인수	25,318	62,579		87,987
교인총수	58,532	208,579		267,444
주일학교수	590	5,065		5,655
(직원수)	3,534	28,403		31,937
(생도수)	47,223	329,732		349,955
학교수	250	1,216	2	1,468
(직원수)	786	2,481	96	3,363
(생도수)	22,721	49,568	337	72,620
신학교수	1	1		2
(생도수)	58	119		177
성경학생수	95	2,199		2,295
유치원수	98	147		245
병원수	17	18	1	36
(의사수)	27	53	27	107
(간호원수)	95	209	78	382
(환자수)	81,893	166,413	127,119	375,425
기독교청년회수			29	29
(회원수)			4,738	4,738
여자기독청년회수			30	30
(회원수)			2,200	2,200
연보액 (원, 한국인)	226,755.25	1,117,703.03		1,344,458.28

연도·단체 종목	1934년			
	감리회	장로회	양교파연합사업	합계
교회수	767	2,731		3,498
한국인전도인수	970	488		1,458
선교사수	119	216		335
입교인수	18,675	108,392		127,067
세례아동수	8,782	24,320		33,102

학습인수	5,940	38,752		44,692
입교인수	26,303	126,989		153,292
교인총수	68,789	298,431		367,220
주일학교수	561	3,198		3,719
(직원수)	3,800	26,810		30,610
(생도수)	50,040	293,816		343,856
학교수	85	1,557	2	1,644
(직원수)	531	2,108	123	2,762
(생도수)	17,649	49,104	525	67,278
신학교수	1	1		2
(생도수)	67	159		226
성경학생수	239	2,467		2,706
유치원수	107	143		250
병원수	6	13	1	20
(의사수)	29	68	27	124
(간호원수)	90	130	32	252
(환자수)	126,039	87,768	93,745	307,552
기독교청년회수		23		23
(회원수)		5,350		5,350
여자기독청년회수		25		25
(회원수)		3,134		3,134
연보액 (원,한국인)	294,822.00	1,037,396.79		1,332,218.79

　　연합공의회에는 일반적으로 기록서기·부서기·영문서
기·통계서기 등 4종류의 서기가 있었는데 그중 이 교인 통계는
각 교파의 교세 및 교인 통계만 전담하는 통계서기가 작성한 것
이므로 공정한 통계로 보아 틀림없다.

　　넷째로 1918년부터 1937년까지의 역대 임원은 아래 도
표와 같다.

시대	회수·연대 / 임원별	회장	서기	총무	간사
장감연합협의회시대	1회, 1918.3.	김필수	오기선		
	2회, 1918.10.	최병헌	양주삼		
	3회, 1919.10.	양주삼	현석칠		
	4회, 1920.10.	김성탁	김인영		
	5회, 1921.9.	강조원	차재명		
	6회, 1922.10.	김종우	김영구		
예수교연합공의회시대	1회, 1924-1925	차재명	홍순탁		
	2회, 1925-1926	노보을	홍순탁		
	3회, 1926-1927	한석진	홍순탁		
	4회, 1927-1928	양주삼	홍병선		
	5회, 1928-1929	정인과	전필순		
	6회, 1929-1930	박용희	김활란		
	7회, 1930-1931	김영섭	김응태	김관식 김인영 김인영	구자옥
	8회, 1931-1932	김관식	장병익		
	9회, 1932-1933	김종우	나시산		
	10회, 1933-1934	함태영	이동욱		
	11회, 1934-1935	김길창	이동욱		
	12회, 1935-1936	양주삼	류형기		
	13회, 1936-1937	양주삼	구자옥		

그리고 장감연합협의회 창립 임원·연합공의회 조직임원과 최종(13회) 임원은 다음과 같다.

임원 / 연도	1918	1924	1936
회장	김필수	차재명	양주삼
부회장		김종우	방혜법
서기	오기선	홍순탁	구자옥
부서기		홍종필	
회계		김성탁	백낙준
통계서기		오화영	
영문서기			강운림
부회계			유각경

이를 다시 축소하여 역대 회장·총무·간사의 짤막한 약력을 소개하면 다음과 같다.

1. 김필수(金弼秀, 장로회 목사, 1872~1948)

경기도 안성 태생/ 유학 출신

1903년 황성기독교청년회(YMCA)가 창설될 때 창설 이사

1909년 평양신학교 제2회 졸업

1915년 한국인 최초의 예장총회장

1919년 3·1운동 당시 〈기독교신보〉 편집인

2. 최병헌(崔炳憲, 미 감리회 목사, 1853~1927)

충북 제천 태생/ 유학 출신

1900년 창간된 〈신학월보(신학세계)〉 주필

1903년 한국인 최초의 감리교 정동교회 목사

《만종일연(萬宗一臠)》 등 저서 출판

1913년부터 인천지방 감리사

3. 양주삼(梁柱三, 남감리회 목사, 1879~1950년 납북됨)

평북 용강 태생/ 1901년 상하이 중서서원 수학

1914년 예일대학 신학부 졸업

1919년 종교교회 담임목사

1930년 기독교 조선 감리회 제1대 총리사

4. 김성탁(金聖鐸, 장로회 목사, 생몰 연대 미상)

평남 강동 태생

1922년 목사 안수, 장로회 총회장 역임

5. 강조원(姜助遠, 남감리회 목사, 1875~ ?)

경기 양주 태생/ 1915년 협성신학 졸업

1917년 개성 북부교회 목사

1921년 종교교회 목사

1927년 개성구역장

6. 김종우(金鍾宇, 미 감리회 목사, 1883~1939)

서울 태생/ 1911년 배재학당 졸업

1914년 협성신학 졸업, 교동교회 부목사

그 뒤 동대문·정동·상동교회 목사

1937년 제2대 대한감리회 감독 역임

7. 차재명(車載明, 장로교 목사, 1887~1947)

평북 용천 태생

1920년부터 새문안교회 담임목사

1929년 장로회 총회장 역임

8. 노블(W. A. Noble, 魯普乙, 미 감리회 선교사, 1866~1945)

미국 펜실베이니아 주 태생

드루 신학교 졸업 후 1892년 내한

배재학당 교수, 북지방 감리사, 합동전권위원 등 역임

9. 한석진(韓錫晉, 장로회 목사, 1868~1939)

평북 의주 태생

1891년 세례를 받음

1907년 평양신학교 제1회 졸업

1909년 재일 한인교회 창설

1910년 안국동교회 담임목사

1912년 장로회 총회 제1대 서기

1930년 금강산 수양관 건립

10. 정인과(鄭仁果, 장로회 목사, 1890~1972)

평북 순천 태생/ 숭실대학 졸업

도미하여 프린스턴·뉴욕대학에서 수학

주일학교연합회 협동총무, 장로교 종교교육부 총무 역임

11. 박용희(朴容羲, 장로회 목사, 1884~1959)

경기도 안성 태생

신간회 안성지부장, 장로교 경기노회장

서울 승동교회·목포 중앙교회 목사

전남노회 순천 노회장, 남조선 과도입법원 의원

신민회(해방 후) 창설 및 회장 취임, 한국신학대학 이사장

12. 김영섭(金永燮, 감리교 목사, 1888~1950)

서울 태생/ 일본 와세다대학 문과 졸업

아오야마학원 신학부 졸업

1923년 미국 할포드신학교 졸업

인천 내리교회 목사

1930년 조선예수교연합공의회 회장

13. 김관식(金觀植, 장로교 목사, 1887~1948)

경기도 양주 태생/ 서울 보성전문 법과 출신

1921년 평양신학 졸업 후 캐나다 낙스신학·프린스턴대학에서 수학,

함흥 영세고보 교장

1928년 로스앤젤레스 주일학교 세계대회 대표로 참석

1932년 IMC평의회에 한국 대표로 참석

14. 구자옥(具滋玉, YMCA 총무, 1891~1950년 납북됨)

경기도 출신

1917년부터 조선중앙 YMCA 간사, 1925년 총무

1945년 동 연합회 총무

1946년 경기도지사 역임

15. 함태영(咸台永, 장로교 목사, 1873~1964)

함북 무산 태생/ 구한국 시대 법관양성소 졸업

한성재판소 검사, 대심원 판사

1923년 평양신학 졸업 후 목사 안수

1952년 한국신학대 학장

1949년 제2대 심계원장

1952년 제3대 부통령 역임

16. 김인영(金仁泳, 남감리회 목사, 1893~1953)

1910년 개성 한영서원 졸업

1918년 협성신학 졸업

1921년 협성신학 교수, 〈신학세계〉 주필

1925년 미국 에모리신학 수학

1941년 협성신학 교장

1953년 정동교회 목사 역임

17. 김길창(金吉昌, 장로회 목사, 1892~1977)

경남 고성 태생/ 1922년 평양신학 졸업

거창읍교회, 부산 영도교회, 항서교회 목사 시무

1929년 일본 도쿄 유학생교회 목사 시무

1945년 동아대학 설립 이사장

학교법인 남성·대동·훈성·한성재단 설립

최종적으로 일제 말엽인 1936년 제13회 총회 당시의 상
황을 말하지 않을 수 없다. 아다시피 1936년 도쿄에서 일본 군
벌이 소위 2·26군사 쿠데타를 일으킬 때 한몫을 단단히 한 미

나미 지로(南次郎)란 사람이 조선 총독으로 부임하면서 한반도를 중국 대륙 침략의 발판으로 삼는 데 광분했다. 그는 우선 사이토 마고토 전 총독의 소위 문화정책을 내선일체와 국체명징의 정신적 기반으로 삼았고, 전임자 우가키 가즈시게(宇垣一成) 총독의 소위 자력갱생의 경제정책을 대륙침략을 위한 식량과 군수물자 보급정책의 바탕으로 삼았다.

드디어 1937년 7월을 기하여 일본 관동군이 만주 노구교 (蘆溝橋) 사건을 트집잡아 중일전쟁을 도발시켰다. 그해 10월 2일을 기하여 다시 미나미 총독은 한국민에게 소위 황국신민서사 (皇國臣民誓詞)라는 것을 발표해 가지고 모든 학교와 사회단체와 교회 집회에까지 이를 강요했다. 1938년 2월에는 육군특별지원병 제도를 발표해서 한국 학생들과 청소년들을 강제로 전쟁에 징발했으며, 그해 8월에는 새로운 조선교육령을 발표하여 학교에서는 물론 일반 사회에서까지 우리말과 글을 쓰지 못하게 했다.

1938년부터 1940년까지는 한국 교회에 신사참배를 강요했으며, 1940년 2월에는 소위 창씨개명(創氏改名)령을 내려 한국인이 모조리 일본인 성과 이름을 갖게 했다. 그리고 그해 10월에는 〈동아일보〉·〈조선일보〉 두 신문을 폐간했으며, 러시아 공산당·이탈리아 흑의단(黑衣團)·독일 나치스당에 해당하는 '국민운동총연맹'이라는 것을 만들었다. 1941년 3월에는 사상범 예비구금령을 공포함으로써 소위 반일 친미분자·요시찰인·선교사들을 검거했다. 그해 12월에는 하와이 진주만을 불시 습격하여 미일전쟁을 도발했고, 1942년 10월에는 조선어학회 회원들을 모조리 검거했다.

1937년부터 1945년까지는 한국 민족에게는 실로 최악의 시기였다. 이때의 한국 교회사는 굴욕과 유린의 역사요, 순교와 배교의 사건이 엇갈린 역사였다고 할 수 있다. 이런 상황에서 연합공의회는 1936년 9월 22일 서울 예수교서회 회의실에서 제 13회 총회를 소집했다. 이 총회에서 1938년 10월 중국 항저우

(杭州)에서 모이게 될 IMC선교대회에 한국 대표 7인을 파송할 것을 결의했으나 실행되지 못하고 말았다. 그리고 이 대회에서 시국에 관하여 회장 양주삼 박사는 '본 회의 장래'라는 제목으로 다음과 같은 의미심장한 발언을 했다.[2]

1918년 3월 경성 종로 중앙기독교청년회관에서 장감연합협의회를 처음으로 조직하였는데, 본인이 당시 회원의 1인으로 참여하는 영광을 가젓엇습니다.

그 회는 제6회로 끗맛치고 1924년에 장·감 양 교파 외에 각 선교사회와 기독교사업단체들을 포함하야 기독교연합공의회를 조직하엿섯는데, 금번이 제13회로 모히게 된 것입니다. 그러나 금번 회집이 연합공의회로는 최종인 것 같으니, 그것이 하나님의 예정하신 성지로 인함인지 인간의 죄악으로 인함인지 모르거니와, 하나님께서는 무엇이던지 이용하야 하나님의 뜻이 실행됨으로 인간의게 유익을 끼치게 하실 줄 밋습니다. 그런고로 우리는 통회하는 마음으로 하나님께 간절히 기도합니다.

그간 본 공의회에서 대회 본부에 매년 미화 25불씩 부송(付送)하는 부담금이 잇는데, 1934년도부터 미납이라 함으로 금년에 1935년과 1936년도까지 전부 납부한 것은 회계가 보고하려니와, 본회가 대회에 대한 의무는 그것으로써 행하였습니다.

우리 공의회로서 다년간 전력하야 동경 등지에 유하는 조선인에게 선교하는 사업과 조선 내에서 신문지와 라디오방송국을 통하야 전도하는 등사를 어떠케 하면 계속하며, 또 어떠케 하면 우리 각 교회단체가 계속적으로 연합할는지 금번 이 총회에서 결정할 일이라고 생각됩니다. 여러 회원들께서 우으로 내려오는 지혜와 각자가 얻은바 경험을 가지고 잘 처리하시와 실패 중에서 성공이 잇게 하시기를 빌고 바랍니다. 여러분의 건강을 위하야 기도하며 또 조선에 기독교운동이 날

---

2) 〈조선예수교연합공의회 제13회 회의록〉(1936), 15-16쪽.

노 진보되어 세상에 천국이 속히 임하기를 축원합니다.

이상 회장의 발언을 통하여 당시 상황과 교회 형편을 넉넉히 짐작할 수 있으며, 그 뒤의 연합공의회의 역사를 새삼스럽게 설명할 필요는 없다고 생각한다.

그런데 정말 양주삼 회장의 말과 같이 "하나님의 예정하신 성지로 인함인지, 인간의 죄악으로 인함인지" 연합공의회가 더 이상 활동할 수 없게 되자, 1938년 5월 8일 '조선기독교연합회'라는 새 단체가 등장하게 됐다. 이것은 국내의 일본인 교회 지도자들이 중심이 되어 "이 시국을 극복하자면 내선(內鮮)교회가 일치단결해야 된다"는 명분 아래 조직된 것이다. "본회는 기독교의 단결을 도모하고 상호협조하여 기독교 전도의 효과를 올려, 성실된 황국신민으로서 보국함을 목적으로 한다"라는 목적 조항을 포함한 11조로 된 간단한 회칙을 통과시킨 뒤, 위원장에 일본교회의 니와 세이지로(丹羽淸次郞), 부위원장에 아키쓰키(秋月)·정춘수(鄭春洙) 등이 당선되었다.[3]

그 결과 한국 교회는 법적으로는 일본교단 산하에 예속되었고, 이어 6월 7일 조선기독교청년회연합회 실행위원회는 "조선에 있는 기독교청년회는 연합단체로서 일본기독교청년회동맹에 가맹하는 동시에, 조선기독교청년회가 종래 가맹했던 세계기독교청년회동맹과 세계학생기독교연맹에서 탈퇴한다. 또한 이 청년회는 북미기독교청년회동맹과의 관계를 끊고, 금후 외국과의 관계는 전적으로 일본기독교청년회동맹에서 이를 관장한다"[4]는 것으로 낙착되고 말았다. 이는 비록 자발적인 결의인 양 형식화되었지만, 일제의 강압으로 된 것은 물론이며, 이로써 일제는 본래의 야욕을 완전히 이룬 셈이다.

그러나 이때 한국 교회가 외부 세계와 연락이 완전

---

3) 〈청년〉(1938년 7월호), 18-19쪽.
4) 奈良常五郞, 《日本 YMCA史》, 日本 YMCA同盟, 1959, p.329.

히 끊어진 것은 아니었다. 일례를 들면 에든버러 계속위원회(Continuation Committee)는 몇 사람의 동양인을 연락위원으로 위촉한 바 있는데, 그중 한국인으로는 백낙준이 포함되어 있었다.[5] 그는 다른 세계대회에 참석차 출국했다가 1937년 에든버러 회의와 옥스퍼드 회의에 한국 연락위원 자격으로 참석하게 되었다. 이 회의는 신앙과 직제(Faith and Order) 회의로서 전 유럽 교회가 어떻게 하면 나치즘과 파시즘을 막아내느냐 하는 문제를 다루고 있었다. "만약 세계 교회가 전체주의를 막아낼 만한 힘이 있었다면 세계대전은 일어나지 않았을 것이다"[6]라는 것이 백낙준 박사의 솔직한 고백이다.

5) Hans-Ruedi Weber, *Asia and Ecumenical Movement*, 1895-1961, SCM Press LTD, London, p.217.
6) 1978년 8월 9일, 백낙준 박사와의 면담에서.

제5부 1945~1950

8·15해방과 재건/6·25전란의 참변

1.

장로교와 감리교의
재건운동

 한국 기독교인들이 복음의 씨알을 이 땅에서 바로 자라
게 하기 위하여 우선적으로 해야 할 큰 작업이 세 가지 있었다.
첫째는 중국의 오랜 정치적·문화적 독소로 인하여 땅바닥처럼
굳어진 우리의 마음밭을 옥토로 변화시키는 작업이며, 둘째는
일본의 오랜 침략으로 가시밭같이 된 우리 마음밭을 옥토로 변
화시키는 작업이며, 셋째는 러시아의 침략으로 돌짝밭같이 된
우리 마음밭을 파헤쳐 옥토로 변화시키는 작업이었다.
 1896년의 독립협회 운동은 이 제1작업에 속한다. 이것이
어찌하여 기독교운동일 수 있느냐 하는 반론이 있을 수 있지만,
그것은 주동인물들이 거의 다 기독교 신자이고, 동원된 민중이
새문안교회·정동교회 교인들과 배재학당 등 기독교 학교 학생들
이었다는 사실로 답변이 된다.
 제2의 작업은 1911년 105인 사건 때의 항일투쟁과 1919년
의 3·1운동, 그리고 1945년 8·15해방까지 이어지는 민중운동
에서 찾아볼 수 있다. 이때에도 기독교인들이 직·간접으로 주동
역할을 했다.

제3의 작업은 1920년대의 사회계몽운동과 농촌운동에서 시작하여 1945년 8·15 이후 신의주·평양·함흥 등 북한 각지에서 일어난 반공투쟁으로 이어지며, 1948년 여수·순천 반란사건 때의 반공운동, 1950년 6·25전란 때의 그 처절한 항쟁에서도 찾아볼 수 있다. 이때도 기독교인들은 큰 역할을 했던 것이다.

　　그런데 이 세 가지 작업은 그것으로써 형식상으로는 완성된 듯 보였지만, 내용에서는 절대 완성된 것이라고 볼 수 없다.

　　제1작업에서 한국 민족은 영은문 대신 독립문을 세우고, 중국과의 종주관계를 끊고 독자적인 대한제국을 세우긴 했으나 이미 깊숙이 뿌리박힌 독소는 제거하지 못했다. 제2작업에서도 한국 민족은 일제의 속박에서 완전 해방되었다고는 하나, 마음속에 형성된 가시밭 같은 부문은 다 제거되지 못하고 있었으며, 제3작업은 더군다나 국토의 절반이 공산치하에 점거되어 있는 형편이어서 여간 어려운 작업이 아니었던 것이다.

　　8·15해방 뒤 한국 교회의 재건운동은 이 못다 한 작업을 완수하는 동시에 새나라 건설을 서둘러야 했다는 데 여러 가지 어려움이 있었다. 이런 작업을 교회의 사회적·문화적·세속적인 작업이라 한다면, 이 작업을 완숙시키기 위해 교회는 신학적으로 사상적으로 또한 성숙했어야 했다. 작업은 단순한 순정이나 결백만으로 될 수 있는 성질의 일은 아니었다. 불행히도 한국 교회는 조급하게 풍성한 수확만 염원했지, 우선적인 이 독소 제거 작업은 아주 등한시했던 것이 사실이다.

　　한국 교회의 재건운동을 이러한 각도에서 관찰할 때, 필연적으로 한국 교회가 일제하에서 얼마나 상처를 입었고 얼마나 많은 죄과를 저질렀는지 살펴보지 않을 수 없다. 우선 '조선예수교연합공의회' 가입 단체, 즉 1937년 연합공의회가 해산될 무렵의 16개 단체들이 각각 일제 말기에 어떠한 고난을 겪었으며 해방 후 6·25 전까지의 기간 중에 어떻게 이러한 고난을 이겨 왔는지 알아볼 필요가 있다.

1) 장로회

장로회총회는 1912년 9월 2일 평양신학교 강당에서 전남·
충청·경상·황해·평남·함경·평북 등 7개 노회에서 파송된 221명
의 총대가 모여 결성되었다. 여기에는 북장로회·남장로회·캐나
다장로회·호주장로회 등 4개 장로파가 망라되었으며, 1918년
'조선예수교장감연합협의회'가 결성될 때도 이 4개 장로파는 통
합된 단일 '조선예수교장로회총회'로 가담했다.

일제 말기 장로회가 극복하기 어려웠던 가장 큰 문제는
신사참배 문제였다. 결국 1938년 9월 10일 평양 서문밖교회에서
모인 제27회 장로회총회에서 다음과 같이 강압적으로 결의하게
되었다.

"아동(我等)은 신사가 종교가 아니고 기독교 교리에 위반
하지 않는 본의(本意)를 이해하고 신사참배가 애국적 국가의식임
을 자각하며, 이에 신사참배를 솔선 여행(勵行)하고 추이(追而) 국
민정신 총동원에 참가하여 비상시국 하에서 총후 황국신민으로
서 적성(積誠)을 다하기로 기(期)함."[1]

이때 참석한 총대는 193명인데 비하여 총독부 경관이 97명
이나 참석했다[2]는 것만으로도 일제의 강요성을 넉넉히 짐작할 수
있으려니와, 그 결의문의 문장 구성이나 내용의 억지성이나 불합
리성만으로도 어떤 타의 또는 타자의 기안으로 된 것임을 쉽게
알 수 있다.

어쨌든 장로회는 이때 씻을 수 없는 오류를 범하고 말았
다. 이보다 먼저 1935년 11월, 선교사들은 기독교 학교에 대하여
신사참배를 강요받았으나 "평양시내 27교회 목사들과 노심 협의
한 결과 한 사람을 제외하고는 전부 참배에 반대했으므로" 이에
용기를 얻어 "신사에서 신을 참배하는 것은 하나님의 계명에 반

1) 〈조선예수교장로회 총회록〉(제27회, 1938). 9쪽.
2) 민경배,《한국기독교회사》(대한기독교서회, 1972), 323쪽.

대된다"라고 선언한 것이다.3 그러나 일본 정부는 1939년 1월 의회에서 종교단체법이라는 것을 거론하여 "신도(神道)는 절대의 도(道)로서 국민 모두가 준수하지 않으면 안 되고, 이는[神社] 종교가 아니고 오히려 종교를 초월하는 우리나라(일본) 고유의 교(敎)와 일치하는 것이다"4라며 신도의 절대화를 표방하기에 이르렀다. 이에 부응하여 일본 기독교계의 거물 목사 도미다 미쓰루(富田満)가 내한하여 "신사참배는 성서적으로 죄가 되지 않는다고 역설"5함으로써 일본 교회가 적극적으로 신사참배 강요에 끼어들게 되었다.

이에 대하여 한국 기독교인으로서는 누구 하나 이에 추종할 사람은 없었다. 몇몇 악질적인 배교자 또는 반기독교 세력을 제외하고는 모두가 신사참배를 반대했다. 비록 강압에 못 이겨 원치 않는 장소에 끌려가 참배하긴 했으나,6 이에 진심으로 찬동한 사람은 없었다. 이처럼 기독교인들이 반일적이었다는 사실은 일제가 8·15해방 3일 후인 1945년 8월 18일을 기하여 '전 기독교인을 몰살 대상으로' 하여 부역자들을 포함한 모든 교파 지도자들을 모조리 살해할 음모를 꾸며 놓았다7는 것으로 증명된다. 만약 8·15해방이 3, 4일만 늦게 되었다 하더라도 한국 기독교인은 다 무참히 살해되었을 것이다. 피살자 명단에는 신앙을 끝까지 지키다 수감된 지도자들은 물론, 신사참배를 결의한 제27회 예수교장로회 총회 지도자들도 포함되어 있었을 것은 틀림없는 사실이다.

그러나 해방 뒤 재건운동은 북한에서 신사참배를 거부하다 투옥되어 순교한 주기철·채정민 목사 등 50여 명을 제외

---

3) 민경배, 앞의 책. 320쪽.
4) 민경배, 앞의 책. 325쪽.
5) 위의 책.
6) 1938년 12월 12일 한국 각 교파 지도자들이 일본으로 끌려가 이세(伊勢) 신궁에 참배한 것 등을 의미한다.
7) 민경배, 앞의 책, 338쪽.

한 20여 명의 이른바 출옥성도(出獄聖徒)들이 먼저 시작하였다. 그들은 먼저 평양 장대현교회에서 합심 기도한 뒤 1948년 9월 20일 다섯 가지 재건 원칙을 발표했다.

　① 교회 지도자들은 모두 신사참배를 하였으니 권징의 길을 취하여 통회 정화된 후 교역에 나아갈 것.
　② 권징은 자책 혹은 자숙의 방법으로 하되 목사는 최소한 2개월간 휴직하고 통회 자복할 것.
　③ 목사와 장로의 휴직 중에는 집사나 평신도가 예배를 인도할 것.
　④ 교회 재건의 기본원칙을 전한(全韓) 각 노회나 지교회에 전달하여 일제히 이를 실행케 할 것.
　⑤ 교역자 양성을 위한 신학교를 복구 재건할 것.[8]

　이보다 앞서 1945년 12월 초에 평양 장대현교회에서 북한 5도 연합노회가 조직되었다. 이 연합노회는 다음과 같은 여섯 가지 재건 방안을 결의했다.

　① 북한 5도 연합노회는 남북통일이 완성될 때까지 총회를 대행할 수 있는 잠정적 협의기관으로 한다.
　② 총회 헌법은 개정 이전의 것을 사용하되 남북통일총회가 열릴 때까지 그대로 둔다.
　③ 전 교회는 신사참배의 죄과를 통회하고 교직자는 2개월간 근신한다.
　④ 신학교는 연합노회 직영으로 한다.
　⑤ 조국의 기독교화를 목표로 독립 기념 전도회를 조직하여 전도교화운동을 대대적으로 전개한다.
　⑥ 북한 교회를 대표한 사절단을 파견하여 연합국 사령관에게 감사의 뜻을 표하기로 한다.[9]

---

8) 김양선, 《한국기독교 해방십년사》(대한예수교장로회 종교교육부), 1956, 45쪽.
9) 김양선, 앞의 책, 47~48쪽.

이때 연합노회는 일제에 의하여 강제로 개정된 헌법을 버리고 개정 이전의 헌법을 사용하기로 했는데, 이는 옳은 처사였으며, 3·8선이 없어지고 전국 총회가 형성될 때까지 잠정적인 협의기구를 둔 것도 현명한 처사라 할 수 있다.

3·8 이남의 장로교회 재건운동은 부산을 중심으로 한 경남 장로교회에서 일어났다. 그 역시 감옥에서 옥사한 주기철(朱基徹) 목사·최상림(崔相林) 목사·출옥한 손양원(孫良源) 목사·한상동(韓尚東) 목사 등이 다 경남 출신이기 때문이다. 그리하여 1945년 9월 2일, 최재화(崔載華)·노진현(盧震鉉)·심문태(沈文泰) 등 20여 명의 교역자들이 신앙부흥운동 준비위원회를 조직하고 "과거의 온갖 범과(犯過)를 회개 청산하고 정통정신에 기한 교회 재건에 매진할 것을 결의"[10]하였다. 9월 18일에는 부산진교회에서 경남노회가 조직되었고, 11월 3일에는 제47회 경남노회가 개최되어 감옥에서 나온 주남선(朱南善) 목사를 노회장으로 추대하였다. 그 뒤 남한의 각 노회들이 뒤따라 "복구 재건에 힘쓴 결과 1946년 초까지 남한 각지의 노회 재건은 완결을 보게 되었다."[11] 그리하여 그해 6월 12일부터 4일간 서울 승동교회에서 소위 남부총회가 열리게 되었는데, 회장에는 배은희(裴恩希) 목사, 부회장에는 함태영 목사가 당선되었다. 그때 결의된 사항은 아래와 같다.

① 헌법은 남북이 통일될 때까지 개정하지 않고 그대로 사용한다.
② 제27회 총회가 범과(犯過)한 신사참배 결의는 이를 취소한다.
③ 조선신학교를 남부총회 직영 신학으로 한다.
④ 여자 장로직 설정 문제는 남북통일 총회 시까지 보류한다.[12]

---

10) 위의 책, 51쪽.
11) 위의 책.
12) 위의 책, 52쪽.

1947년 4월에는 대구 제1교회에서 제2회 남부총회가 열렸다. 그때 총회는 1942년 일제의 압력으로 해체되었던 대한예수교장로회 제31회 총회를 계승하여 제33회 총회(제1회 남부총회를 제32총회로 삼았기 때문임)로 개최할 것을 결정하고, 회장에는 이자익(李自益), 부회장에는 함태영 목사를 각각 선출하게 되었다. 이로써 남한의 장로교회는 3·8 이북의 장로교회를 제외한 채 단독으로 그 법통을 계승한 셈이 되었다.

2) 감리교회

감리교회의 재건운동은 1945년 9월 8일, 각 교파 지도자들이 남부대회(南部大會)라는 이름 아래 모인 뒤 시작되었다. 이 남부대회는 일제의 강요에 의하여 이루어진 〈일본기독교 조선교단〉의 재현에 불과하다는 의미에서 이규갑(李奎甲)·변홍규(卞鴻圭)·김광우(金光宇) 목사 등이 이 대회에서 탈퇴하여 동대문교회에서 '감리교 재건 중앙위원회'를 조직하게 되었다.[13] 이때 위원장에는 이규갑 목사가 선출되었는데, 그는 감리교 재건을 선포하고 나섰다. 계속하여 중앙위원회는 동(東)·서(西)·중(中) 삼부연회를 조직한 뒤 동부연회장에는 변홍규 목사, 중부연회장에는 이규갑 목사, 서부연회장에는 이윤영(李允榮) 목사를 각각 선출했다. 당시 재건위원회는 총리원을 차지하고 있었으므로 신학교 재건도 매우 쉽게 진행시킬 수 있었다. 또한 1946년 1월 14일에는 동대문교회에서 연합연회를 소집하였고, 그해 2월 초에는 신학교 초대 교장에 변홍규 목사를 추대하여 개교하기에 이르렀다.

그러나 이에 동조하는 교회가 70개에 불과했으며, 그들은 "너무 과격하여 전국 교회의 지지를 받지 못했다. 오히려 초야에 묻혀 있던 강태희(姜泰熙) 목사 등 몇몇 지도급 인사들이 이번에는 재건파에 반발하였다. 이리하여 재건 측에 반대하는 세력

---

13) 김양선, 앞의 책, 54쪽.

들은 강태희 목사를 중심으로 뭉치게 되었고, 강태희 목사를 기독교 '조선감리회 부흥준비위원회' 위원장으로 추대하기에 이르렀다."[14]

이리하여 감리교회는 해방 후 재건파와 부흥파의 양대 세력으로 갈라지게 되어 "부흥파는 1946년 9월 6일 부흥 측 총회를 조직하여 강태희 목사를 감독으로 선출하였고, 재건 측은 1948년 1월 22, 23일 동대문교회에서 총회를 소집하여, 장석영(張錫英) 목사를 감독으로 선출함으로써 감리교회는 두 총회에 두 감독을 갖게 된 것이다."[15]

이처럼 3년간이나 재건이니 부흥이니 하며 싸우는 동안에도 "합동을 위한 성도들의 숨은 기도와 노력은 꾸준히 계속되었다. 이러다가 드디어 1949년 4월 26일 정동교회에서 양측의 통합을 위한 총회가 열렸다. 여기서 역사적인 '기독교대한감리회'가 탄생되고, 통합된 감리교회의 감독으로 김유순(金裕淳) 목사가 선출되었다."[16]

그런데 해방 후 감리교의 문제는 주로 1941년 3월 10일 정동교회에서 모인 특별총회에서 개정된 감리회의 헌장 문제, 그리고 삼부연회를 해산하는 문제 등이었다.[17]

14) 정동제일교회 역사편찬위원회, 《정동제일교회 구십년사》(기독교대한감리회, 정동제일교회, 1977), 234쪽.
15) 위의 책, 236쪽.
16) 위의 책.
17) 위의 책.

2.

비교파 가입단체들의
재건운동

1938년까지 한국 NCC에 가맹한 비교파 기독교단체는
YMCA연합회·성서공회·YWCA연합회·주일학교연합회·예수
교서회·여자절제회연합회 등 6개 단체였다. 이 6개 단체가 해방
후 어떤 방식으로 재건되었는가 하는 것이 우리의 주요한 관심거
리다. 이를 가입 연대순으로 살펴보면 다음과 같다.

1) 기독교청년회 연합회(YMCA)

한국 YMCA는 1903년 10월 28일 '황성기독교청년회(皇
城基督教青年会)'라는 이름으로 창설되었다. 1914년에는 전국연합
회가 결성되었고, 1924년 한국 NCC가 조직될 때는 주동 역할
을 했다. 그러나 1938년 일제의 강압으로 일본 YMCA 동맹에
흡수되고 말았는데, 해방 후의 재건운동은 장로교나 감리교의
경우와는 성질이 매우 달랐다. 왜냐하면 첫째로, 일제강점기 때
강제로나마 신사참배 또는 시국강연에 끌려 다녔던 회장 윤치호
등 최고 지도자들은 자신의 과오를 통감하고 두문불출하는 상
태에 있었기 때문이다. 이는 1938년 장로교총회가 신사참배 결

169

의를 할 때 총회장이던 홍택기(洪澤麒) 목사가 박형룡 박사의 공박을 받자 "해외로 도피한 사람이나 교회를 지키기 위하여 나섰던 사람이나 고생은 마찬가지였다고 언명하고, 신사참배 회개 문제는 각인이 하느님과의 직접 관계에서 해결될 성질의 것이라고 단언함"[1]으로써 간단히 "반박 못할 정연한 논리와 신학이 있었기"[2]때문이다.

둘째로, 왕년에 열성적이며 급진적이던 Y 회원들의 거의 90%가 Y를 떠나 정치계 또는 새나라 건설사업에 투신하여 Y는 텅 비다시피 되어[3] 장로교나 감리교의 경우처럼 친일파 운운의 싸움이 생길 여지가 없었기 때문이다.

셋째로, 왕년에 국내외에서 Y 활동에 관여했던 이승만·김구·김규식 등 임시정부 요인들이 귀국하여 Y 안에 남아 있는 왕년의 동지 또는 현 간부들과 동정 아니면 밀접한 협력 관계를 유지하고 있었기 때문이다.

이러한 세 가지 특징으로 해방 후 YMCA 재건운동은 독특한 양상을 띠었으며, 해방 직후인 1945년 11월부터 재건사업이 본격화되었다. 우선 연합회는 1938년 일본 YMCA 동맹 산하에 흡수되기 이전의 명칭(조선 기독교청년회연합회)을 그대로 복구시켜 구자옥을 총무로 임명했다. 그러나 그가 1946년 7월 경기도지사로 부임되어 갔기 때문에 변성옥(邊成玉)이 후임자가 되었는데, 그는 1950년 3월 출장 중 병사하여 다시 공석이 되었기 때문에 그해 7월 장석영이 후임 총무에 취임했다.

서울 YMCA 재건사업은 1947년 현동완(玄東完)이 총무

---

1) 김양선, 《한국기독교 해방 십년사》(대한예수교장로회 종교교육부, 1956), 46쪽.

2) 민경배, 《한국기독교회사》(대한기독교서회, 1972), 341쪽.

3) KOREA—"A House Divided…" A Report of the National Council YMCA's of Korea, 1945— 50, p.4.에 다음과 같이 되어 있다. "Of the 243 men who serve on the local YMCA, Boards of Directors and on the National Council, less than 10% were members of pre-war YMCA Committee men and volunteer leaders of groups have had pre-war YMCA experience, but the great majority of this group also is new to their responsibilties."

가 되면서 본격화되었다. 그리고 1947년 7월 YMCA 국제위원회로부터 피치(George A. Fitch)가 파송되어 옴으로써 재건사업은 더한층 활기를 띠면서 서울·광주·대구·김천 등 해방 전에 있던 4개 YMCA가 문을 열게 되었고, 1949년까지는 진주·춘천·청주·해남·인천·거제·군산·경주·마산·밀양·목포·부산·순천·대전·여수 등 15개 YMCA가 새로 창설되었다.

　　이런 분위기에서 한국 YMCA는 1948년 대한민국 정부가 수립되기 직전인 5월 27일 서울에서 '조선기독교청년회연합회 3년 대회'를 전국 Y 총대들이 모인 가운데 개최하였는데, 이 대회는 해방 후 처음 열린 3년 대회로서 1938년 일제의 탄압으로 중단된 지 10년 만에 열린 모임이다. 따라서 학생운동도 그 뒤에는 활발히 진행될 수 있었다. 그래서 1949년까지 전국 18개 대학과 전문학교에 기독학생회(SCA)가 조직되었고, 54개 중·고등학교에도 학생회가 조직되었다.[4]

2) 성서공회

　　성서공회는 1893년 창설된 이래 꾸준한 발전을 해왔다. 1907년부터 총무로 있던 밀러(Hugh Miller) 목사가 취임 30년 만인 1937년에 은퇴하게 되자 일제의 강압에 의하여 영국성서공회라는 명칭은 '조선성서공회'로 변경될 수밖에 없었다. 1940년에 헌장이 바뀌게 되고 선교사들은 그 이사 명단에서 제외되어, 일본인을 포함한 한국인만의 이사회가 구성되었고, 정태응(鄭泰應)이 총무에 취임하게 되었다. 1941년 4월 1일부터는 정인과가 책임자가 되었고,[5] 1942년 5월 23일을 기하여 성서공회의 모든 재산이 총독부 당국에 의해 몰수되고 말았다.[6]

---

4) 위의 자료. p.13.
5) Harry A. Rhodes and A. Champbell, History of the Korea Mission Presbyterian Church in the U. S. A. Vol. Ⅱ, 1935-1950, Published by the Chosun Mission Presbyterian Church, U. S. A., Seoul, Chosun, p.248.
6) 위의 책.

해방이 되자 정태응이 총무 직에 복귀하면서 1940년 9월 19일 개정된 헌장에 따라 사업을 운영하기 시작했다.[7] 그러나 용지난과 인쇄소 관계로 성서를 출간하지 못하고 있다가, 1946년 미국성서공회로부터 신약성서 5만 권, 1947년에 또다시 5만 권, 그리고 대영성서공회로부터도 막대한 양의 성서를 기증받음으로써 성서사업은 활기를 띠게 되었다.

이로 인하여 운영자금을 확보한 성서공회는 국내에서도 성서를 인쇄하기 시작하여 6·25전란 직전까지는 약 백만 권의 성서를 출판하게 되었다.[8] 정태응 총무는 일제에 몰수되었던 재산을 되찾는 데도 성공했으나, 1947년 정년으로 퇴직했고 그 후임으로 임영빈(任英彬)이 취임했다. 그 후 1949년부터는 해마다 12월중에 한 주일을 만국성서주일로 제정하고 활발한 활동을 펴나갔다.

3) 여자 기독교청년회 연합회(YWCA)

YWCA는 1922년 김활란·유각경·신의경·김성실·김합라·김필례 등 여성들이 중심이 되어 '조선 여자 기독교청년회 연합회'라는 이름으로 먼저 발족하게 되었고, 그 후 지방 Y 조직을 서둘렀다.[9] 그 결과 1923년까지는 서울을 비롯하여 청주·대구·선천·원산·평양·안주 등 7개 도시에 YWCA가 조직되었고, 개성 호수돈·원산 신정(信貞)·대구 신명(信明)·부산 일신(日新)·서울 이화(梨花)·정신(貞信)·배화(培花)·협성여자 성경학원·원산 성경학원·광주 수피아·개성 미리암·공주 영명(永明)·평양 정의(正義) 등 13개 학교에도 학생 Y가 조직되었다.

조선예수교연합공의회에는 1926년에 가입했으나, YWCA는 초창기부터, 베이징에서 열린 WSCF 세계대회(1922

---

7) 위의 책.
8) 김양선, 앞의 책, 111쪽.
9) 이효재, 《한국 YWCA 반백 년》, 16-17쪽.

년)·예루살렘 세계선교대회(1928년) 등 국제대회에 대표를 파송하는 등 에큐메니칼 운동에 활발하게 참여하였다. 그러나 YWCA도 1938년 일본 YWCA 동맹 산하에 끌려 들어갔고, 1940년부터는 완전 폐쇄되고 말았다.

8·15해방 후부터 재건사업은 순조로이 진행되었다. 1946년부터 '조선 여자 기독교청년회 연합회'라는 종래의 명칭 아래 임시대회를 열고, 회장에 김활란, 부회장에 유각경, 총무에 신의경 등을 선출함으로써 재건사업은 본격화되었다. 1947년 8월 12일부터는 서울 교외(*현재는 서울시 은평구)에 있는 진관사(津寬寺)에서 1940년 이래 중단되었던 전국대회와 하령회를 다시 갖게 되었다.[10] 그해 11월 박에스더가 미국으로부터 파송되어 와서 고문총무에 부임함으로써 재건사업은 더욱 활기를 띠게 되었다.[11] 1948년 대한민국 정부가 수립됨에 따라 '대한 여자 기독교 청년회 연합회'라고 명칭을 고치는 한편 각종 국제대회에도 대표를 파송하게 되었다.

4) 주일학교연합회

오늘날의 대한 기독교 교육협회(KCCE)의 전신으로, 주일학교연합회는 비교적 오랜 역사가 있다. 즉 1905년 선교사들이 소위 '재한 복음주의선교단체 통합공의회(The General Council of Protestant Evangelical Missions in Korea)'를 조직하면서 그 안에다 주일학교위원회를 두었었는데, 1911년 세계주일학교연합회 특파원 브라운(F. H. Brown)의 내한을 계기로 '조선 주일학교연합회'를 조직하기에 이르렀다. 이때의 실행위원은 남장로회의 스윈하트(M. L. Swinhart, 徐路得)·북감리회의 빌링스(B. W. Billings, 邊永瑞)·북장로회의 홀드크라프트(J. G. Holdcraft, 許大殿) 등 9명의 각 교파 선교사들과 현순(玄楯)·윤치호(尹致昊)

---

10) 위의 책, 89쪽.
11) 위의 책, 93쪽.

·한석원(韓錫源)·홍병선(洪秉璇) 등 4명의 한국인을 합하여 모두 13명이다.[12]

1907년 5월 로마에서 열린 제5회 주일학교대회에 윤치호가 개인 자격으로 처음 국제회의에 참석했다. 1910년 워싱턴에서 열린 제6회 대회에는 윤치호·이승만·모페트 등이 참석했고, 1913년 취리히에서 열린 제7회 대회에는 신흥우 등이 참석했다.

그러다가 1922년 11월 1일 이 위원회는 '조선주일학교연합회'를 조직하게 되었다. 이것은 1920년 일본 도쿄에서 개최된 제8회 세계 주일학교대회에 자극받아 조선예수교장로회·기독교조선감리회·북장로교선교회·남장로교선교회·캐나다장로회선교회·호주장로회선교회·미 감리교선교회·남장로회선교회·조선야소교서회 등 10개 단체가 모여 조직되었다. 초대 회장에 오천경(吳天卿), 서기에는 변성옥, 총무에는 블레어가 피선되었다.[13] 1925년부터 정인과 목사와 한석원 목사가 3년간 총무 직을 시무했으나 그 후에는 정인과 목사가 거의 혼자 주도했다.[14]

이보다 앞서 1921년 개회된 전국 주일학교대회에는 약 2천 명의 회원이 전국 각지에서 운집했으며, 그때 대회장은 남궁혁 박사, 총무는 한석원 목사, 특별강사는 세계 주일학교 연합회 간부 탐슨(W. T. Thompson) 박사였다. 이 대회를 시작으로 4년마다 전국대회를 열기 시작하였으며, 1933년 제4회 대회까지 중단 없이 전국대회를 열 수 있었다.

조선예수교연합공의회에는 1926년에 가입했다. 총대는 정인과 목사였고 그 뒤에도 정인과·조희염(曹希炎) 목사 등이 총대로 지냈다. 1947년 1월 14일부터 재건사업이 시작되었는데, 이때는 성결교회도 가담했다. 각 교파 대표는 장로회에서 15명, 감

12) 대한기독교교육협회 편,《한국기독교교육사》(대한기독교교육협회, 1974), 39쪽.
13) 엄요섭,《한국기독교교육사 소고(小考)》(대한기독교서회, 1959), 15-16쪽.
14) 위의 책.

리회에서 10명, 성결교회에서 5명, 각 선교회에서 1명씩(감리회 선교회는 2명) 모였다.[15]

1948년 3월 23일 덕수교회에서 모인 제2회 총회에서는 명칭을 '대한 기독교 교육협회(KCCE)'로 고치고 세계 기독교 교육협회(WCCE)와의 관계를 유지하게 되었다.

5) 예수교서회

1890년 6월 25일 '조선성교서회(Korean Religious Tract Society)'라는 명칭으로 창설된 대한기독교서회(The Christian Literature Society of Korea)는 1919년부터는 조선예수교서회라 개칭했다. 사업 규모가 커짐에 따라 1928년에는 재단법인 인가를 받았고, 1931년에는 현 대지에다 지하 1층 지상 4층 총건평 600평의 큰 건물(1969년까지 쓰던 건물)을 짓고 기독교서적 출판 사업을 더한층 강화했다.

주요 출판물은 신약주석·성경사전·주일학교 공과·〈기독신보〉(주간신문)·〈The Korean Mission Field〉(선교지)·찬송가 등이다. 1940년부터 1945년까지는 태평양전쟁으로 모든 사업이 정지 상태에 이르렀고, 미국과 영국 계통 선교사들로 구성되었던 이사진이 전부 밀려나가면서 서회 재산은 적산으로 몰수되어 당시 조선 총독이 지명한 일본인 관리자가 전적으로 주관하게 되었다. 창설 이래 기독교서회는 약 8백 종 46만 부의 서적을 출판하는 공을 세웠다.

조선예수교연합공의회에는 비교적 늦은 1931년에야 가입할 수 있었다. 당시 최초의 총대는 장기형(張基衡)이었으나 1932년부터는 백낙준이 주로 총대로서 활약했다.

8·15해방이 되자 곧 기독교서회는 복구 준비위원으로 양주삼·프레이저(E. J. O. Fraser) 등을 임명하고, 재건사업을 서

---

15) 위의 책, 25쪽.

둘렀다. 양주삼은 1945년 10월 10일 미군정 당국으로부터 기독
교서회 관리인으로 임명받았고,[16] 그 뒤 추방당했던 외국 선교사
들이 하나 둘씩 입국함에 따라 구체적인 재건사업이 진행되었다.
그리하여 1948년 3월 27일, 해방 후 최초의 이사회를 구성하고
제1차 회의를 열었다. 이때 이사장에는 전쟁 중 외국에 망명했던
남궁혁(南宮爀)이 피선되었고, 총무에는 김춘배(金春培)가 피선되
었다.[17] 한국인이 이사장에 피선되기는 1938년 유억겸(兪億兼) 이
래 두 번째이며, 총무가 한국인이 되기는 이번이 처음이다. 그 뒤
명칭을 '대한기독교서회'라 고치는 동시에, 새로운 헌장과 함께
대한민국 정부 당국으로부터 재단법인 인가도 받게 되었다.

　　해방 직후부터의 주요한 사업으로는 1946년부터 장로교
·감리교는 물론 성결교까지 가담한 합동찬송가 연구위원회를
조직하였고, 그 결과 1949년 8월에는 합동《찬송가》(586장) 초
판이 나오게 되었으며, 1949년 1월에는 〈기독교가정〉이라는 월
간 잡지도 내기 시작했다. 그리하여 1948년 9월부터 6·25전란
전까지 약 2년에 걸쳐 신간과 재판(再版)을 합한 약 50종의 서적
을 출판하게 되었다.[18]

6) 여자절제회연합회

　　1920년경부터 YMCA를 중심으로 금주·금연운동이 시
작되었는데, 1922년부터는 전국 각지의 교회를 중심으로 금주·
금연운동뿐만 아니라 물산장려 및 일화(日貨) 배척운동까지 기
세를 떨치기 시작했다. 마침 이때 '세계 기독교 여자절제회' 동양
특파원 틴링(Christine I. Tinling) 양의 내한을 기회로 1922년에
는 '조선 기독교 여자절제회'가 조직되었다.[19] 그때 회장에는 박인

16)《대한기독교서회 약사》(대한기독교서회, 1960), 71쪽.
17) 위의 책, 74쪽.
18) 위의 책, 86쪽.
19) 김양선, 앞의 책, 661쪽. 유호준 목사가 총무 시절 펴낸 1957년도《기독교연감》215쪽에는 설
립 연월일을 1923년 9월이라 했다.

덕(朴仁德), 총무에는 정마리아가 당선되었고, 손메리가 제2대 총무로 있었던 1923년에는 전국 16개 지회에 1,500명의 회원을 확보하게 되었다.[20] 이 절제회가 연합회로 발전하게 된 것은 1925년부터인데,[21] 그 뒤 감리교회는 1926년부터 해마다 12월 셋째 주일을 금주선전일로 정하여 지키게 했으며, 장로교회는 1928년부터 장로교 단독의 절제회(회장 채필근, 총무 송상석)를 조직하여 미성년자 금주법 제정운동까지 벌이게 되었다.[22]

　　　이 운동은 교회뿐만 아니라 〈기독신보〉 같은 교회신문과 〈동아일보〉·〈조선일보〉 같은 일반 신문까지 동원되어 추진되었다. 〈기독신보〉에서는 절제 난을 따로 설치하여 금주·단연(斷煙)·공창 폐지에 관한 논설을 연재했으며, 〈동아일보〉와 〈조선일보〉에서는 이에 관한 사설까지 내면서 이 운동에 호응한 바 있다.[23]

　　　1931년, 절제회 연합회가 조선예수교연합공의회에 정식 가입한 뒤부터는 더욱 기세를 올려, 1932년 연합공의회 제9회 총회에서는 "해마다 음력 1월 15일을 특별 선전 날로 정하여 시위행렬을 하고 선전지를 배포하기로 했으며",[24] 사회신조(社會信條)를 발표하기에 이르렀다. 이 사회신조에는 금주·단연·공창 폐지 등 절제에 관한 문제뿐만 아니라 인권과 기회균등·인종차별·노사 문제·최저임금 문제·공휴 보건 문제 등 광범위한 사회 문제를 다루었으며, 또한 당시 맹위를 떨치던 유물사상·공산주의 운동·계급투쟁에 대응하여 기독교적 사회정의를 천명하였다. 1930년 연합공의회 가입 신청을 하여 1931년 제8회 총회에서 승인되었는데,[25] 당시 절제회 연합회 총무는 이효덕이었다.

---

20) 위의 책.
21) 위의 책.
22) 위의 책.
23) "금주운동, 3방면으로 본 효과"라는 제목의 1935년 6월 1일자 사설 참조.
24) 〈조선예수교연합공의회 제9회 회록〉(1932), 51쪽.
25) 1930년에 가맹을 신청한 단체는 절제회연합회뿐만 아니라 기독교서회와 면려청년조선연합회도 있었다. 그러나 면려청년회는 교파기관인 까닭에 부결되고 기독교서회와 절제회연합회만이

이효덕은 1930년 가입 신청 때부터 계속 총대로 활약하였다. 국제대회에도 대표를 파송했는데, 1937년 제16차 세계대회에는 유각경을, 1940년에는 박인덕을 각각 파송했다.[26]

　　해방 후의 재건운동은 그다지 활발하지 못했다. 6·25전란 뒤인 1953년 1월 7, 8일에 이르러 비로소 재건 제1회 전국대회를 열게 된 것이다.[27]

1931년 제8회 총회에서 정식 가맹이 승인되었다.
26) 대한기독교서회 편, 《기독교연감》(1957), 215쪽.
27) 위의 책.

3.

각 교파의 재건운동과
교회단체 창설 운동

일제강점기 때 조선기독교연합공의회 구성원이 안 되었던 몇몇 교파와 비교파 기독교단체 및 해방 이후부터 6·25전란 사이에 창설된 기독교 단체들이 지금 우리의 논제이다. 여기서는 해방 후의 한국 NCC운동을 말하기에 앞서 이러한 교파 및 기독교 단체들이 재건되거나 창설된 일의 개요를 알아본다.

첫째로 일제강점기 때부터 있었던 주요한 교파로는 성결교회·구세군·침례교회·성공회·복음교회 등을 들 수 있는데, 그 연혁과 재건운동은 대략 다음과 같다.

1) 성결교회

미국의 저명한 부흥전도자 무디(D. L. Moody)의 정신으로 창설된 무디신학교의 졸업생 카우만(C. E. Cowman)과 그의 후배 키볼륜(E. A. Kibolune)이 1901년 맨손으로 일본 도쿄에 와서 '동양선교회 복음전도관'이라는 간판을 붙인 것이 동기가 되어 동양선교회가 조직되었다.

한국에 이 복음운동이 들어온 것은 1907년이다. 카우만 등의 '동양선교회'가 경영하던 성서학원의 졸업생 김상준·정빈 두 사람이 귀국하여 서울 무교동 12번지, 현 성결교중앙교회가 있는 자리에 '복음전도관'이란 간판을 붙임으로 시작되었고, 그해 5월 카우만·키볼륨 등이 내한하여 정식 교회로 발족되었다.[1] 4년 뒤인 1911년에는 서대문구 아현동 전 서울신학교 자리에 성경학원을 설립했다. 성결교회라는 명칭을 갖기 시작한 것은 1922년 9월부터다. 그들은 '조선예수교 동양선교회 성결교회'라는 명칭 아래 교세를 확장해 갔으나, 1940년 10월 미일전쟁이 일어나자 선교사들이 전부 추방되는 통에 한국인들이 독자적으로 그 교회를 운영해 가지 않으면 안 되게 되었다.

그러나 1943년 5월 24일 성결교회의 '재림'이라는 용어가 문제화되어 당국으로부터 예배 중지령을 받았으며, 그해 12월 29일에는 전국 교회가 해산 명령을 받았다. 이때 교역자 및 평신도 약 3백 명이 검거되었는데, 그중 철원의 박봉진 목사, 군산의 정태휘 장로, 신의주의 김봉진 집사 등은 고문 중 순교했다.[2] 목자를 잃은 약 5만의 신도들은 해방될 때까지 가까운 장로교회나 감리교회로 가서 신앙생활을 계속할 수밖에 없었다.

1945년 11월 9일과 10일 남한 교회 대표 70여 명이 서울신학교 강당에서 '기독교 대한 성결교회 재흥대회'를 회집하여 1천 교회를 목표로 하는 교단 재건운동이 전개되었다. 당시 대회장으로는 천세광(千世光) 목사, 총리는 박현명(朴炫明) 목사, 신학교 교장에는 이건(李健) 목사를 선출했다. 특히 이때는 종래의 '조선예수교 동양선교회 성결교회'라는 명칭을 '기독교 대한 성결교회'로 변경하는 동시에, 이사회와 총회의 체제를 복합했던 헌법을 수정하여 대의(代議)제도로 개정하였다.[3]

1946년 제1회 총회에서는 총리로 박현명 목사가 재선되

---

1) 한국기독교교회협의회 편,《기독교연감》(1976), 98쪽.
2) 위의 책, 99쪽.
3) 위의 책. 또한 민경배,《한국기독교교회사》, 343쪽.

어 대회장을 겸임했으며, 1947년 제2회 총회에서는 완전한 공화
제의 총회장을 선택하여 총회를 대표케 하고 지방에서도 지방회
장을 선택하여 지방을 대표케 하는 등, 그때부터 민주체제를 더
욱 강화하였다.[4]

2) 구세군

1907년 구세군 창설자가 일본을 방문했을 때 그 집회에
참석했던 몇몇 한국인 학생들의 요청에 따라 그 창설자의 수행
원이던 롤리(John Lawley) 대령이 한국을 방문하였다. 이것이 계
기가 되어 1907년 구세군이 창설되었는데, 1908년 11월 10일부
터는 한국 주재 선교사로 호가드(Hoggard) 대령 부처가 오게 됨
으로써 선교운동은 본격적으로 시작되었다.[5] 1910년부터는 구
세군 사관학교를 개교했으며, 1915년에는 서울 신문로에 구세군
본영을 신축했고, 1917년부터는 여자사관 양성을 시작했으며,
1921년에는 〈구세공보〉 2만 부를 발간·전파했다. 1924년부터는
빈민숙박소를 개설하였으며, 1927년에는 기관지 〈사관잡지〉를
창간, 1935년에는 세계 구세군 백만 명 구령운동에 참가하는 등
기세가 당당했다. 그러나 1940년 일제 탄압에 의하여 종래의 '조
선 구세군'은 '조선 구세단'으로 명칭이 격하되는 동시에, 사령관
위일선 부장(副將)이 추방당하고 일본인이 단장으로 취임했다.

해방과 함께 구세군은 1945년 10월 18일 사관 및 지방관
회의를 열고 구세군 재건 문제를 토의했다. 이때 구세단을 본래
명칭인 구세군으로 하느냐, 구세교회로 하느냐 하는 문제를 논의
하다 해결을 못 보았고, 1946년 10월 다시 사관총회를 열고 재
론한 결과 종래의 구세군이란 명칭을 되살렸다. 황종률(黃鍾律)
정령(正領)을 서기장관으로 임명하는 동시에 1947년 4월에는 로
드가 다시 한국에 와서 사령관에 취임했다. 그해 11월에는 조선

---

4) 위의 책.
5) Allen P. Clark, *A History of the Church in Korea*, pp.277-278.

구세단 재단을 '대한 구세군 재단'으로 변경하는 동시에 지방 군영들도 일제히 문을 열었다. 사관학교는 1947년 가을부터 다시 열어 수업을 계속하다가 1950년 6월 25일 제1회 사관임명식을 가질 예정이었으나 그날 새벽 6·25전란이 터지고 말았다.[6]

3) 성공회

성공회는 1890년 9월 29일 영국인 코르프(C. J. Corfe) 주교가 인천에 도착하여 고아·병원사업을 시작함으로써 창설되었다. 1892년에 서울과 인천에 교회가 섰고, 1905년 1월 25일 제2대 주교 터너(A. B. Turner)가 내한함으로써 전도활동이 확장되었다. 1911년에는 제3대 주교 트롤로프(M. N. Trollope)가 취임했고, 1915년 12월 24일 초대 한국인 사제 김희준(마가)이 성품(聖品)하게 되었다. 1925년 성가수녀회가 설립되었고, 1931년 제4대 주교 쿠퍼(C. Cooper)가 성품하였으나 1942년에 일제에 의해 추방당했다. 그해 일본인이 주교로 성품되는 동시에 성공회의 모든 시설과 재산은 총독부 당국에서 관리하게 되어 버렸다.[7] 해방 직후 코르프 주교가 재입국함으로써 재건사업은 그의 조직적인 지휘하에 성공적으로 진행되었다.

4) 침례교회

침례교회는 1890년 12월 8일 캐나다인 펜윅(M. C. Fenwick)이 내한함으로써 창설되었다. 그는 1889년 헤론(J. W. Heron) 의사의 부인이 한국에서 교수형을 받았다는 헛소문을 듣고, 또한 코리아(Korea)를 코르시카(Corsica)인 줄 잘못 알고 온, 무지하지만 용감하고 소명감에 불타는 전도인이었다. 처음에는 독립선교사로 왔기 때문에 교파와는 관계가 없었으나, 그 뒤 미국 보스턴 침례교회의 엘라딩 기념선교회(Ella Thing

---

6) 김양선, 《한국 기독교 해방 십년사》, 57쪽.
7) 한국기독교교회협의회, 《기독교연감》(1976), 94쪽.

Memorial Mission) 등과 접촉이 되면서 충청도 공주와 강경(江
景) 지방에서 기반을 닦기 시작했다. 드디어 1906년 강경교회에
서 첫 대회를 개최하고 교단 명칭을 '대한기독교회'라 했으며, 펜
윅이 초대 감목(監牧)이 되었다.

　　본래부터 펜윅은 직접 전도보다는 축산·과수·원예 등에
열중하면서 한국인으로 오지 순회 전도단을 조직케 했다. 그는
한국인 전도는 한국인 자신에게 맡긴다는 방침 아래 신명균(申
明均)을 비롯하여 지병석(池秉錫)·홍국진(洪國鎭)·김치화(金致花)
등을 일선에 내세우고, 선교본부는 원예·축산 등을 경영하는 원
산에 두고 있었다.

　　그가 초대 감목이라 함은 목사가 아니라 관장 또는 감독
과 같은 성격의 직책이었음을 말해 준다.[8] 안수받은 목사는 안사
라 했고, 집사는 감노, 교인은 당원, 그리고 지방 교회들의 한 무
리를 당회라 했다. 그러므로 감목은 평신도도 될 수 있는 직책이
었다.

　　이와 같이 독특한 제도와 선교 방침에 따라 '대한 기독교
회'는 본부를 원산에 두고 경흥, 경원 등 함경북도와 남북 만주와
러시아 영내까지 전도 지역을 확장했다. 1914년부터는 감목 자
리를 이종덕(李鍾德)에게 넘기고 "한국인의 전도는 한국인 자신
에 의하여 한다"라는 펜윅의 정신을 더한층 구현해 나갔다. 그러
나 1916년부터 일제는 '대한 기독교회'의 활동을 감시하는 동시
에 일일이 당국에 보고할 것을 강요해 왔다. 처음에는 교회가 이
에 불응하다 많은 박해를 받았으며, 그 뒤 하는 수 없이 1921년
제16회 대화회(大和會)에서는 명칭을 '동아 기독교회'라 고치게
되었다.

　　이런 제도하에서 동아 기독교회는 1943년부터 모든 활
동을 중지하고 있다가 해방을 맞았다. 해방이 되자 1946년 2월

---

8) Allen D. Clark, 앞의 책, p.334.

충남 칠산에서 '동아 기독교회' 대회를 열고 재건운동을 시작했다.[9] 교회 수가 더 많았던 3·8 이북의 교회는 참가하지 못한 채 남한의 교회들만 전부 모인 가운데 재건사업이 시작되었다. 그리고 그해 9월 회집한 제36회 총회 즉 대화회(大和會)에서는 획기적인 몇 가지 제도의 혁신을 단행했다. 그 골자는 종래의 감목(監牧)제도를 평민적인 회중(會衆)정치로 바꾸는 동시에 감로를 장로로, 대화회를 총회(總會)로 바꾸고 아울러 교회연합기구가 생길 때는 합동 협조한다는 원칙을 가결했다. 그리고 1949년에는 교단 명칭을 '동아 기독교회'에서 '대한 기독교 침례회'로 바꾸게 되었다.[10]

5) 복음교회

복음교회는 1935년 12월 22일 순전히 한국인에 의하여 한국에서 창설된 교단이다. 이보다 앞서 1925년 6월부터 당시 무교회주의 신앙가이던 최태용(崔泰瑢)은 〈천래지성(天來之声)〉이라는 개인잡지를 창간하면서 1926년 12월에는 '조선 기독교 신앙혁명선언'을 했고, 1928년 12월부터는 〈영과 진리〉라는 잡지를 등사판으로 밀어 내면서 주체성 있는 신앙운동을 맹렬히 해 나갔다. 이런 과정을 거쳐 오면서 최태용·백남용(白南鏞) 등은 무교회주의도 아니고 기성 교파주의도 아닌 '한국적 기독교와 영적 기독교'라는 뜻에서 '기독교 조선 복음교회'를 창설하기에 이르렀다.

복음교회는 감독 제도를 채택하여 최태용이 초대 감독이 되고 백남용은 목사가 되었다. 1936년 1월에는 기성 교회에 대한 비판 강연을 했고, 그해 12월 제2회 총회 때는 더욱 기세를 올렸다. 복음교회는 선교사들의 고정주의 신앙과 우월의식을 맹렬히 비판하는 동시에, "현금(現今) 조선 교회는 진리의 비침이

9) 위의 책, p.335.
10) 위의 책. 또한 민경배,《한국기독교교회사》, 344쪽.

없는 암야(暗夜)요, 진(真)과 실(実)이 없는 형(形)뿐인 현존의 교회"라 단정하고[11] 혁신적이고 한국적이며 자주적인 교회를 부르짖고 나섰다.

해방 후 복음교회는 교세 확장보다는 사회 참여에 더 많은 노력을 했다. 다시 말해서 감독 최태용 목사는 교회의 강단을 후배 지동식(池東植) 목사에게 맡기고 자신은 1916년 2월 이승만 박사가 영도하는 독립촉성 국민회에 참여하였으며, 그해 6월에는 미·소 공동위원회의 대책 총연맹 최고위원이 되었다. 또한 1947년 1월에는 신국가건설단을 창단했고, 1948년 7월에는 국민회의 총무부장에 취임했다. 대한민국 정부 수립 후인 1948년 12월에는 국민운동 지도자 훈련소를 창설하고, 1949년 5월에는 대한농회 회장에 취임하는 동시에 그해 6월에 다시 새로운 착안으로 국민훈련과 농촌건설대 조직을 전국에 확대시켰다. 이때는 복음교회 모든 교인이 가담하였다. 복음교회는 처음부터 감독제도를 채택했는데, 초대 감독은 최태용 목사였다. 해방 직후에는 백남용 목사가 2대 감독으로 취임했는데, 그는 6·25전란 때 납북되고 말았다.

6) 재일본 한인교회

재일본 한인교회는 1909년 창설된 이래 국내의 장·감 두 교파 및 조선기독교연합공의회와 밀접한 관계를 유지하면서 꾸준히 발전해 왔다. 그러다가 1940년 일본 정부의 강요에 의하여 일본기독교단 산하에 들어가게 되었다. 당시 일본 전국의 한인교회는 61개가 있었으며, 그 가운데 전쟁 중에 소실되거나 폐쇄된 교회는 28개나 되었다.

그러나 1945년 해방과 함께 다시 활기를 띠기 시작했는데, 대전 후의 재건운동은 간토 지방보다 간사이 지방에서 먼

---

11) 민경배, 앞의 책, 282쪽.

저 시작되었다. 1945년 10월 30일 오사카 동성(東成)교회에서
'재일조선기독교연합회' 창립준비위원회를 개최하고, 그해 11월
15일 교토의 서경(西京)교회에서 창립총회를 개최하여, 21개 교
회에서 45명의 대표가 모인 가운데 종래 가맹되었던 '일본기독
교단'에서 탈퇴하기로 가결하는 동시에 독립을 선언하기에 이른
것이다.[12]

　　한편 "전쟁 중 소실된 도쿄도 내의 12개 교회 신자들은
1946년 2월 9일 YMCA회관에 모여 예배 보기 시작했으며, 얼
마 후 도쿄도 내 12개 교회의 합동을 결의하고 오윤태(吳允台) 목
사를 담임목사로 초빙함으로써 재건운동은 본격화되었다."[13] 그
리고 그해 9월 25일부터 27일까지 3일 동안 도쿄교회에서 제2회
정기총회를 개최하고 기관지 〈십자군〉을 발간하기 시작했다.

　　1947년 10월 14일부터 16일까지 3일 동안 오사카교회
에서 모인 제3회 정기총회에서는 본래 명칭 '재일조선기독교연합
회'를 '재일조선기독교총회'로 바꾸는 동시에 헌법과 신조를 수정
했다. 1948년 10월 13일부터 14일까지 2일 동안 교토교회에서
개최된 제4회 정기총회에서는 총회 명칭을 '재일대한기독교회총
회'로 바꾸었다.[14]

　　한편 6·25전란 직전인 "1950년 3월 26일 도쿄교회는
20년 전(1930년) 한국북장로선교회 원로 선교사 마포삼열 박사
로부터 기증받은 도쿄도 신주쿠구(新宿區) 와카미야초(若宮町)의
약 250평 대지에 교회당 신축을 결정하고 50만 원을 연보하였고,
그후 동 교회는 오윤태 목사의 성의 있는 활동으로……1951년
총공사비 약 450만원으로 공사를 시작하여 이듬해 3월 완성을
보고 3월 2일 성대한 헌당식을 거행했다."[15]

12) 在日大韓基督敎, 《京都敎會 50年史》, 1978, p.248.
13) 김양선, 앞의 책, 59-60쪽.
14) 在日大韓基督敎, 《京都敎會 50年史》, p.248.
15) 김양선, 앞의 책, 60쪽.

둘째로는 해방 이후에서 6·25전란 사이에는 어떠한 비교파 기독교 단체들이 등장 또는 새로 창설되었는가 하는 것이 관심거리다. 우선 몇 가지 주요한 신생 단체를 꼽아 보면, 대한계명협회(大韓啓明協会, 1949년 9월 창설)·기독교 세계봉사회(KCWS, 1947년 2월 창설)·기독교 아동복리회(1948년 창설)·한국기독교 애린선교단(愛隣宣敎團, 1945년 10월 창설)·기독교 아동교육협회(1948년 10월 창립) 등이 있고, 교회음악 단체로는 대한합창협회(1946년 9월 창립)·성종합창단(1947년 5월 창립)·시온성성가대(1945년 9월 창립)·오라토리오 협회(1945년 9월 창립) 등이 있는데, 해방 직후 교회음악 단체가 이처럼 비온 뒤의 죽순처럼 솟아오른 것으로 당시 한국 교회의 성격을 엿볼 수 있다.

이때 활약한 주요 음악인은 박태준(朴泰俊)·서수준(徐守俊)·곽상수(郭商洙)·이동일(李東日) 등이며, 비 음악전문가로는 정대성(丁大成)·김치묵(金致黙)·김홍범(金洪範)·나기환(羅基煥) 등이 돋보인다.

4.

학생운동과
교회청년운동

해방 이후부터 6·25전란까지 두드러지게 나타난 운동이 있었으니, 하나는 초교파 기독청년운동이고 다른 하나는 기독학생운동이다. 전자는 일반 사회에서, 후자는 대학 사회에서 일어났다. 그러나 둘 모두가 자발적이며 자연발생적인 운동이고, 어느 것 하나 초교파적이 아닌 운동이 없었다. 그러므로 이 두 운동은 한국 에큐메니칼 운동의 중요한 부분을 차지하고 있었으며, 대단히 소박한 운동이긴 했으나 그만큼 순수하고 양심적인 기독교 운동이다. 그리고 이 운동은 적어도 초창기에는 지도자도 없이, 교회나 교파와는 아무런 관계 없이, 또한 선배들의 지도나 전통 없이 독자적으로 일어난 운동이다.

1) 서울대학 안의 기독학생운동

대표적인 예가 당시 경성대학에서 일어난 기독학생운동이다. 경성대학은 일제강점기 때 경성제국대학의 후신으로, 해방후 1946년 1월부터 시작된 대학이다. 본래 일본인 학생이 대다수이던 이 대학은 해방이 되자 소수의 한국인 학생만으로 문을 열게 되었다. "총장에는 미군 소장 안스테트(Anstedt), 법문학부 부장에 백낙준 박사, 의학부 부장에 윤일선 박사 등의 진용(陣容)으로"[1] 다시 문을 열게 되었다. 모두 모아 놓아야 학생 수는 열 명도 안 되었으므로 학교 당국은 일본 각 대학에 재학 중이던 사람과 전문학교 졸업자들을 무시험으로 받아들여 강의를 시작하게 되었다.

그런데 강의를 시작하기도 전에 학생들 간에 백낙준 법문학부 부장 배척운동이 일어나게 되었는데, 알고 보니 이는 공산주의자들의 계획적인 장난이었다. 때마침 연희전문학교가 연희대학으로 승격되면서 백 박사는 그 대학 총장으로 끌려가고 그 대신 조윤제 박사가 법문학부 부장에 취임했는데, 그에 대해서도 공산주의자들은 배척운동을 맹렬히 했다. 그리고 당시 별개 학교로 있던 법학전문학교·의학전문학교·고등공업학교·고등농림학교·치과전문학교 등 그 모두를 합쳐서 서울대학교 안에 9개 단과대학과 1개 대학을 둔다는 문교부의 국대안(國大案)에도 공산주의자들은 결사반대했다.

서울대학의 기독학생운동은 공산주의자들의 이러한 파괴적인 운동에 대한 반발로 1946년 봄부터 일어났다.[2] 학생들이 모이자 해서 나가 보니 뜻밖에도 거기서 공산주의를 신봉하는 학생들이 조직적으로 반대운동을 하고 있는 것을 보고 놀란 기독학생들이 하나로 뭉치게 되었다. 그래서 처음으로 뭉쳐진 학생들이 장하구·이영환·한철하·이종완·곽상수·오기형·문회석 등이다. 처음에는 단순히 '그리스도의 모임'이란 이름 아래 30여 명이 모여 매주 기도회를 가졌으나[3] "그 무렵 연희대학의 기독학생 모임에서 전국적인 조직을 만들자 해서 남대문교회(구 한옥)에서 한 번, 승동교회에서 한 번 모였는데, 연희대학과 서울대학의

1) 장하구, 《마전(麻田)에서 역삼(驛三)까지》, 1979, 103쪽.
2) 위의 책.
3) 한국 기독학생 총연맹(KSCF) 조사 기록, 2쪽.

두 큰 줄기가 서로 의견이 잘 맞지 않았다." 다만 한 가지, "내가 (장하구) 제안한 '기독학생회'라는 용어를 새로이 쓰는 데 의견이 일치해서 그때부터 전국 어느 대학에서나 통용되기 시작했다."[4]

　　장하구(1946년 7월)·오기형(1947년 7월) 등이 각각 졸업한 뒤에는 안병무·한철하·이종완·서장석 등이 주축이 되었고, 그 뒤에는 조요한, 양우석 등이 주축이 되어 운동이 이어져 갔다.[5] 이때는 좌익 극렬분자만 아니라 우익 극렬분자도 꼭 같이 반대하고 나섰으며, 신앙적으로도 YMCA와 같은 운동은 세속적인 것이라 반대하면서 철야기도회·신앙 간증회 같은 보수적인 방식의 모임을 자주 가졌으며, 교파의식만 아니라 교회 진보세력에 대해서도 강하게 비판하고 나섰다.[6]

2) YWCA 기독학생운동

　　해방 후 YWCA 기독학생운동의 동기도 서울대학 안에서 벌어진 운동의 동기와 별 다름 없다. 일제강점기 때 기독학생운동의 재건 형식으로 발족된 점만 다를 뿐, 그 밖의 다른 점은 거의 없다. 한국 YWCA 기독학생운동은 남녀학생 하령회 형식으로 시작되었다. 1922년 YWCA가 창설될 때도 하령회를 했고, 1927년부터 YWCA의 제6회 학생 하령회와 YMCA의 제16회 학생 하령회가 연합해서 '조선 남녀학생 기독교청년회연합회 하령회'가 모이게 되었는데, 이때부터 YWCA 기독학생운동은 더욱 발전하게 되었다. 그래서 남녀학생 연합하령회가 제2회, 3회 등으로 활발히 계속되다가 일제 말기 전쟁으로 없어지고 말았던 것이다. 이러한 전통이 있는 YWCA 학생운동이었기에, 해방 후 그 재건운동은 자연발생적으로 일게 되었다. 대표적인 예

---

4) 장하구, 앞의 책, 106쪽.
5) 서울대학기독학생회 연합회가 결성된 것은 1947년 가을이며, 초대 회장은 안병무(위 한국 기독학생 총연맹 조사 기록, 3쪽)다.
6) 한국 기독학생 총연맹 조사 기록, 3쪽.

가 이화대학교의 기독학생운동이다.

본래 이화전문학교는 일제의 강압적인 교육조처로 1943
년에 학교명이 '농촌 지도원 양성소'로 격하되었다가 1945년 4월
에는 '경성여자전문학교'로 변경된 바 있다. 이런 수치스런 이름
으로 해방을 맞았으나, 1946년 6월에 이르러 '이화여자대학교'
로 승격되면서 학생운동이 다시 움트기 시작했다. 즉 당시에는
YWCA와 관계를 유지하고 있던 김옥길·박마리아 교수 등의 영
향 아래 이미 학교 안에 학생 YWCA가 있었다.[7] 처음에는 회장
도, 조직도 없고 종교부장 이숙례와 이흥주 등의 부원들이 뭉쳐
자주 모였지만 1947년 여름 기숙사 학생을 중심으로 열린 약 50
명의 하령회를 계기로 이대 학생 Y가 정식 발족되었다. 해방 후
초대 회장에 김현자가 당선되었고, 그해 7월 노르웨이 수도 오슬
로에서 열리는 제2회 세계청년대회에 강서라를 이화여대 학생
대표로 선출하여 파송했다. 1948년 제2대 회장에는 김영정, 제3
대 회장에는 윤남경이 뽑혔는데, 그 무렵 주요 회원은 김봉화·김
숙영·김현자·김영정·윤남경 등이다. 이 학생들이 매주 정기집회
를 갖는 한편, 연세대 학생들과 협동으로 교회를 운영하기로 했
다. 이것이 곧 협성교회인데, 예배 장소는 이대 중강당이었고, 주
로 연세대 이환신 목사를 초빙하여 설교를 들었다. 협성교회를
중심으로 이대·연대 학생들이 자주 모이고, 어린이 주일학교도
공동 운영했다.

YWCA연합회와의 관계도 활발했는데, 우선 1947년 8월
에 모인 전국대회(하령회를 겸한)에 참석했고,[8] 1948년 4월 25일,
YWCA·YMCA, 그리고 각 교파를 배경으로 결성된 한국 기독
학생회 전국연합회의 공동 프로그램으로 대한 기독학생회 전국

---

7) 김현자 · 김영정 · 김동길 등과의 면담(1978년 12월 1일)에서.
8) 《한국 YWCA 반백 년》(대한 YWCA 연합회 공보출판위원회, 1976), 89쪽.

연합회(Korean Student Christian Federation)를 결성[9]할 때는 학생 Y 간부들이 개인적으로 참석하여 협조했다. 그러나 1949년 8월, 18개 대학과 49개 중고등학교 학생 대표단 130명이 모인 하령회에서 KSCF와 유대가 있었으면 좋겠다는 태도를 표명하게 되었으며, 다시 1950년 하령회 때는 "학생 YWCA로서는 독자적인 활동을 강화하는 한편 다른 학생단체들과 기독학생 협의체(KSCC)를 구성함으로써 1950년대 중반에는 단순한 기독교적 신앙운동에서 사회의식을 강조하는 학생운동의 성격으로 끌어 올리는 획기적인 발전을 이룩하게 되었다."[10]

3) YMCA 기독학생운동

해방 후 이화대학과 서울대학의 기독학생운동이 동기와 성격에서 별 다름 없었듯이, 연세대학 기독학생운동의 동기와 성격도 별 차이가 없음을 알게 될 것이다. 그리고 이화대학 기독학생운동이 일제 말기 중단되었던 YWCA 기독학생운동의 재건이었듯이, 연세대학 기독학생운동도 YMCA 기독학생운동의 재건이었다.

그런데 YMCA 기독학생운동의 역사는 훨씬 위로 거슬러 올라간다. 1901년 배재학당의 민찬호(閔贊鎬)·육정수(陸定洙)·윤성렬(尹聲烈) 등 학생들의 학생회 조직이 YMCA 기독학생 운동의 효시였는데,[11] 그때 이 학생회는 '중국·한국·홍콩 YMCA 전체위원회(General Committee of YMCAs of China, Korea and Hong Kong)'라는 국제기구에 가입하고 있었다. 1907년 일본 도쿄에서 제7회 세계 기독학생연맹(WSCF) 세계대회가 열렸을 때는 윤치호·김규식·김필수·김정식·민준호 등 한국 대표가 참석하였다. 1910년 6월에는 진관사(津寬寺)에서 역사적인 제

---

9) 대한기독교교육협회,《한국 기독교 교육사》(1974), 151쪽.
10)《한국 YWCA 반백 년》, 100쪽.
11) 전택부,《한국 기독교청년회 운동사》(정음사, 1978), 61쪽.

1회 하령회가 열렸는데, 그해 10월 이승만이 미국에서 귀국하여 Y 학생부 간사가 됨으로써 학생 Y 운동은 더욱 활기를 띠기 시작하여, 1911년 여름 개성에서 제2회 하령회가 열렸을 때는 세계 기독학생총연맹(WSCF) 가입 문제까지 정식으로 논의하게 되었다.

이처럼 학생 Y 운동이 불 일듯 맹렬하게 기세를 떨치기 시작하면서 1914년에는 전국 8개 학생 Y와 조선중앙 Y·재일 도쿄 조선 Y가 합쳐서 Y 전국연합회가 결성되었다. 1922년 중국 베이징에서 WSCF 세계대회가 열렸을 때는 이상재·신흥우·이대위·김활란·김필례 등 한국 대표가 참석하게 되었으며, 1925년에는 전국에 25개 학생 Y가 조직되어 성황을 이루게 되었다. 그리고 1927년부터는 YMCA의 제16회 학생 하령회와 YWCA의 제6회 학생 하령회가 합쳐져서 '제1회 조선 남녀 학생 기독교 청년회 연합회 하령회'가 열렸다.[12] 이러한 남녀 학생 Y 하령회 운동이 당시 농촌사회 개발 및 협동조합운동의[13] 추진세력의 하나가 된 것이다.

그러나 이 찬란했던 학생 Y 운동은 1938년부터 된서리를 맞아 1945년 8·15해방 때까지 동면하고 있다가 되살아나게 되었다. 그 최초의 대표적인 학생 Y가 연희대의 학생 Y이다. 연희대의 전신은 연희전문학교이다. 연희전문학교는 1944년 일제의 압력으로 '경성 공업경영 전문학교'로 격하되었다가 해방과 함께 본래의 교명을 되찾았으며, 1946년 8·15해방 기념일을 기하여서는 연희대학교로 승격되었다.

그러므로 1946년 봄부터 학생 Y가 되살아날 무렵에는 연희전문학교 학생 Y로 시작했다. 때마침 경성대학(서울대학의 전

---

12) 전택부, 앞의 책, 357쪽 참조.
13) 김현자·김영정·김동길 등과의 면담(1978년 12월 1일)에서.

신) 법문학부 부장으로 있다가 모교에 복귀한 백낙준 총장의 영향 아래 학생 Y는 더 활발히 성장하기 시작했다. 처음에는 각 단과대학 학생들이 개별적으로 학생회를 조직했는데, 초대 회장에는 남병현, 제2대 회장에는 김주병이 되었다. 1948년에 이르러 비로소 대학별 학생회가 합쳐져서 연희대학 총학생회가 조직되었는데, 이때 회장으로 김동길이 당선되었다. 이 무렵 학생 Y는 〈좁은 문〉이라는 기관지를 발행하는 한편, 공산주의 학생들과도 대결하였고, '일민주의'(안호상 박사의 주론) 또는 '민족지상주의'(이범석 장군의 주론) 같은 극우적인 민족주의에도 반대하면서 자발적인 기독학생운동을 전개해 갔다.

이 무렵 간부 학생들은 이하전·박세영·김찬국·이근섭·김영일·황달호·이상호·신영일·김완규·김광현·정희남 등이었는데, 이들이 이화대학 학생 Y 회원들과 어울려 협성교회를 운영해 갔다. 여기서 어린이 주일학교도 운영하고 하령회·기도회·성경연구회 등도 개최했으며, '학생 Y' 즉 '학생기독교청년회'라는 전통적인 명칭 대신 '기독학생회(SCA)'라는 명칭을 통일적으로 쓰기 시작했다. 이는 YW·YM의 구별을 없애기 위함이며, 이미 말한바 남대문교회에서 모인 서울대학 기독학생들과의 합의에 의하여 모든 기독학생운동의 분열을 막고 협력관계를 돈독히 하기 위한 노력의 결과이기도 했다.

그리고 연대 및 이대의 기독학생운동은 어디까지나 대학 안에서 대학생 자신들의 자발적인 운동으로, 그들은 전통과 역사가 있는 YMCA, YWCA 학생운동과의 관련 하에서 성립되었다. YMCA는 1946년부터 김치묵을 간사로 채용하여 학생사업을 지원했고, 1947년부터 김형도를 학생사업 전담 간사로 채용했다. 그리하여 1948년 4월 25일 KSCF(Korean Student Christian Federation), 즉 '대한 기독학생회 전국연합회'가 결성되기 전까지 YMCA 연합회 또는 지방 YMCA의 직·간접적인 후원으로 연대 세브란스·경북대 치과대학 등 18개 대학 Y와 배재·경신·신흥(전주)·숭일(광주)·계성(대구)·경기공업(서울) 등 54개 고등학교 Y가 조직되어 있었다.[14]

1947년 8월에는 해방 후 최초의 학생 하령회가 진관사에서 열렸다.[15] 1947년 하반기부터는 새로 부임해 온 피치(G. A. Fitch) 박사의 활동으로 경제적 지원도 받게 되었는데, 이때 새로 조직된 서울대학교 치과대학 Y가 Y연합회에 가입했다.[16] 그러나 이 18개 대학 Y 및 54개 고등학교 Y 중 1개 대학과 16개 고등학교 Y만이 남아 있고 전부 KSCF로 이탈해 나가는 현상이 나타났다.[17]

YMCA는 1949년 여름에 WSCF 아시아 지역 담당 간사 토마스(W. T. Thomas) 박사를 오게 하여 이 문제를 수습하려 했으나 도리어 그는 "영국·인도 같은 경우에는 YM 또는 YW와 관계없이 교회 배경으로 조직된 기독학생운동 즉 SCM이 직접 WSCF에 가맹한다"라고 발언함으로써 YMCA 학생운동은 더욱 혼란과 진통을 겪게 되었다. 그러나 YMCA 학생부 당국은 기독학생운동의 분열을 막고 그 육성을 도모하는 뜻에서 새로 조직된 KSCF 즉 '대한 기독학생회 전국연합회'의 사무실을 YMCA회관 안에 두게(당시 총무는 신성국) 하는 동시에 재정 후원도 했다.

4) KSCF 기독학생운동

해방 직후 두 개의 색다른 학생교회가 있었으니, 하나는 이미 말한바 협성교회요, 또 하나는 경동교회다. 전자는 이화대학의 테두리 안에 있었고, 후자는 일반사회에 있었다. 전자는 학

---

14) A Report of the National Council of YMCAs of Korea, 1949-50, p.13.
15) 한국 기독학생 총연맹, 조사 기록, 5쪽.
16) 위의 자료.
17) A Report of the National Council of YMCAs of Korea, 1949-50, p.13.

생들이 주체가 되어 장석영·이환신·이덕성 목사 등 설교자를 번갈아 초빙해서 예배를 보았고, 후자는 그 교회 김재준 목사와 강원용 목사를 중심으로 학생들이 모였다.

신인회(新人會)라는 학생 모임은 경동교회를 중심으로 시작된 학생 모임이며, KSCF의 주동세력이다. 처음에는 조선신학교(한국신학대학의 전신)의 강원용, 반병섭·이종환·신성국 등 학생들의 서클 활동으로 시작되어 신인회로 발전되었고, 그것이 경기고등학교의 성화회(聖火会)와 접선되면서 각 대학과 고등학교 학생들에게 번져 나갔다.[18] 여기서는 보다 학구적이며 신학적인 문제가 토론되었고, 학교 안팎에서 5~10명씩의 학생 서클이 형성되어 갔다. 1947년 여름 수원에서 신인회 전국 하기 수련회가 열렸을 때는 대학생 80명, 고등학생 80명이 모여 성황을 이루기도 했다.[19]

이런 분위기에서 대한 기독학생회 전국 연합회(KSCF)[20]가 결성되었다. 이때 이대 기독학생회 즉 학생 Y는 KSCF에 가담하느냐 하는 문제로 옥신각신하다 결국 학생 Y로서는 가담하지 않고 신인회 회원이 된 학생들만 개인 자격으로 KSCF에 가담했으며, 연대 학생 Y는 가담하게 되었다. 그리하여 YMCA 당국으로서는 각 학생 Y가 단독으로 KSCF에 가담하는 것은 무방하나 YMCA 학생부 자체가 가담할 수는 없다는 입장을 표명했다. 그러나 당시 학생들은 교회나 교파를 의식할 필요도 없고, YMCA·YWCA 학생 Y의 전통과 역사도 모르는 상태에서 KSCF의 조직을 반대하는 것은 파벌주의로 비판되었다.

한편 서울대학 기독학생회는 YM이나 YW는 세속화된 것이라 완강히 거부하는 동시에 KSCF 결성에조차 가담하지 않

---

18) 한국 기독학생 총연맹 (KSCF), 조사 기록, 6쪽.
19) 위의 자료, 4쪽.
20) 오늘날의 KSCF와 같은 명칭이고, 그 전신이라 할 수 있긴 하나, 한국어 명칭은 '대한 기독학생회 전국연합회'로, 오늘날의 KSCF는 '한국 기독학생회 총연맹'이다.

았다. 어쨌든 KSCF(대한 기독학생회 전국 연합회)는 YMCA 계통과 YWCA 계통의 대부분의 학생 Y 회원을 흡수하여 1948년 4월 25일 조직되었다. 초대 회장에는 연세대 남병헌, 부회장은 이화여대 김현자, 총무는 조선신학의 신성국이 되었다. 그리고 이미 말한 바와 같이 사무실을 YMCA 회관 안에 두고 있었다.

한편 YMCA 학생부는 1948년부터 김천배를 학생사업 전임간사로 채용하여 KSCF와의 관계를 강화해 갔고, YWCA는 처음부터 KSCF에 대한 거부 태도를 분명히 하여, 이때부터 기독학생운동은 KSCF·YWCA·YMCA라는 세 주류가 형성되었으며, 이 셋이 협력하기도 하고 논쟁도 거듭하며 학생운동이 전개되었다.

그러나 새로 조직된 NCC, 즉 '한국 기독교연합회'는 신인회의 강원용을 학생부 간사로 채용하였고, KSCF는 "한국 기독교연합회의 재정적·정신적 후원을 받으며 기독교연합회 산하 단체로서 각 교단의 뒷받침 아래 존속되었다."[21] 그리고 그 목적을 다음과 같이 두면서 오늘에 이르렀다.

"학원과 사회에서 그리스도의 현존을 증거하며 인권을 해방시킨 그리스도의 화해사업을 추진하여 교회의 일치를 상징한다. 신앙과 학문을 통한 자기 결단과 역사의식을 체득하고 기독자의 사명 완수를 위해 단결한다. 정치·경제 정의의 실현을 위하여 모든 세력과 협동하여 조직적이며 효과적인 사회개발 운동을 전개한다."[22]

교회 청년운동 역시 기본 성격에서는 기독학생운동과 별다름이 없었다. 즉 기독청년운동은 과거의 전통이나 역사의식 없이 새나라 건설이라는 의식 아래 뭉친 것이다. 해방 직후 그 최초의 형태가 조선기독청년동맹이다. 일제강점기 때는 면려청년회 또는 엡윗청년회 등 교파별 교회청년운동 형식으로 전개되었으

---

21) 신인현, "한국 기독학생 운동사", 대한기독교교육협회 편,《한국기독교교회사》151-152쪽.
22) 한국기독교교회협의회 편,《기독교 연감》(1976), 230쪽.

나, 해방 직후에는 각 교파의 범위를 벗어나 초교파 운동으로 전
개되었다. 대표적인 것들을 간략히 설명하면 아래와 같다.

1) 조선 기독청년동맹

이 조직은 해방 직후 연합군 환영을 위하여 광화문 네거
리에 솔문을 세우는 운동, 부민관에서 환영 음악회를 여는 운동,
구호사업으로 일본이나 만주 등지에서 돌아오는 피난민 또는 징
용 갔다가 귀국하는 동포들을 맞이하는 운동 등의 사업을 목적
으로 설립되었다. 그리하여 1945년 8월 17일 피어선 성경학원에
서 준비모임을 가진 다음, 감리교의 김희운·맹기영·윤원호, 장
로교의 김태범·안병부·홍천, 성결교의 윤판석 등이 모여 준비
하고, 8월 19일 새문안교회에서 조선 기독청년동맹을 조직하게
되었다. 이때 당선된 임원은 위원장 김교영, 부위원장 윤원호, 총
무 김희운 등이며, 사업부로는 종교부·섭외부·사업부·선전부·
음악부·구호부 등이 있었다.[23]

2) 조선 기독교회 청년회 전국연합회

'조선 기독교청년동맹'은 뚜렷한 이념이나 방향 설정 없이
다만 해방의 감격과 흥분 속에서 연합군 환영·귀환동포 구호 등
이 주목적이었다. 그러나 교회 청년들은 정계 분열과 혼란에 자
극받아 교회가 하나로 뭉쳐야 한다는 강한 의식을 갖기 시작했
다. 전 국민의 큰 기대 속에 발족되었던 '조선 건국준비위원회'의
정체가 드러나면서 여운형계와 안재홍계가 분열되고, 박헌영·이
주하 등의 '조선공산당'의 재건이 표면화되자, 송진우·장덕수·
조병옥·김성수·김병로 등이 이승만·김구 등 임시정부 요인들을
추대하고 나선 '한국민주당'이 창당되었던 것이다.

게다가 모스크바 3상회의에서 천만 뜻밖에도 5년간의 신

---

23) 김영주(金英主) 조사 기록(1978년 1월 10일자), 1쪽.

탁통치가 결정되자 온 국민이 하나가 되어 반탁에 총궐기했는데, 갑자기 공산계열이 찬탁으로 변하는 바람에 반탁·찬탁 두 시위 군중이 충돌했다. 그 즈음 이승만·김구·김규식 등 임정 요인들이 연달아 입국했으나 1945년 말(12월 3일) 뜻밖에도 국민당 당수 송진우가 피살되는 바람에 정계와 사회의 혼란은 극에 달하게 되었다. 그래서 각 교파 청년들은 무엇보다 먼저 전국 교회가 무조건 하나로 뭉쳐야 한다는 것을 뼈저리게 느끼게 되었다.

이런 분위기에서 발족된 것이 '조선 기독교회 청년회 전국연합회'다. 물론 이 전국연합회는 일반 교계의 영향을 받은 것은 사실이다. 왜냐하면 앞으로 이야기할 '조선 기독교 남부대회'가 외치는 '하나'의 이념이 여기에 크게 작용한 것이다. 다시 말하면, 정계가 사분오열되는 이러한 혼란된 상황에서 교회만이라도 '하나가 되자'[24]고 하는 '조선 기독교 남부대회'의 지표가 크게 작용한 것이 사실이다.

이리하여 '조선 기독교회 청년회 전국연합회'는 1946년 3월 28일 서울 정동교회에서 창립되었는데, 그 때문에 위의 '조선 기독청년동맹'은 발전적인 해체를 하고 그 주동인물들이 이 모임에 앞장서게 되었다. 그러나 회장만은 정계와 교계를 대표할 수 있는 거물을 내세워야 한다는 생각에서 새문안교회 초대 장로이며 임시정부 요인인 김규식 박사를 회장으로, 부회장에는 엄요섭·이강훈, 총무단으로는 김희운·강원용·김영주·조경묵·한준석 등의 5명이 선출되었다.

그리고 종교부장에는 조향록·이일선, 재정부장에는 정훈·최영휘, 정경부장에 정준·이상로, 사회부장에는 배보석, 소년부장에는 윤판석·정달빈, 지방부장에는 이규석·이명하, 음악부장에는 신충현·이종환 등이 피선되었다.

---

24) 〈기독교공보〉 제1호(1946. 1. 17. 간행), 1쪽.

당시 청년들은 충칭에서 귀국한 임시정부 요인들을 열렬히 환영했다. "또한 당시 기독교 청년들이 모여 결의하였던 것은 한국 교회가 비록 일제의 탄압으로 단일교회로 되었다고는 하더라도 이는 한국 교회 장래를 위하여 좋은 일이므로 그대로 지지하여야 한다는 것을 가결하였다."[25] 사무실은 종로 감리교 중앙교회 안에 두고 총무 일은 강원용과 당시 정경부장이던 정준이 번갈아 주관했다. 이때 일부 교회에서는 각 교파로 환원하려는 움직임이 있었으나, 교회 청년들은 "남북통일과 신앙통일을 거의 하나와 같이 염원"[26]하면서 하나의 교회를 강력히 주장했다. 1947년 7월 노르웨이 오슬로에서 개최된 제2회 세계 기독교 청년대회에 엄요섭(장로교)·오창희(감리교) 등을 대표로 선정하면서, 이들과 YMCA 대표 이환신, YWCA 대표 장영숙(張永淑), 그리고 학생 Y 대표 남병헌(南炳憲, 연희대)·강서라(이화대) 등과 합류케 함으로써 해방 후 최초로 청년들만의 국제회의에 진출하게 된 것이다.

그러나 1946년 봄부터 1948년 5·10 총선거에 이르는 약 2년간의 한국 정계와 사회 분위기는 매우 복잡한 상태였다. 즉 미·소 공동위원회의 회집과 결렬, 김규식을 중심으로 한 좌우합작운동, 여운형 피살 사건, 장덕수 피살 사건, 김구의 남한 단독정부 수립 반대와 함께 남북협상을 위한 북한 방문 등 갈피를 잡을 수 없는 정치적 혼란 속에서 청년회 간부들은 김규식을 회장으로 추대했는데, 이에 대해 아무리 그가 교회 장로라 해도 일선 정치인을 교회 청년회 회장으로 추대함은 잘못이 아니냐 하는 반성의 소리가 높아지게 되었다. 이즈음 청년들 간에는 두 주류가 생기게 되었으니, 정치 및 사회운동에 적극적으로 참여함으로써 새나라 건설에 기여하자는 청년들과, 그보다 교회와 신학에 더 충실함으로써 새나라 건설에 기여하자는 청년들이었다.

---

25) 대한기독교교서회 편,《기독교연감》(1957), 63쪽.
26) 위의 책.

전자는 정준·엄요섭·장준하 등이고 후자는 강원용·조향록·김영주·맹기영 등인데, 이 두 주류가 오늘까지 이어져 오게 된 것이다.

이와 같은 내적·외적 변화 속에서 제2회 정기대회가 열리게 되었다. 1948년 5·10 총선거를 거쳐 제헌국회가 열리고 국호를 '대한민국'으로 정하면서 8월 15일 대한민국 정부 수립이 선포되었는데, 그해 10월 2일 감리교 정동교회에서 정기대회가 열리게 되었다. 이때 김춘배 목사가 회장으로 추대되었다. 이같이 교회 목사를 회장으로 추대한 것은, 정계 요인 특히 좌우합작의 주동 인물을 교회청년운동의 수반으로 삼는 것은 기독교 신앙에 어긋난다는 주장이 표출된 것이기는 하나, 이때도 아직 청년들이 거물을 추대하는 식의 사고방식에서 완전히 헤어나지 못한 것은 사실이다.

그러나 그로부터 약 6개월 뒤인 1949년 4월 5일 새문안교회에서 제3회 전국대회가 열렸을 때는 거물을 추대하는 식의 청년운동은 완전히 청산하고 청년들 자체의 청년운동으로 확립하자는 기운이 성숙되었다. 그리하여 제2회 정기대회 때의 종교부회장이던 김영주 장로를 회장으로 당선시키고, 부회장·총무 등 그 밖의 간부들은 제2회 때의 진용을 그대로 유임시켜 밀고 나갔다.

이때 결의한 내용도 획기적인 것이다. 무조건 하나 되자는 종래의 무교파적인 생각은 버리고, "각 소속 교파의 특성을 존중하여 교파별로 환원하되, 그 명칭만은 면려회·엡윗회·성우회로 하지 말고 기독교회 청년회로 단일화하게 하고, 교파별 단위의 총대로써 다시 연합회를 조직한다"[27]라는 것을 결의했다.

이러한 결의를 한 지 약 1년 뒤 6·25전란이 터져서 모두

---

27) 위의 책, 64쪽. 그리고 김영주, 앞의 자료, 3쪽.

부산으로 피난 갔으며, 1952년 10월 20일 부산교회에서 제4회 전국대회가 개최되었다. 그때는 회장에 맹기영, 부회장에 김춘호·윤판석·양풍원, 총무에 황성수 등이 당선되었다.

3) 교파 청년회의 등장

'조선 기독청년동맹'이나 '조선 기독교회 청년회 연합회'는 다 같이 해방 직후의 감격과 흥분 속에서 이루어졌다. 청년들은 각자 교회의 목사와 의논할 겨를도 없이, 또 어떤 교파나 지도자와도 관계없이, 다만 사랑과 충정으로 한데 뭉쳤다. 따라서 그 운동의 조직은 하향식일 수밖에 없었다. 전국적인 조직만이 아니라 서울시 연합회 조직도 전국연합회가 조직된 뒤에 이루어졌고, 서울시 연합회 회장도 청년이 아니라 당시 교계 거물급 인사인 이용설 박사가 추대되었다. 반면 교파 청년회 조직은 상향식 조직이었다. 각 교회 단위의 청년들이 먼저 뭉치고 그다음 노회 또는 연회 규모의 연합회가 조직된 뒤 전국 연합회가 결성되었기 때문이다.

해방의 흥분과 감격이 차츰 가라앉으면서 교회는 교파 재건 운동으로 기울어지게 되었다. 대표적인 예가 장로교의 면려청년회다. 이러한 움직임은 단순한 회고주의나 파벌주의라고 볼 수만은 없는 하나의 순수한 자연현상이었다. 그럼에도 무조건 하나가 되어야 한다는 이상론 때문에 면려청년운동은 숨어 있다가 1948년 5·10 총선거를 거쳐 남한 단독정부 수립과 함께 차츰 표면화되었다. 그리고 1947년 오슬로에서 열린 제2회 '세계 기독교 청년대회'와 1948년 네덜란드의 수도 암스테르담에서 열린 세계교회협의회(WCC) 대회에 갔다 온 청년 대표들의 보고가 있은 뒤부터는 구체적으로 한국 교회도 교파를 기반으로 한 교회 일치운동이 있어야 한다는 신학적 반성이 청년들 가운데 일게 되었다.

　　그 결과로 장로교 '기독청년 면려회 경기노회 연합회'의
조직이 생겼다. 1948년 가을부터 준비 모임을 갖다가 1949년
2월 23-24일 새문안교회에서 경기노회 산하 각 교회 청년 약 90
명이 모인 가운데 '기독청년 면려회 경기노회 연합회' 창립총회
가 열린 것이다. 이때 회장에 김병섭, 부회장에 이태현, 총무에
전택부, 서기에 김덕성, 회계에 서정한, 재정부장에 고응진, 음악
부장에 나기환, 소년부장에 김동수, 지육부장에 장하구, 동원부
장에 유관우 등이 당선되었다. 이때부터 장로회 산하 각 교회는
노회와 총회 등 상회의 정식 결의를 거쳐 '면려회' 대신 '장로회
청년회'(약칭 장청)로 바꾸게 되었으며, 따라서 엡윗청년회는 감리
교회 청년회로, 성화회는 성결교회 청년회로 각각 명칭을 바꾸게
되었다.
　　그 뒤 장로회의 '장청' 운동은 불길처럼 번져나가 1949년
7월 7일, 새문안교회에서 전국 노회연합회 장청 대표들이 모인
가운데 '장로회 청년회 전국연합회'가 결성되기에 이르렀다. 이때
회장 정훈, 부회장 김병섭, 총무 한영교, 상임간사에는 전택부가
당선되었다. 장청전국연합회는 이 기세로 그해 11월 7일부터 5일
간 '장로회 청년 전국대회'를 열게 되었는데, 대회장은 정훈, 총
무는 한영교, 사무장은 전택부였으며, 그때 내세운 표어는 "그리
스도와 교회를 위하여 믿음을 가지고 힘차게 일하자, 개성을 살
리면서 하나가 되자"였다.
　　이 표어에서 '개성을 살리면서 하나가 되자'라는 말에 내
포된 중요한 의미는 처음에는 '무조건 하나가 되자', '교파를 초
월하여 하나가 되자', '남북통일과 신앙통일을 거의 하나와 같이'
부르짖던 청년들의 생각이 '교파를 살리면서 하나가 되자'는 생
각으로 바뀌게 된 것을 의미한다.

　　장청의 사업으로는 첫째로 부활절 촛불예배가 있다. 장청
회원들은 교회별 찬양 연습을 한 뒤 1949년 4월 17일 부활절 전

야에 촛불예배에 임하게 되었다. 우상 숭배의 총본산이던 남산 광장(조선신궁 자리)에는 일반의 추측을 뒤엎고 2만여 명의 각 교파 신도들이 손에 손에 촛불을 켜들고 신비감에 사로잡혀 예배를 보았다. 먼저 회장 김병섭의 개회사에 이어, 사망을 이기고 부활하신 예수님께 조국 광복의 기쁨을 감사드리고, 3백여 명의 연합 찬양대가 부르는 〈할렐루야 메시야〉에 맞춰 남북통일과 새 나라 건설을 위한 간곡한 기도가 있었다. 여기에는 연합군 군종감이 군악대를 이끌고 와서 설교를 함으로써 장차 전개될 하나의 교회운동에 더욱 불을 지르는 듯했다.[28]

그 뒤 장청 경기노회 연합회는 찬양을 통한 교회 연합운동이라는 표어 아래 《교회음악(敎会音楽)》을 펴내기 시작했다. 음악부장 나기환의 재정 지원과 교회음악 전문가 박태준의 편수로 된 《교회음악》을 1949년 5월 28일부터 6·25전란 직전인 1950년 6월 17일까지 모두 6집(33곡)을 펴내었다.[29]

《교회음악》 출간은 당시 악보 부족으로 고민하던 각 교회 찬양대에게 큰 기쁨을 주었을 뿐 아니라, 교회 연합운동의 촉진제가 되었다. 그리하여 1949년 가을 감사절 때는 태평로 시민관에서 각 교파 찬양대로 구성된 〈제1회 교회음악 성전〉을 대대적으로 갖게 되었으며, 1950년 4월 9일 부활절 때는 1천 명 연합 찬양대라는 이름 아래 7백여 명의 합창단이 나서게 되어 제2회 부활절 전야 촛불 예배에 동원되었다. 이때 합창 지휘는 박태준과 서수준이 번갈아 했다.

장청 경기노회 연합회의 《교회음악》은 청년운동에 큰 도움을 주었을 뿐 아니라 한국 기독교 연합회 즉 NCC 운동에도 큰 공헌을 했다. 당시 NCC 총무 남궁혁 박사는 장청 경기노회

---

28) 이때 임정 요인 김구 선생과 김규식 박사가 참석했다. 김구 선생은 "옛날 나의 어머님이 짚신 신고 다니던 남대문교회 앞을 자동차를 타고 지나게 되니 어머님께 미안함을 금치 못했다"고 했으며, 김규식 박사는 좌우합작을 주장하는 내용의 발언을 해서 큰 문제가 되기도 했다.
29) 나기환(羅基煥) 목사 소장 《교회음악》 제1-6집에 따름.

연합회의 교회음악과 찬양대를 제1회 및 제2회 남산 부활절 연
합예배에 봉사케 함으로써 연합예배를 더한층 빛나게 했으며,
그 전통이 정착되어 오늘날까지 이어져 온다.

5.

세계 에큐메니칼 운동과
한국 NCC의 재건운동

1937년 마지막 총회를 연 뒤 '조선 기독교 연합공의회'는
거의 사멸 상태에 있었던 것이 사실이다. 그러다가 8·15해방을
맞이했으니, 연합공의회는 얼마나 기뻤으랴! 위에서 말한 바와
같이 해방 후 각 교파 및 기독교 단체들은 저마다 재건운동을 서
둘렀는데, 어찌 한국 NCC만 예외일 수 있었겠는가?

1) 남부대회 개최
남부대회란 해방 직후인 1945년 9월 8일 새문안교회에
서 교단대회로 소집된 모임이다.[1] 그때는 아직 임정 요인들이 입
국하지 않았을 때로, 여운형의 영도하에 '조선 건국준비위원회'
가 창건되었고, 뒤이어 곧 박헌영·이주하 등의 '조선공산당'이 재
조직되던 때다.
9월초에 이르러 비로소 조병옥·김성수·장덕수·김병로·
송진우 등 민족 진용 지도자들이 '연합군 환영 준비위원회'의 조

---

1) 김양선, 《한국 기독교 해방 십년사》, 대한예수교장로회총회 종교교육부, 1956, 5쪽.

직을 비롯하여 '한국민주당' 발기, 국민대회 준비위원회 결성 등 활동을 개시했다. 9월 7일에는 맥아더 사령부가 남한의 군정을 선포했다.

　　이러한 정치적 혼란과 난맥상태 하에서 교회 지도자들은 국내 지도자들보다 해외에서 입국할 임정 요인들에게 더 큰 기대를 걸고 있었다. 교회 지도자들은 한결같이 "장래 건국의 주도권을 가질 이승만 박사·김구 선생·김규식 박사 등이 모두 기독교 신자였기 때문에 교회는 그들에게 건국이념을 제공하며, 그들을 적극 지원해야 할 의무가 있다고 생각했다."[2] 그래서 소집된 첫 모임이 남부대회로, 이 남부대회의 주목적은 임정 요인들의 환영에 있었다.

　　그 뒤 남부대회가 11월 27일부터 30일까지 4일간 정동교회에서 다시 모일 때는 더 구체적이며 신학적인 이념을 들고 나섰다. 교계 지도자들은 "자교파로 환원하여 분산하는 것보다는 각 교파의 통합체인 교단이 그대로 존속되어 강력한 세력을 구성하는 것이 더 좋을 것이라 생각하게 되었다."[3] 다시 말해서 해방 직전인 1945년 7월 19일 국내 모든 교파를 통합해서 이루어진 '일본기독교 조선교단'은 비록 일제의 강압에 의하여 된 것이라 하더라도 거기에도 하느님의 뜻이 있지 않겠느냐며, 이왕 통합된 하나의 교회인 만큼 그대로 유지해 나가자는 생각을 하게 된 것이다. 이 두 번째 남부대회는 위 '조선교단'의 통리(統里)이던 김관식 목사를 중심으로 소집되었다. 그곳에서는 첫째로 32명의 순교자를 위한 추도회를 열기로 하고 다음 19개 결의안을 통과시켰다.[4]

　　1. 조선 독립 촉성을 위하여 3일간 금식 기도한다.

---

2) 위의 책.
3) 위의 책.
4) 조선기독교회 기관지 〈기독교공보〉(1946년 1월 17일 창간호), 2쪽.

2. 대한민국 임시정부를 절대 지지한다.

3. 대회장 방미 시에는 물심양면으로 협조한다.

4. 선교사 내방 환영 편지를 발송한다.

5. 3·8도선 문제를 해결하고 조선을 완전 자주독립시키기 위하여 미국 교인의 여론을 환기하며, 이를 트루먼 대통령께 진정한다.

6. 제주 한림교회를 구제키 위하여 성탄절에 연보를 한다.

7. 1946년 1월 제1차 주일을 출판부 주일로 한다.

8. 1946년 2월 제1차 주일을 청년 주일로 한다.

9. 1946년 3월 제1차 주일을 신학교 주일로 한다.

10. 폐쇄되었던 교회의 문을 속히 연다.

11. 기관지를 발행한다.

12. 유년 및 장년 공과를 발행한다.

13. 교구회마다 종교교육 강습회를 개최한다.

14. 전도목사 2인을 채용하되 예산은 감사연보의 2할을 수입하기로 한다.

15. 찬송가 합편을 발행한다.

16. 성서공회 및 기독교서회와 계속 연락한다.

17. 종전 기독교 계통의 학교는 기독교계로 환원할 것이며, 성경을 정과(正課)로 편입토록 교섭한다.

18. 중앙방송국에 교섭하여 일요강좌를 한다.

19. 형무소에 목사를 파견 전도한다.

당시 대회 임원은 다음과 같다.[5]

대회장	김관식(金觀植)
대회부회장	김영섭(金永燮)
서기	김종대(金鍾大)
부서기	정등운(鄭登雲)

5) 위의 책.

총무부장	강태희(姜泰熙)
부원	방훈(方薰)·김치한(金致韓) 박창현(朴昌鉉)·김세열(金世烈) 김상모(金尙模)·이남규(李南圭)
전도부장	김영주(金英珠)
부원	신신근(申新根)·김익순(金翼淳) 김윤식(金潤植)·김응진(金應振) 김수규(金輸奎)
교육부장	장석영(張錫英)
부원	이창규(李昌珪)·진석오(陳錫五) 변홍규(卞鴻圭)·주형옥(朱亨玉) 서태원(徐太源)
종교교육부장	최창덕(崔昌德)
부원	심문태(沈文泰)·황희섭(黃熙燮) 이명구(李明求)·최윤관(崔允寬) 구옥도(具玉道)·임영빈(任英彬)
출판부장	김춘배(金春培)
부원	이수현(李守鉉)·김흠광(金欽光) 이명석(李明錫)·장세환(張世煥) 이하영(李夏英)·정종원(鄭鍾遠)
사회부장	이규갑(李奎甲)
부원	이상귀(李上貴)·김병서(金炳瑞) 한상기(韓相琦)·김정오(金正悟) 박석현(朴錫炫)·남기종(南基宗)
재정부장	박용래(朴容來)
부원	강문호(康文昊)·장도형(張道衡) 김원봉(金元鳳)·최상섭(崔相燮) 김만성(金萬聲)·양봉(梁奉)
여자사업부장	이호빈(李鎬斌)
부원	박재수(朴在洙)·방기순(方基淳) 고득순(高得恂)·계일승(桂一勝) 김점래(金占來)·차경창(車敬昌)
청년사업부장	유호준(兪虎濬)
부원	이근택(李根澤)·박순석(朴順碩) 송일수(宋日秀)·주덕근(朱德根) 맹기영(孟基永)
법제부장	함태영(咸台永)
부원	황치헌(黃致憲)·최종철(崔鍾徹) 구연직(具然直)·김응규(金應奎) 김응태(金應泰)·차재명(車載明)

재판부장	신공숙(申公淑)		
부원	김희운(金熙運) · 김의균(金宜均) 김광수(金光洙) · 이원영(李源永) 한태유(韓泰裕) · 양익환(梁翊煥)		
규칙수정위원장	이자익(李自益)		
위원	박순석(朴順碩) · 김익순(金翼淳) 김세열(金世烈) · 신공숙(申公淑) 이창구(李昌球) · 이남규(李南圭) 김상권(金相權) · 남천우(南天佑) 이명구(李明求) · 이태학(李泰鶴) 강문호(康文昊) · 박내철(朴來喆) 정종원(鄭鍾遠) · 김상직(金相職)		

2) 〈기독교공보〉 창간

위 남부대회의 결의에 따라 제일 먼저 손을 댄 사업이 조선기독교회 기관지 〈기독교공보(基督教公報)〉 창간이다. 편집 겸 발행인은 출판부장 김춘배 목사가 맡고, 재정은 당시 안동교회 김응락(金應洛) 장로가 담당하여 1946년 1월 17일에 창간호를 냈다. 간행사의 내용은 다음과 같다.

세계를 덮었든 암흑의 막은 임의 걷이었다. 이 막을 통과하여 오는 그 흑막시대의 인류의 참상은 탐욕과 허영과 지배욕에 차 있는 악마의 발악의 과(果)인 시기와 살육과 파괴와 멸망 그것이었다. 이는 배신문명(背神文明)의 말로요 신의 노여우신 심판이었다. 이는 실로 미증유의 우주의 진통이었다. 하나님의 신의 말할 수 없는 탄식과 그의 뭇 자녀들의 애원이며 저 만물의 호소의 소리가 영적 감각이 둔한 우리 이목에도 보이고 들리였다. 이 같은 비통 중에 파무친 세계에 만유주여호와 이제 한번 목소래 발하시매 창검이 꺽기우고 조일이 동천에 뜨니 악마는 어둠 속에 첩복(捷伏)하고 말았다.

그간의 세계 교회의 참상이 크려니와 그중에도 잔인한 학정 하에 모진 채찍을 맞은 조선 교회의 만신창흔(滿身瘡痕)이야말로 숨길래야 숨길 수 없이 너무도 크고 흉하야 오직 얼골이 붉어지고 확근거림을 금치 못할 뿐이다. 웃머리는 꺽거졌고 많은 제단은 더러워졌으니 모든

210

기관은 헝크러져서 기능을 상실하고 말았다. 이제 새로운 세기를 당한 우리 교회는 과거에 대한 일시적 미봉책이나 표면적 도호술(塗糊術)만으로는 결코 신시대를 담당할 수 없을 것이다. 거기에는 새 생명적 지도력과 새로운 조직이 요청되는 것이다. 새 부대에는 새 술을 담아야 하며 새 술은 오직 새 부대에 담어야 부대와 술이 다 같이 보존될 것이다. 새로운 시대에 진부한 옛것을 고집한다거나 팽창하여가는 새 세력을 옛 형태로 싸매랴 할 때 거기에는 충돌이 있고 파렬이 있을 뿐이다.

조선의 교회는 새로운 지표를 향하였다. 그것은 '하나'로써 한다. 구주도 하나요 신앙도 하나요 소망도 하나인 우리는 교회의 형태도 하나라는 것이다. 이것은 우리 교회에 잠재하여 오든 말소리의 폭발이오 민족의 절대의 요청이오 지상의 명령인 것이다. 〈기독교공보〉는 이 새로운 지표로 향하야 발전한 조선기독교회의 전령사(傳令使)이다. 〈공보〉는 조선 교회의 공기이다. 사를 떠나서 공을, 소를 버리고 대를, 사(邪)를 척(斥)하고 정(正)을, 따를 누르고 하날을 주장하고 웨치는 만인의 것이면서 나(私)의 것이 아닌 공기이다. 〈공보〉는 조선 교회의 보도기관지다. 우리 교회의 혈맥이 되여 상(上)에서 하(下)로, 원(遠)에서 근(近)으로, 서(西)에서 동(東)으로, 경(京)에서 향(鄕)으로, 산 넘고 물 건너 교회의 소식을 상세히 삿삿히 널리 알니랴는 전령사이다.

세례요한의 정체를 무를 때에 자기는 웨치는 소래요 주의 길을 곧게 하는 예수의 전령사라고 하였다. 본 공보는 조선 교회의 전령사이다. 본보가 조선 교회 자체는 아니로되 이를 보아 조선 교회의 면목을 알 수 있으며, 이를 통하야 조선 교회의 맥박을 헤아릴 수 있나니, 이는 우리 교회의 대언자요 자신 스사로를 볼 수 있는 거울이다. 이에 공보의 사명의 크고 무거움을 깨다르며 무거운 보무(步武)를 내여 드딘다. 공보가 이처럼 늦게야 교회 앞에 나서는 것을 노여워하실 줄 알고 깊이 미안하게 생각하면서도 금일의 우리나라의 모든 정세가 무엇 하나 용의치 못하다는 것을 깊이 양해를 비는 바이다.

천하의 교우 여러분이여, 비록 늦기는 하였으나 우리의 공기이요 여러분의 공복인 이 초생(初生)의 공보를 힘있게 두돈하며 끔직이 애호하며 세차게 부리사 그 사명을 마치게 하사이다.[6]

　　이상을 〈기독교공보〉의 간행사요, 남부대회의 선언문이요, 하나를 지표로 하는 새나라의 교회 즉 '조선기독교회'의 첫 외침이었다. 이제 '조선기독교 남부대회'의 기관지로 창간된 〈기독교공보〉는 남부대회의 가장 중요한 사업의 하나로, 편집 겸 발행인은 남부대회 출판부장 김춘배 목사가 되고, 재정은 주로 당시 안동교회 김응락 장로가 맡았고, 사무실은 '조선기독교회대회', 즉 남부대회의 사무실을 같이 쓰고 있었다. 조직과 진용을 보면 아래와 같다.[7]

이사장	김관식(金觀植)
이사	강태희(姜泰熙) · 최거덕(崔巨德) 김영섭(金永燮) · 김영주(金英珠) 변홍규(卞鴻奎) · 이수현(李守鉉) 이호빈(李鎬斌) · 심문태(沈文泰) 배은희(裵恩希) · 정종원(鄭鍾遠) 김창국(金昶國) · 김원봉(金元鳳) 신후승(申厚承) · 김춘배(金春培) 임병철(林炳哲) · 강경옥(康景玉) 엄재희(嚴載熙)
실행부장	강태희(姜泰熙)
부원	김관식(金觀植) · 최거덕(崔巨德) 김영섭(金永燮) · 김영주(金英珠) 김춘배(金春培)
편집부장	김춘배(金春培)
부원	임영빈(任英彬) · 김재준(金在俊) 최석주(崔錫柱) · 강태희(姜泰熙) 송창근(宋昌根) · 최거덕(崔巨德) 최윤관(崔允寬)

　　위와 같은 진용으로 발족한 〈기독교공보〉는 3, 4호 계속

6) 위의 책, 1쪽.
7) 위의 책, 2쪽.

되다가 남부대회 즉 하나의 교회인 '조선기독교회'가 해산되고 조선기독교연합회(NCC)가 조직됨과 동시에 그 기관지로 이어지게 되었다. 그리고 그 뒤 〈기독공보〉로 명칭을 바꾸게 되었다.

3) 조선기독교연합회의 조직

남부대회에 이어 조직된 '조선기독교연합회'는 실질적으로 일제강점기 때 '조선기독교연합공의회'의 후신인 동시에, 오늘날 '한국 기독교 교회협의회'의 전신이다.

이미 약술한 바와 같이 해방되기 3주일 전인 1945년 7월 19일 조직된 '일본 기독교 조선교단'은 장로교의 전필순(全弼淳)·감리교의 이동욱(李東旭) 목사 등 소수 분파가 주동하여 만든 소위 '조선 혁신교단'과는 근본적으로 성격이 달랐다. '일본 기독교 조선교단'은 일제의 강압으로 된 것은 사실이지만 "장로교 대표 27, 감리교 대표 21, 구세군 대표 6, 그리고 소교파 다섯 군데에서 대표자 한 명씩 모여 성립되었으며"[8], 조직 직전에는 감리교단은 정동교회에서, 장로교단은 새문안교회에서 각각 총회를 열고 합법적 절차를 거쳐 조직된 것이다. 그리하여 초대 통리(統理)에는 장로교의 김관식 목사, 부통리에는 감리교의 김응태(金應泰) 목사, 총무국장에 송창근(宋昌根) 목사가 임명되었다. 그리고 지방별 교구장 제도가 생겼는데, 경기도 교구장은 김응태 목사가 겸임하고, 차장에는 김춘배 목사 식으로 전국적인 조직이 이루어진 것이다.

이와 같이 조직된 지 불과 3주 후 갑자기 해방이 되자 여기 관계했던 간부들과 그 밖의 지도자들이 모여 다시 의논하기를, 이미 제1차 남부대회 역사에서 말한 바 있거니와 "비록 이것은 일제가 설정하고 강요한 것이긴 하지만, 교파 합동으로 된 교단"[9]이니만큼 그것을 깨지 말고 그대로 유지해 가자는 여론이 높

---

8) 민경배, 《한국기독교회사》, 335쪽.
9) 위의 책, 342쪽.

았으며, 감리교의 이규갑, 변홍규 같은 지도자들도 처음에는 이에 적극 호응했다.[10] 이러한 여론은 교회 청년들 중에 더욱 강하였던 것이 사실이다.

이와 같은 단일교회의 염원은 한국 교회의 숙원이기도 했다. 이에 대하여 민경배 교수는 "한국 교회는 언필칭 교회 일치를 신앙의 덕목의 하나로 삼고 있는 것 같은 인상이 든다. 그것은 거의 감상적인 애착까지 준다고 해도 과언이 아닐 것이다"[11]라고 했는데, 이 말은 해방 직후 한국 교회의 성격을 잘 드러낸 적절한 표현이라 할 수 있다. 단일 교회를 향한 이러한 염원상은 교회사상 여러 차례 돋보였는데, 1905년 '재한 복음주의선교단체 통합공의회(The General Council of Evangelical Missions in Korea)'가 조직될 때는 '하나의 교회'를 '한국 기독교회'라는 이름으로 만장일치 결의했다.[12]

1918년 '조선예수교장감연합협의회'가 발족될 때 초대 회장 김필수(金弼秀) 목사는 "일 천부(一天父)의 뭇ㅇ들, 일 구주(一救主)의 지톄로써 교파를 분립홈은 다만 시긔와 쟝소에 의ᄒ야 형식에 불과ᄒ거늘 싸라셔 졍신계ᄭ지 영향이 혹 잇슨 즉……현금(現今)에 쟝로 감리 량교회가 이를 고념(顧念)ᄒ야 일톄적(一體的) 련합긔관을 조직"[13]한다고 선언했으며, 장로교의 한석진 목사나 감리교의 최병헌 목사는 "문호를 각립(各立)ᄒ야 쟝감(長監) 등 호상(互相) 불합홈은 실로 가탄지사(可歎之事)"[14]라고 했거니와, 교회 일치의 염원상은 항상 돋보여 왔던 것이다.

반면 해방 직후 '교회 재건'이란 명분과 함께 '교파 환원'

10) 이규갑 목사는 제2차 남부대회의 사회부장이었음을 참조.
11) 민경배, 《한국민족교회 형성사론》(연세대학교 출판부, 1974), 55쪽.
12) 위의 책, 59쪽.
13) 위의 책, 63쪽.
14) 대한기독교서회 편, 《그리스도교 대사전》, 1159쪽.

의 소리는 날이 갈수록 커졌다. 이미 말한 바와 같이 교파 환원 움직임은 마침내 남부대회 즉 '하나의 교회'의 대명사인 '조선기독교회'가 해산되고, 그 대신 일제강점기 때의 '조선기독교연합공의회'의 재건 형식으로 탈바꿈하여 "1946년 9월 3일 '조선기독교연합회'가 창립을 보게 되었다. 여기에는 장로교·감리교·성결교·구세군 그리고 국내 각 선교부와 교회 기관들이 가입했다."[15] 이때의 주동인물들은 물론 남부대회 간부들이며, 초대 회장에 김관식(장로교. 1946. 10~1947. 10), 2대 회장에 강태희(감리교. 1947. 10~1948. 10), 3대 회장에 박현명(성결교. 1948. 10~1949. 10), 4대 회장에는 황종률(구세군. 1949. 10~1951. 9. 5) 등이 취임했다.[16] 그리고 해방 후 초대 총무는 임영빈(감리교. 1946. 10~1947. 10), 2대 총무는 김관식(장로교. 1947. 10~1948. 10), 3대 총무는 남궁혁(장로교. 1948. 10~1950. 9) 등이 취임했고[17] 초대 간사로는 엄요섭(1946~1949), 방화일(1949~), 강원용(1949~) 등이 차례로 시무했다.

이때의 헌장은 일제강점기 때 '조선기독교연합공의회'의 헌장을 그대로 채용했으며, 명칭은 '조선기독교연합회'로 했다가 1948년 대한민국 정부 수립과 함께 '한국기독교연합회'로 바꾸게 되었다. 그리고 미처 재건하지 못한 '조선 기독교 여자 절제회 연합회'를 제외한 모든 단체가 이에 가담했다. 새로 가담한 교파로는 성결교와 구세군이 있고, 기독신민회(基督新民會)라는 사회단체가 추가되었다.

'기독신민회'는 1946년 1월 회장 박용희(朴容義), 부회장 강태희(姜泰熙), 최동(崔棟), 비서 최석주(崔錫柱), 총무국장 박용래, 전도국장 박용준(朴容駿), 문교국장 김영섭(金永燮), 공제국장 김수철(金洙哲), 외교국장 김영주(金英珠), 조사국장 김춘배, 재정

---

15) 대한기독교서회, 《기독교연감》(1957), 50쪽.
16) 위의 책, 51쪽.
17) 위의 책.

국장 신창균(申昌均), 조직국장 유재기(劉載奇) 등의 부서로 창설되었다. 이 단체는 출발할 때 "그러면 그 무슨 역할을 할까? 정치적 제일선에 나서서 정당운동이냐? 그렇지 않으면 교회 제일주의에서 그것만으로 그칠 것인가? 아니다. 우리는 교회 문을 나서서 이 민중 사이로 들어가 산업·문화·교육·정치 등 각 방면에 그리스도 정신을 침투시키며 민족 심령 개조를 외쳐 민족 갱생운동과 신문화 건설을 위하여 전선을 베풀기 위한, 정당운동이 아닌 정치의 근본운동을 위하여 출발한 것이 기독신민회 운동이다"[18]라는 창립취지를 발표했다. 이러한 단체가 해방 직후 NCC의 가맹단체가 된 것으로 그때의 성격을 넉넉히 짐작할 수 있다.

4) WCC 가입과 사업

이미 말한 바와 같이 한국 NCC는 일찌기 IMC 가입단체였던 만큼 제2차 세계대전이 끝난 해방 직후부터 상호 연락이 개시되었다. 그래서 1947년 오슬로에서 열린 제2회 세계 기독교청년대회에 한국 대표를 파송할 수 있었다.[19]

1918년 제1차 세계대전이 끝난 후의 그리스도교회에는 두 가지 세계적인 운동이 일어났는데, 하나는 세계 모든 교회가 협동하여 현대 사회문제를 공동 해결해 보자는 생활과 사업(Life and Work)운동이요, 또 하나는 세계 모든 교회가 연합할 수 있는 가능성을 연구하며 연합을 방해하는 여건을 제거해 나가자는 신앙과 직제(Faith and Order)운동이다. 이 두 가지 운동이 발전됨에 따라 에큐메니칼 운동의 지도자, 즉 미국의 모트(J. R. Mott)·브라운(W. A. Brown)·영국의 올담(Oldham)·윌리암 템플(W. Temple) 등이 활동을 개시하여 "모든 교회를 대표하고 모든 교회에 의하여 함께 조종되는 협의회"를 조직하자는 의견에

---

18) 〈기독교공보〉(1946년 1월 17일 창간호), 3쪽.
19) 위의 자료.

합의를 보게 되었다. 그리하여 그 합의 내용이 1937년 옥스포드에서 열린 '생활과 사업' 회의와 에든버러에서 열린 '신앙과 직제' 회의에 제출되어 각각 통과를 보게 되었다. 그 통과된 내용에 관한 제1차 협의회를 1941년 네덜란드 우트레흐트(Utrecht)에서 열 예정이었으나 이 모임은 제2차 세계대전으로 좌절되었다가, 전쟁이 끝난 뒤 다시 이를 추진하여 1948년 8월 22일부터 9월 3일까지 네덜란드의 수도 암스테르담에서 모임을 갖게 되었는데, 이것이 곧 세계교회협의회(WCC)의 창설이다. 이때는 44개국에서 147개 교회를 대표한 351명의 정식 대표와 많은 방청인이 참석했다. 한국 대표로는 장로교의 김관식(당시 한국 NCC 총무), 청년 대표로는 엄요섭이 참석했다. 이것이 곧 한국 교회의 WCC 가입을 의미하며, 일제강점기 때 이룩했던 한국 에큐메니칼 운동의 재건과 그 전승을 의미한다.

해방 후부터 6·25전란까지의 주요 사업으로는 남부대회 때 결의한 3대 사업, 즉 대회 기관지의 급속 발행, 각 교파 찬송가의 합편 발행, 종교 교육부와 협력한 주일학교 공과 발행[20] 등을 실현하는 일이었다. 그런데 남부대회가 시작한 〈기독교공보〉를 NCC는 기관지로 삼는 동시에 찬송가 합편 사업도 잘 진행시키고 있었다. 즉 기독교연합회는 1946년 장·감·성 3교파에서 찬송가 합동연구위원으로 2인씩 위원을 파송받아 연구한 결과, 1948년 각 교파 총회의 결의로 찬송가 합동 전권위원회를 장로교의 김관식·김춘배·유호준·김종대·정훈, 감리교의 강태희·김희운·엄재회·김유순·조민형, 성결교의 박현명·김유연·황성택·한영황 등으로 조직하고 한국기독교연합회 주최로 합동을 추진한 결과 총 586장과 교독문을 첨부하여 '찬송가'라는 명칭으로 합동찬송가를 출판하게 되었다.[21]

---

20) 〈기독교공보〉(1946년 1월 17일 창간호), 2쪽.
21) 《기독교연감》(1957), 54쪽. 그 초판은 1949년 8월에 냈다.(《대한기독교서회 약사》, 86쪽 참조)

또 하나의 성공적인 뜻밖의 사업은 부활절 연합예배다. 이에 대해서는 이미 말한 바 있거니와, 한국 NCC는 1949년 4월 17일 부활주일 전야 '장로교 기독청년면려회 경기노회 연합회' 주최로 모인 촛불예배의 자극을 받아 부활절 연합예배를 연례행사로 정착시킨 것이다. 그러나 1950년 4월 9일 두 번째 부활절 연합예배 직후 6·25전란이 일어났고, 그때 남궁혁 총무가 납북당한 채 부산에서 피난생활을 계속할 수밖에 없었다.

또 하나의 특별사업으로는 3·1절 기념행사를 말하지 않을 수 없다. 이 사업은 남부대회가 처음 시작해서 NCC가 이를 발전시켰다. 다시 말해서, 1946년 2월초 남부대회 간부들은 해방 후 첫 독립기념일을 맞이하여 우선 각 종교단체와 접촉하고 더 나아가 임정 요인들과 각 정치단체와도 의논한 끝에 "이 행사는 1919년 3·1운동 때와 마찬가지로 종교단체가 주장해야 된다"[22]는 결론을 얻게 되었다. 그리하여 기독교·천도교·천주교·대종교·유교·불교 등 6대 종교 대표 약 50명이 천도교당에 모여 준비를 했다.

이때 기독교 대표로는 김관식·김영주·김종대 등 남부대회 간부들이 참석했고, 기념행사 명칭은 '기미 독립선언 3·1 전국대회'로 결정되었다. 대회 명예회장에는 이승만·김구·김규식 등 3영수를 추대했고, 초대 대회장에는 김관식(기독교, 남부대회 회장), 총무부장에는 이단(천도교), 식전부장에는 김종대(기독교, 남부대회 서기), 재정부장에는 남상철(천주교), 동원부장에는 김영주(기독교, 남부대회 전도부장) 등으로 삼아, 1946년 3월 1일 서울운동장(*지금의 동대문역사문화공원, 이하 같음)에서 전국대회를 갖기로 했다. 그러자 좌익 계열에서는 박헌영·여운형·허헌 등 3인을 명예회장으로 추대하여 좌우익 공동주최로 하자고 도전해 왔으므로 잠시 난처한 입장이기도 했으나, 결국 좌익이 가담한다는

---

22) 1978년 12월 29일, 김종대 목사와의 면담에서.

것은 본래의 정신에 위배된다는 이유로 이를 거부하고 종교단체만의 주관으로 추진되었다.[23]

　　그러나 좌익은 남산 광장에서, 우익은 서울운동장에서 따로따로 기념대회가 열리게 되었는데, 서울운동장에는 약 10만 군중이 모여 성대한 기념대회가 이루어졌다. 미 군정 당국은 만일의 불상사를 대비하여 절대로 시위운동은 안 한다는 조건으로 집회를 허가했으나, 흥분한 시민들은 식이 끝난 후 거리로 밀려나게 되었다. 서울운동장에서 종로를 거쳐 남대문 밖까지 이르자 때마침 남산에서 내려오는 좌익측 군중과 충돌하고 말았다.[24]

　　6대 종교단체의 공동 주최로 된 이 '기미 독립선언 3·1 전국대회'는 남부대회의 주동으로 시작되어 NCC가 이를 이어 받았다. NCC는 정식 기독교 대표를 선정하는 동시에 1947년에는 임시정부의 선전부장 엄항섭을 명예회장에, 1948년에는 천도교의 조완구를 명예회장에 추대했고, 기타 집행부 임원은 변동 없이 계속하다가 대한민국 정부가 수립된 뒤에는 정부 당국이 이 행사를 '3·1절 기념행사'로 넘겨받아 오늘에 이르렀다.

---

23) 위의 책. 좌익의 도전을 거부할 수 있었던 것은 기독교 측의 강력한 주장 때문이며, 전국대회의 사회는 늘 식전부장 김종대 목사가 했다.

24) 집회 허가 조건을 무시하고 시위를 했다는 혐의로 주최 측은 군정재판에 회부되어 6개 종교단체가 5만 원씩 30만 원의 벌금을 내기도 했다. 그리고 신문은 좌익의 주장을 지지하다 거부당하니까 남산집회만을 유리하게 보도했는데, 이에 대해 6개 종교단체는 종로 YMCA 강당에 모여 일간신문 성토대회를 열기도 했다. 그러나 좌익에 기울어져 있던 일간신문 기자들은 이를 보도하지 않았다.

죠션 예수교
쟝감련합협의회 헌법(부 세측)

-1918년 창립 당시-

뎨1쟝 명칭과 목뎍

뎨1됴, 본회의 명칭은 죠션 예수교 쟝감련합협의회라 흠(쟝감이라
흠은 죠션 예수교쟝로회총회에 속흔 쟝로회와 죠션미감리회와 남감
리회를 지층흠)

뎨2됴, 본회의 목뎍은 하와 굿흠
　　1. 두 교회가 예수 그리스도 안에셔 흐나되는 졍신을 증
　　　진케 흐며 친목흐는 졍의를 돈독케 흠
　　2. 두 교회가 홀노 힝흐기 난흔 일이 잇는 경우에는 합력
　　　진힝흐기를 힘써 도모흠
　　3. 두 교회가 교역샹 경력과 지식을 서로 교환흐야 그리
　　　스도의 스업을 확장흠에 유조케 흠

뎨2쟝 권한

뎨3됴, 본회의 권한은 하와 굿흠
　　1. 본회는 두 교회에 대흐야 필요흔 줄노 인뎡흐는 일을

데의도 ᄒ며 ᄯ 두 교회에서 본회의게 위임ᄒᄂ 일을
담당ᄒ야 힝ᄒ기도 홈
단, 본회ᄂ 두 교회의 신경과 졍치와 례비모범 등ᄉ에
대ᄒ여셔ᄂ 간셥치 못홈
2. 본회ᄂ 두 교회의 치리권과 긱인 교우의 ᄌ유권을 존
즁히 녁임

뎨3쟝 회원

뎨4됴, 본회 회원은 죠션 예수교 쟝로회와 남북감리회에셔 ᄆᆡ년
션뎡 파송ᄒᄂ 대표쟈로 뎡홈
뎨5됴, 본회 회원의 수효ᄂ 40인으로 뎡ᄒ야 쟝로회에셔 20인,
감리회에셔 20인(남북감리회에 각 10인)식으로 홈
단, 평신도도 대표쟈가 될 수 있슴

뎨4쟝 임원과 직무

뎨6됴, 본회 임원은 여좌홈
회쟝 1인
부회쟝 1인
셔긔 1인
부셔긔 1인
회계 1인
통계표셔긔 1인
뎨7됴, 회쟝은 회무를 통활홈
뎨8됴, 부회쟝은 회쟝을 찬조ᄒ며 회쟝이 유고홀 ᄯᅢ에ᄂ 그 사무
를 쟝리홈
뎨9됴, 셔긔ᄂ 회즁 문부와 통신사무를 쟝리홈
뎨10됴, 부셔긔ᄂ 셔긔를 찬조홈

뎨11됴, 회계는 본회의 모든 직정을 쟝리홈

뎨12됴, 통계표셔긔는 두 교회의 미히 통계를 믄드러 보고홈

뎨13됴, 본회에 샹비원과 림시 위원 몃사름을 치하야 스무를 분담
케 홈

뎨5쟝 모힘

뎨14됴, 본회를 미년 흔번식 덩긔 회집하되 쳐쇼와 시일은 두 교
회의 편이홈을 좃차 뎡홈

뎨15됴, 본회 회원 반수 이샹이 츌셕 홀씨는 개회홈을 엇음
단, 흔 교회 대표자 즁에서 10인 이샹이 츌셕치 아니하여
스면 개회홈을 엇지 못홈

뎨6쟝 회비

뎨16됴, 본회 회비는 두 교회가 분담홈

뎨7쟝 헌법 긔졍

뎨17됴, 헌법은 엇더흔 회원이던지 긔졍하기를 뎨의하면 그 됴건
을 투표로 결졍하되 츌셕원 3분의 2 이샹으로 하고 쏘 두
교회(년회와 총회)의 허락을 엇은 후에 긔졍홈

〔셰측〕

1. 개회 시에 슌셔는 대략 여좌홈
   ① 찬숑
   ② 셩경

③ 긔도

④ 호명

⑤ 회록 랑독

⑥ 각 위원 보고

⑦ 구사건 처리

⑧ 신사건 처리

⑨ 찬숑 혹은 긔도로 폐회

2. 임원 션뎡법은 여좌함

　　① 회장은 무긔명 투표로 션거ᄒ되 출석원 반수 이상의 표를 요구함

　　② 그 다른 임원은 림시 공천에 의지ᄒ야 가부로 션뎡함

3. 본회에 여좌흔 샹비위원을 둠

　　① 실ᄒᆡᆼ위원 6인 이샹으로 12인 ᄯ지인ᄃᆡ 그즁 3인은 회장과 셔긔와 회계
　　　가 례겸함

　　② 규측위원 6인

　　③ 지뎡위원 3인(그즁 1인은 회계가 례겸함)

4. 림시ᄉ건이 잇ᄂᆞᆫ 경우에ᄂᆞᆫ 림시위원을 틱ᄒᆞ야 처리함

5. 실ᄒᆡᆼ위원은 좌긔 사무를 담ᄒᆡᆼ함

　　① 각 교회와 교셥ᄒᆞᄂᆞᆫ ᄉ건

　　② 각 교회에셔 본회에 위임ᄒᆞᄂᆞᆫ 것을 리ᄒᆡᆼᄒᆞᄂᆞᆫ 일

　　③ 본회가 폐회흔 후에 긴급흔 ᄉ건이 발ᄉᆡᆼᄒᆞᄂᆞᆫ 경우에ᄂᆞᆫ 림시로 회집ᄒᆞ야
　　　처리함
　　　단 위원이 반수이상이 츌석ᄒᆞ여야 긔ᄒᆡᆯ 것이며 ᄯᅩ 혹 복잡흔 ᄉ건이 잇
　　　ᄂᆞᆫ ᄯᅢᄂᆞᆫ 위원회에셔 분위원을 틱ᄒᆞ야 처리ᄒᆞᆯ 수도 잇슴

6. 규측위원은 본회의 헌법과 셰측에 관흔 모든 ᄉ건을 처리함

7. 지정위원은 지정수입 방법과 예산에 관한 일을 쟝리ᄒ며 회계
   의 문부를 됴사 보고홈

8. 회록 출판비와 셔기 통신비와 기타 잡비에 대ᄒ야 두 교회에
   셔 미히 40원식 미년회 모히기 전으로 본회 회계의게 보닐 일

9. 회계ᄂᆫ 본회 회쟝의 나쟝ᄒᆫ 청구셔가 잇셔야 지정을 지츌홀 것
   이며 ᄯᅩ 지츌ᄒᆫ 후에 령수인의 령수증을 요구홀 것이며 ᄯᅩᄂᆫ
   미히에 수입과 지츌을 분명히 ᄒ야 미년 뎡긔회에 보고ᄒ야 됴
   사케 홀 일

10. 본 셰측은 츌셕회원 반수 이샹의 ᄀᆞ결노 수시 증감을 엇을 일

227

죠션 예수교
련합공의회 규측

-1924년 창립 당시-

뎨일쟝 명칭과 목덕

뎨일죠, 본회의 명칭은 죠선 예수교 련합공의회라 홈
뎨이죠, 본회의 목덕은 여좌홈
　　　일, 협동ᄒᆞ야 복음을 젼파홈
　　　이, 협동ᄒᆞ야 사회도덕의 향상을 계도홈
　　　삼, 협동ᄒᆞ야 그리스도교 문화의 보급을 계도홈

뎨이쟝 련합단톄와 권한

뎨삼죠, 련합단톄는 죠선예수교 쟝로회와 남감리회와 미감리회
　　　와 죠션션교회 쟝로파 네 단톄와 감리파 두 단톄와 영국
　　　셩셔공회와 죠션그리스도쳥년회로 홈(다만 우에 기록한 외에
　　　단톄에서 가입코져ᄒᆞ면 일년 젼에 미리 회즁에 말ᄒᆞᆫ 후에 다음 회에
　　　출셕원수 삼분의 이 이상과 련합단톄수 삼분의 일 이상이 가결을
　　　요홈)
뎨ᄉᆞ죠, 본회의 권한은 연합 각 단톄의 데의를 접수 처리ᄒᆞ며 본
　　　회에서 결뎡ᄒᆞᆫ 바를 련합 각 단톄에 위탁ᄒᆞ야 실ᄒᆡᆼ홈(신경

과 정치와 례빈모법과 규측은 간여치 못홈)

뎨삼쟝 회원

뎨오죠, 본회 회원은 련합 각 단톄에서 션뎡 파송ᄒᄂᆫ 디표쟈로
홈(디표쟈 수는 죠션인측은 각교파에 세례교인 수를 표준ᄒ야 오
천인ᄭᆞ지 미 천인의 일인식 그 이샹은 미 오천인의 일인식으로, 션
교ᄉ측은 각 교파 션교ᄉ수를 표준ᄒ야 미 이십인의 일인식으로 ᄒ
되 표준 수셰례교인 천인, 그이샹 이천인, 션교ᄉ 이십이 못되ᄂᆫ 경
우에ᄂᆫ 과반수로 홈(우 표준에 의지ᄒ기 어려운 단톄ᄂᆫ 덕당ᄒ게 디
표쟈를 션뎡홈)

뎨ᄉ쟝 임원과 직무

뎨륙죠, 본회 임원은 여좌홈
　일, 회쟝 일인
　이, 부회쟝 일인
　삼, 셔긔 일인
　사, 부셔긔 일인
　오, 회계 일인
　륙, 통계회계 일인
뎨칠죠, 임원의 직무는 여좌홈
　일, 회쟝은 회에 사무를 통괄홈
　이, 부회쟝은 회쟝을 도와주며 회쟝이 참례치 못ᄒ면 그
　　ᄉ무를 디리홈
　삼, 셔긔는 회에 문부와 셔신 왕리를 맛홈.
　ᄉ, 부셔긔는 셔긔를 도와주며 셔긔가 참례치 못ᄒ면 그
　　일을 디리홈
　오, 회계는 본회의 모든 직졍을 맛홈

229

륙, 통계셔긔는 련합 각 단톄의 통계를 만드러 보고흠

칠, 본회에 샹비위원과 림시위원 멧사름을 두어 스무를
　　난호와 담당흠

데오쟝 집회

데팔죠, 본회에 집회는 뎡긔 림시 두가지로 ᄒᆞ고 뎡긔회는 믹년
　　한번식 ᄒᆞ되 쳐소와 시일은 편의를 좃차 뎡ᄒᆞ고 림시회는
　　실ᄒᆡᆼ위원 삼분의이 이샹 쳥구가 잇는 ᄯᅢ에 회쟝이 소집흠

데구죠, 본회의 긔회는 련합 각 단톄의 수효 삼분의 일 이샹과 회
　　원수 반수 이샹으로 흠(다만 류회될 ᄯᅢ는 회에서 다시 모힐 시
　　일과 쳐소를 뎡흠)

데륙쟝 회비

데십죠, 본회 회비는 련합 각 단톄가 분담흠

데칠쟝 규측 기뎡

데십일죠, 규측을 곳치고져 ᄒᆞ면 츌석원 삼분의 이 이샹과 련합
　　단톄수 삼분의 일 이샹의 가결과 ᄯᅩᄒᆞᆫ 각 단톄 샹회의
　　허락을 요구흠

朝鮮基督教聯合公議會 憲法, 附 細則

-1937년 해산 당시-

第一章 名稱과 組織

第一條 本會의 名稱은 朝鮮基督教聯合公議會라 함.

第二條 本會는 福音主義的 左記 諸團體로 組織함.

    1. 朝鮮人 教派 團體

    2. 朝鮮人에게 宣教하는 宣教團體

    3. 朝鮮人에게 事業하는 基督教 協同團體

第二章 目的과 職能

第三條 本會의 目的은 如左함.

    1. 本會 構成團體 間에 經驗과 思想을 交換함으로 親善과 協同을 圖함.

    2. 本會 構成團體 間에 互相連絡하여 福音傳播와 基督教訓에 依한 社會改善을 促進하여 全般에 亘한 基督教運動에 協力키로 圖함.

    3. 海外 同種의 諸團體와 連絡하여 世界的 基督教運動에 協力을 圖함.

第四條 本會의 職能은 如左함.

    1. 本會 構成團體 間에 共通된 事項에 關한 協議와 調査를 行함.

    2. 共同事業을 計劃 實行함.

    3. 本會 構成團體 間에 共通한 一般事項에 對한 代表的 職能을 行함.

    4. 本會는 各教派의 信經·政治·儀式 等에 干與치 못함.

    5. 本會는 決議事項을 構成團體에게 實行하기를 强要치 못함.

第三章 會員

第五條 本會는 各 構成團體에서 派送하는 代表로 組織하되 各 團體 代表數는 如左함.

    1. 朝鮮耶蘇教長老會總會 10人

    2. 基督教監理會總會 10人

    3. 北長老宣教師會 3人

    4. 北監理宣教師會 2人

    5. 南長老宣教師會 2人

    6. 南監理宣教師會 2人

    7. 加奈多聯合宣教師會 1人

    8. 濠洲長老宣教師會 1人

    9. 在日本加奈多長老宣教師會 1人

    10. 英國聖書會 1人

    11. 朝鮮基督教靑年會聯合會 1人

    12. 朝鮮女子基督教靑年會聯合會 1人

    13. 朝鮮主日學校聯合會 1人

    14. 朝鮮耶蘇教書會 1人

    15. 朝鮮基督教女子節制會聯合會 1人

第四章 任員과 職員

第六條 本會에 如左한 任員과 職員을 置함.

    1. 會長 1人

    2. 副會長 1人

    3. 書記 2人(朝鮮文, 英文 各 1人)

    4. 會計 1人

    5. 副會計 1人

    6. 總務 1人

    7. 協同總務 1人

第七條 本會 任員과 職員의 職務는 如左함.

    1. 會長은 開會時에 司會하여 本憲法을 解釋하며 一般 會務를 統轄함.

    2. 副會長은 會長을 協助하며 會長이 有故할 時에는 其 事務를 代理함.

    3. 書記는 本會의 定期會와 特別會 會錄과 其他 文簿를 記錄掌理하되 各各 朝鮮文과 英文으로 作成함.

    4. 會計는 本會의 一般財政을 掌理함.

    5. 副會計는 本會의 事務를 協助함.

    6. 總務와 協同總務는 總會 及 實行部에서 決定하는 一體 事項을 執行하여 一般 庶務를 掌理함.

第八條 本會 實行部員의 數는 12人으로 하고 左記 代表로 함.

    1. 朝鮮耶蘇教長老會 代表中 3人

    2. 基督教朝鮮監理會 代表中 3人

    3. 宣教師團體 代表中 3人

    4. 協同團體 代表中 2人

    5. 本會 會長 例兼

第九條 本會 實行部員의 選擇方法은 如左함.

    1. 本會 總會 時에 教派團體에서는 該 代表들이 各各 會

合하여 實行部員 三人式을 各各 選擇함.

2. 宣教師 團體에서는 그 代表들이 會合하여 該 代表中
에서 實行部員 三人을 選擇함.

3. 協同團體에서는 그 代表들이 會合하여 該 代表中에서
實行部員 二人을 選擇함.

第五章 集會

第十條 定期總會는 每年 一次式 開하되 그 場所와 時日은 總會
에서 決定함. (但) 總會에서 擇定한 場所나 期日에 集會키
不能한 境遇에는 實行部에서 變更함을 得함.

第十一條 臨時總會는 特別한 事故가 有할 時에 實行部委員 三分
之二나 構成團體 三分之一의 要求가 있을 때에 會長이
此를 召集함.

第十二條 特別大會는 必要한 境遇에 實行委員會의 決議로 會長
이 召集하되 本會 會員 以外의 代表數는 各 構成 團體
代表數의 比例로 增員함을 得함.

第十三條 本總會의 備員은 構成團體 三分之一 以上과 代表數의
過半數로 定함.

第六章 財政

第十四條 本會의 財政은 構成團體의 負擔金과 基本財産에서 生
하는 收入과 內外國 有志의 寄附金으로 充當함.

第七章 細則

第十五條 事務處理와 事業進行에 關한 細則은 實行部에서 制定
하여 總會의 承認을 得한 後에 實行함.

第八章 憲法 改定

第十六條 本 憲法 改定은 定期總會 出席 會員數 三分之二의 可決
과 構成團體數 三分之二의 批准을 要함.
(但) 憲法 改定 案件은 반드시 書式으로 開會初에 提出
함을 要함.

〈細 則〉

一. 加入手續

本憲法 第二條에 明記된 三項中 一에 該當한 團體로서 本會
에 加入코자하면 本會 定期會에 請願하여 構成團體 過半數
를 代表한 出席會員 三分之二의 可決과 構成團體 三分之二
의 批准을 得함으로 許入하되 許入與否는 定期會에 公布함.

二. 實行部會

1. 實行部會는 委員長이나 또는 委員 三人의 請願에 依하여
召集함을 得하되 五日前에 通知함을 要함.

2. 實行部會의 備員은 投票權을 가진 委員 六人의 出席으로
定함. (但)備員이 되지 못하는 境遇에는 討議事項을 書面
投票에 依하여 決定함도 得함.

三. 本會는 左記 委員을 選함.

1. 傳道委員會
2. 社會事業委員會
3. 文敎委員會

四. 各委員의 職務는 如左함.

1. 傳道委員會는 會員 若干名을 置하여 朝鮮內外地 傳道事業을 管轄 指導함.
2. 社會事業委員會는 會員 若干名을 置하여 一般社會事業과 農村事業을 研究 指導함.
3. 文敎委員會는 會員 若干名을 置하여 朝鮮基督敎 敎育聯盟으로부터 組織的 連絡을 取하며 基督敎 敎育에 共通한 事業을 協助하고 本會 目的達成에 必要한 書籍을 編輯 刊行함.
4. 每 定期總會에서 必要로 認하는 境遇에는 常備委員 外에 特別委員을 置함도 得함.

五. 經費
1. 本會 構成團體의 負擔金은 每 代表 一人에게 十二圓으로 定하되 그外 必要로 認하는 境遇에는 總會의 出席員 三分之二의 可決로 追加負擔함을 得함.
2. 實行部는 每 定期總會에 收支豫算書를 提出하여 承認함을 要함.
3. 本會의 財政은 金額의 多少를 勿論하고 반드시 信實한 銀行에 預金함.
4. 本會 豫算案 支出金 支拂은 總務의 調印을 要함.
5. 會計는 實行部會와 定期總會에 詳細한 財政報告書를 提出하여 每 六個月마다 會計文簿의 檢査를 得할 일.

六. 幹事의 職務
幹事와 事務員은 總務의 指示를 따라 各部의 一般事務를 掌理함.

七. 委員
1. 每 定期總會에서 各委員들을 選定하되 實行部 以外에 各

部委員은 非會員으로도 選擇할 수 있음.

2. 各部 任員은 該部에서 選定하되 必要에 依하여 分科委員
   도 選擇할 수 있음.

3. 定期總會를 閉會한 後에 各部委員中에서 缺員이 生할 時
   는 實行部에서 補選함을 得함.

八. 公薦委員

1. 公薦委員은 定期總會 開會初에 五人을 選擇하되 實行部
   에서 候補者 十人을 推薦하여 投票 選定함.

2. 公薦委員은 憲法 第四章 第六條의 任員에 對하여 倍數公
   薦하되 現在任員을 包含함도 得함.
   (但)選擧方法은 無記名投票로 過半數를 要함.

九. 集會順序는 定期總會初에 議事日程을 實行部에서 提出하
   여 總會의 承認을 要함.

十. 細則改定은 實行部員 三分之二의 可決과 定期總會에서 出
   席員 過半數의 投票로 改正함을 得함.

在日本 朝鮮基督敎會 憲法

-1932년 제정-

信條

第一章 名稱

第一條 名稱; 在日本 朝鮮基督敎會라 稱함.

第二章 目的

第二條 目的; 耶蘇의 福音을 傳播하며 그의 精神을 實現하기로
目的함.

第三章 敎人

第三條 敎人; 敎人은 日本에 在住하는 朝鮮사람으로 自由로 聯
合하야 敎會를 設立하고 朝鮮基督敎憲法 下에 한 敎會로
잇기를 約束하는 者인데 下의 五種이 有함.
1. 洗禮敎人; 누구던지 耶蘇그리스도를 自己救主로 信
仰하고 牧師에게 正式으로 問答하야 洗禮를 받은 者

와 他教會에서 無欠한 洗禮移名證書를 가져온 者는 本教會員이 되야 聖餐에 參預함과 選擧權 及 被選擧權이 有함.

2. 幼兒洗禮: 洗禮教人의 子女로 滿四歲以下는 父親이나 母親이 參席하야 牧師에게 問答한 後 洗禮를 받을 수 잇스나 成年期에 至하야 聖餐問答하고 受餐을 許諾한 後 完全한 教人이 됨.

3. 學習人: 求道者로서 六個月間 教會에 誠實히 出席하여 罪惡을 悔改하고 眞理를 배우며 教規를 順從하면 牧師가 試取하야 眞實한 告白을 한 後에 學習人으로 세우고 教會 압혜 宣布함. 學習을 받은지 六個月 後에 다시 試取하야 合當하면 洗禮를 받음(學習人은 同 議會에 發言權이 有하나 票決權과 選擧權 及 被選擧權은 無함).

4. 願入人: 一般 長年과 小兒들이 禮拜會에 出席하나 아직 形式上 入會한 일이 업스되 教人으로 看做할 수 잇고 또 教會公同會集에 參與할 수도 有하나 그 集會에서 言權이나 投票權이나 다른 權利가 업슴.

5. 職務的 教人: 牧師나 가나다 長老教會·宣教會 男女 宣教師들은 職權上으로 完全한 教人의 權利를 享有함.

第四章 職員

第四條 有給職員

1. 牧師와 接手받은 宣教會·牧師 及 宣教師들은 自己擔任된 區域內에서 聖禮를 行하며 入教의 모든 手續과 勸懲을 行하되 小會와 相議할 수 잇스나 最終決定權은 牧師의게 有함(但 그 決定에 對하야 不滿하게 생각할 時에는 上會에 上告할 수도 有함).

2. 男女傳道師: 中會에서 許諾한 男女傳道師는 牧師를

幇助하나 聖禮를 設行함과 共同議會에서 會長이 될 수 없으며 其區域 牧師와 自己를 准持하는 団體의 指導를 받음.

3. 男女傳道人; 小會나 牧師가 承認할 男女傳道人은 牧師와 傳道師를 幇助하며 尋訪과 傳道를 하며 牧師와 自己를 准持하는 個人이나 團體의 指導를 받음.

4. 女宣敎師; 가나다 長老敎會宣敎會 女宣敎師들은 傳道事業과 敎育事業에 從事함.

第五條 無給職員; 敎會의 發展됨을 따라 三級의 職員을 置할 수 有하니 領長과 執長과 勸長인데 領長은 洗禮人 十五人 比例로 一人式 擇하고 執長과 勸長 數는 그 敎會 形便에 따라 定할 것.

1. 領長; 領長은 二十五歲以上 男子中 洗禮받은 後 三年을 無欠하게 經過함과 本敎會 敎人된지 二年 後라야 擇할지니 選擧方法은 投票者의 三分之二의 可票로 選擇되야 六個月間 敎養한 後 中會에서 聖經과 信經과 憲法을 試取하야 合格되면 中會에서 派送委員이 本敎會 압헤서 祈禱로 任職時 問答을 傳道師의 問答과 同一하게 問答함. 敎人의 家庭을 訪問하여 全敎會를 神靈的 方面으로 指導함(但 任期는 三年으로 定하되 再選할 時는 牧師의 祈禱로 繼續 視務케 함).

2. 執長; 執長은 聖餐 參預하는 男女敎人으로 選擇하되 洗禮敎人 五人 以上이면 投票로 選擇하고 五人 以下는 本敎會 牧師가 自辟함. 執長은 財務 及 庶務를 掌理함(但 任期는 一個年으로 함, 領長이 업는 敎會에서 領長의 事務를 代理함).

3. 勸長; 勸長은 無欠한 洗禮敎人으로 擇할지니 各 信者의 家庭을 尋訪하여 信仰을 獎勵하고 不信者에게 福音을 傳함. 小會나 牧師가 擇하되 任期는 一個年으로

定함. 領長과 執長이 없는 敎會에서 그 事務를 代理함.

第五章 會의 組織

第六條 共同議會; 各 敎會에서 一年 一次式 定期共同議會를 開
하되 小會와 職員會와 主日學校와 靑年會와 婦人會와 其
他 附屬會의 年末 報告를 接受할 것이니 敎會 會計는 檢
査 받은 報告를 하고 職員會에 通過된 來年度 預算書를
提出할 것. 共同議會長은 本敎會 牧師가 되나 牧師 自己
事件을 議論할 境遇에는 他牧師를 請聘할 것이라. 엇던
支敎會에서 自給으로 牧師를 請聘할 時에는 共同議會에
三分之二 投票와 洗禮人과 學習人 過半의 署名 捺印을
要할 것. 共同議會는 小會(小會가 업스면 牧師)가 召集하되
小會의 決議나 職員會 請願이나 無欠한 洗禮人의 過半
數의 請願이나 上會의 命令에 依하야 召集할지니라(處理
事件을 一週日前 敎會에 廣告할 것).

第七條 職員會; 職員會는 牧師와 그 敎會에 關係잇는 男女宣敎
師·男女傳道人과 領長과 執長 勸長을 合하야 組織할지
니 이 會는 敎會內 一切事務를 處理키 爲하여 一個月 一
次式 會集하되 會長은 牧師가 됨.

第八條 小會; 小會는 本敎會 牧師와 領長과 男女傳道師로 組織
하되 牧師가 會長이 됨. 牧師가 二人이면 輪次로 함. 小
會의 職務는 神靈上 모든 事務를 處理할 것이니 敎人의
智識과 信仰上 行爲를 總察하며 學習과 入敎할 者를 問
答하야 作定하며 入敎된 父母를 勸勉하야 그의 幼兒들
도 洗禮를 받게 하며 幼兒洗禮 받은 者를 問答하야 聖餐
에 參預케 하여 敎人의 移名書를 接受 或 交附하며 除名
도 하며 免職과 停職도 하며 執長과 勸長의 選定方法을
作定도 하며 請願件을 中會에 提出하며 本敎會 犯罪者

241

와 證人을 召喚審査하야 犯罪한 證據가 明白할 時에는 懲誡나 遣責이나 受餐停止나 除名이나 黜敎도 하며 悔改하는 者를 解罰할 것이니라. 또 敎會 神靈的 有益을 圖謀하며 査經會와 主日學校와 傳道會 等 各會와 其他 各 附屬機關을 監督하며 또 中會에 派送할 總代領長을 選定하며 敎會狀況을 中會에 報告할지니라.

第九條 中會; 中會는 各 限定된 區域內에 모든 牧師와 按手받은 宣敎師와 各 小會에서 派送한 領長 一人式으로 組織함. 牧師와 領長 過半數로 開會하되 會長은 牧師 中으로 選擇할 것. 本區域 敎會를 管割하며 傳道事業을 振興케 하며 敎會內 異論과 惡行을 防禦하며 傳道師와 領長을 試取하야 認許하며 小會에서 提出한 모든 書類를 接受하야 處理도 하며 大會에 보내기도 하여 小會錄과 職員會錄을 檢查하며 大會에 提出할 統計表를 作成하며 大會에 派送할 總代領長을 選擇하며 總代費用은 各自敎會에서 負擔하고 定期會集은 一年 一次式함. (但 領長이 없는 敎會에서는 執長이 代理로 出席하되 發言權과 決議權은 有하나 被選擧權과 試取할 時에 可否權이 無함)

男女傳道師는 小會의 推薦으로 中會가 聖經·信條·憲法을 試取하야 合格되면 委員을 派送하야 該 支敎會 압헤서 下記대로 問答하고 祈禱함으로 任職할 거시라.

一. 新舊約聖書는 하나님의 말슴이오 信用과 行爲에 對하야 正確無誤한 唯一한 法則으로 밋나뇨.

二. 本敎會 信經과 憲法을 誠實한 마음으로 信從하나뇨.

三. 이 敎會(或 地方)의 傳道師의 職分을 받고 하나님의 能力을 힘입어 誠實한 마음으로 이 職務에 服從하기로 作定하나뇨.

四. 本 敎會(或 地方)牧師를 자조 幇助하며 그의 指導를 甘受하기로 作定하나뇨.

第十條 大會: 大會는 모든 牧師와 가나다宣教會 男女 宣教師와 中會에서 牧師와 宣教師와의 同數로 派送한 領長으로 組織하나니 此會가 在日本朝鮮基督教 最高機關이 됨. 開會 成數는 中會의 過半數와 會員의 過半數로 開會함. 會長은 牧師中에서 選擇할 것. 大會는 所屬教會와 中會의 모든 事務와 其他 聯合關係를 總察하며 下會에서 合法的으로 提出하는 獻意와 請願과 上告와 問議를 接受하야 治理하며 各 中會錄을 檢關하야 讚否를 表하며 管下 各教會間에 互相聯絡하며 交通하며 信賴케 할 것이며 教會憲法(信經과 政治)을 解釋할 全權이 有하며 教理와 勸懲에 關한 爭論을 判斷하며 小會나 中會를 不問하고 教會의 誤解와 行爲의 不道德을 警責하며 勸勉하며 辨證할 지니라. 大會가 中會를 設立·合倂·分立하기도 하며 廢止하는 것과 區域을 作定하는 것과 全體教會를 統率하며 本大會와 他 教派와 教人間에 定한 規例에 依하야 交通하며 教會를 分裂케 하는 爭論을 鎭壓하여 全般教會를 爲하야 品行을 端正케 하고 仁愛와 誠實과 聖潔한 德을 擴張하기 爲하야 議案을 提出하야 實行하도록 計圖할 것이며 大會는 財團法人을 設定할 수도 有함. 大會에서 年齡 二十五歲以上으로 牧師候補者를 試取하야 받고 그의 教育하는 것을 主管하며 神學을 卒業한 後 傳道師로 二年間 無欠하게 視務한 者는 牧師로 按手하야 任職할 수 잇스며 牧師의 辭任·轉任·移名·勸懲도 할 수 있나니라. 牧師를 按手할 時에 下와 如히 問答할 것.

1. 舊新約聖經은 하나님의 默示한 바이니 信仰과 行爲에 對하야 正確無誤한 法則으로 밋나뇨.
2. 本教會 憲法(信經과 政治)을 誠實한 마음으로 信從하나뇨.
3. 本教會 牧師가 되야 教友와 聯合하야 教會에 和平하

기를 誓約하나뇨.

公議會나 가나다宣敎會와 其他 機關에서 維持하는 各 敎役者를 本會에서 派送하여 交遞도 하되 그 事役者를 維持하는 會에 諒解를 求한 後에 施行할 것(但 東京 神田敎會 牧師 派送에 對하야는 지난 十五年間 使用하던 前規則에 依하야 實行할 것).

公議會나 가나다宣敎會와 其他 各 團體에서 派送받는 牧師들은 本大會에서 憲法을 問答하야 承認한 後에 入會하고 大會에서 委員을 그 赴任할 敎會에 派送하야 就任式을 擧行케 할 것. 大會에서 決議한 事件을 實行키 爲하야 實行部員 五人을 選하되 實行部長은 本會에 關한 各項 書類와 通信을 掌理하며 一年間 一次式 事業報告와 總計表를 作成하야 各聯合團體의게 보낼 것이니 大會는 一年間 一次式 會集하되 五月 中으로 定함.

第六章 勸懲

第十一條 勸懲의 原理; 敎會에서 宣言하기는 唯一하신 하나님만 良心의 主宰가 되시매 敎人에게 堪當치 못할 責任을 지우지 안키로 하는 것이니라. 그러하나 누가 自由를 따라 入敎하면 敎會에서 그의 行動을 도라볼 수 밧게 업스니 만일 그 行動이 不合當하면 이로써 敎會와 우리 主의 名譽를 毀損함이 되며 他人을 犯罪케 하기 쉬운 까닭이다. 敎會에서 알기는 사랑으로 勸懲하는 것이 他人으로 犯罪치 안케함이 될뿐 아니라 當事者에게도 恩惠받을 方途가 되나리라.

第十二條 勸懲의 有益; 敎會의 權利는 敎會의 머리되신 主의 現示되는 뜻을 解釋하고 敎訓할 뿐이니라. 敎會의 勸懲은 道德 及 神靈的에 屬한 것이오 國法上 施罰이 아닌즉

效力은 政治의 公正과 衆의 公認과 萬國教會의 머리되신 救主의 勸顧와 恩寵에 있나니라.

第十三條 勸懲의 目的; 眞理를 保護하며 그리스도의 權秉과 尊榮을 堅固케 하며 惡行을 除去하고 教會를 淸潔케 하며 德을 세우고 犯罪된 者의 神靈的 有益을 圖謀하난 것이니라. 以上 目的을 成就하랴면 智慧름게 하며 愼重히 處理할 것이니 各 治理會가 勸懲할 때에 犯行의 關係와 情形의 輕重을 詳考하되 事件은 同一하나 情形이 不同한 境遇에는 달니 處理할 것도 有하나니라.

第十四條 裁判案件; 教人이나 職員이나 治理會를 不問하고 教訓과 心術과 行爲가 聖經에 違反되난 것이나 或 事情이 惡하지 아니할지라도 他人을 犯罪케하는 것이나 道德에 妨害되난 것이 또한 犯罪가 되나니라. 信經에 違反으로 證據할만한 事件이던지 聖經을 依支한 教會規則과 慣例에 違反된 일이 아니면 裁判案件이 되지 아니하나니라.

第十五條 施罰과 解罰; 勸懲·遣責·停職·免職·受餐停止·除名·黜教이니 黜教는 終是 悔改치 아니하는 者의게만 하나니라. 解罰은 그 悔改如何에 依하야 行하거나 이에 準할 수 업는 境遇에는 그 治理會가 議定할 것이니라. 職分잇는 이가 그 犯罪를 因하여 責罰을 밧게 되면 普通信者보다 더 確實한 結果를 본 後에야 復職할 수 잇나니 萬一 그 復職함을 因하야 教會名譽가 毁損될 境遇에난 아조 復職케 아니함이 可하니라.

第十六條 管轄과 治理; 教會員中 聖餐 參與人과 學習人과 職員이 犯罪하면 牧師가 小會와 協議하야 決定할지니라. 이러한 會員中에 不當한 處分을 當한줄 아난 同時에는 大會에 上告할 수 있나니라. 아모 牧師가 犯罪하엿다 하는 訟事가 有하면 그 大會가 直接 審察한 後 證據가 明確

245

하면 大會員 三分之二의 可決로 治理할 것이니라. 福音의 榮譽와 發展은 牧師의 名譽에 關係됨이 만혼 故로 大會는 맛당히 愼重히 하야 所屬牧師의 個人的 行爲나 職務上 行爲를 仔細히 살필 것이니 牧師됨을 因하여 編護함으로 不公正한 判決을 하지 말며 或 그 罪를 輕히 罰하지 말 것이니라. 또한 牧師에 對하야 些少한 曲節로 訟事하난 것은 輕率히 接受함도 不可하니라.

第七章 儀式과 規例

第十七條 本憲法에 未備한 儀式과 規例는 朝鮮 兩教會의 儀式과 規例를 準用할지니라.

第八章 信經

第十八條 本教會 信經은 監理會 教理的 宣言과 長老會 信經과 要理問答과 使徒信經을 本教會 信經으로 採用하기로 함.

第九章 憲法 改定

第十九條 憲法을 改定할 時에는 中會에서나 大會에서 議案을 提出하면 大會가 接受하야 一年間 研究한 後에 大會員 三分之二의 可決로 中會에 垂議하야 中會의 三分之二와 投票數 三分之二의 可決을 得하면 次期大會에서 頌布한 後 此를 施行할지니라.

主後 一千九百三十一年 十二月 三十一日
在日本朝鮮基督教憲法起革
委員長 金永燮

委員 郭安連
　　 榮在馨
　　 金應泰
　　 金吉昌
　　 韓泰裕
　　 李寅涉
　　 崔敬學
書記 吳澤寬

在日本 朝鮮基督敎會 憲法·信經

日本에 잇는 朝鮮基督敎會에서 自己의 信經으로 如下히
四條目을 作定함.

一. 朝鮮 예수敎長老會 信經
二. 朝鮮 監理會 敎理的 宣言
三. 使徒信經
四. 웨스트민스터 聖經 小要理問答

1. 朝鮮 예수교長老會 信經

〈緒言〉

　　朝鮮 예수敎長老會에서 以下에 記錄한 몇가지 條目을 牧
師와 傳道師와 長老와 執事로 하여금 承認할 信條로 삼을 째에
朝鮮예수敎長老會를 設立한 敎會의 敎理的 標準을 바리려 함
이 아니오 오히려 贊成함이니 特別히 웨스트민스터 信道揭要
書와 聖經 大要理問答은 聖經을 밝히 解釋한 册으로 認定하는
것인즉 우리敎會와 神學校에서 맛당히 가리킬 것으로 알며 그

248

中에 聖經 小要理問答은 더욱 敎會問答册으로 採用하는 것이
니라.

〈信條〉
1. 新舊約聖經은 하나님의 말삼이니 信仰과 本分에 대하야 正
   確無誤한 唯一의 法則이니라.
2. 하나님은 한분이시니 오직 그만 敬拜할 것이니라 하나님은 神
   이시니 自然에 계시고 無所不在하시며 다른 神과 모든 物質
   과 區別되시며 그 계신 것과 智慧와 權能과 거룩하심과 公義
   와 仁慈하심과 眞實하심과 사랑하심에 대하야 無限하시며
   變치 아니하시니라.
3. 하나님의 本體에 三位가 계시니 聖父·聖子·聖神이신대 이
   三位는 한 하나님이시라 原體도 갓고 權能과 榮光이 同等이
   시니라.
4. 하나님씌서 그 權能의 말삼으로 有形物들과 無形物들을 創
   造하시고 保護하야 管理하시며 모든 것을 自己의 定하신 쯧
   대로 行하샤 善하시고 智慧롭고 거룩하신 目的을 일우게 하
   시나 그러나 決斷코 罪를 내신 이는 아니시니라.
5. 하나님이 사람을 男女로 지으시매 自己의 刑像대로 智識과
   義와 거룩함으로 지으신 動物을 主管하게 하섯스니 世上 모
   든 사람이 한 根源에서 낫슨즉 다 同胞兄弟니라.
6. 우리의 最初 始祖가 善惡間 擇할 自由能이 잇섯난대 試驗을
   밧아 하나님씌 犯罪한지라 모든 人種들이 그 始祖 아담으로
   부터 凡常한 世代를 니음으로 그 犯罪에 同參하야 墮落하엿
   스니 사람의 原罪와 밋 腐敗된 性稟 外에 犯罪할 能이 잇는
   者가 일부러 짓난 罪도 잇슨즉 모든 사람이 今世에 하나님의
   公平한 震怒와 刑罰을 밧난 것이 맛당하니라.
7. 하나님이 사람을 사랑하사 罪의 허물과 腐敗와 刑罰을 免케
   하시며 永生을 주시랴고 自己의 永遠한 獨生子 예수 그리스

도를 이 世上에 보내샤 肉身으로 오게 하엿스니 이 예수의 몸 밧게는 하나님끠서 肉身을 닙은 것이 업나니라 다만 예수로 말매암아 사람이 能히 救援을 엇는지라 그 永遠한 아달이 참 사람이 되샤 前과 至今과 永遠까지 한 位에 各 다른 두 性稟을 兼하얏스니 참하나님이시오 참사람이시라 聖神의 權能으로 孕胎하사 童貞女 마리아의게 낫스되 오직 罪는 업난 者시라 罪人을 代身하야 하나님의 法을 完全히 服從하시고 몸을 드려 참되고 穩全한 祭物이 되샤 하나님의 公義에 適合하게 하시며 사람으로 하여곰 하나님과 和睦하게 하시랴고 十字架에 도라가시고 못치섯다가 죽은 가온대서 三日만에 復活하샤 하나님 右便에 升座하시고 百姓을 爲하야 祈禱하시다가 그리로서 죽은 者를 살니시고 世上을 審判하러 再臨하시리라.

8. 聖父와 聖子의 보내신 聖神끠서 사람으로 하여곰 罪와 不幸을 깨닷게 하시며 마음을 밝게하샤 그리스도를 알게 하시며 쯧을 새롭게 하시고 勸勉하샤 福音에 記錄된대로 갑업시 주시는 예수 그리스도를 能히 밧게 하시며 義로운 열매를 맷게 하샤 救援을 엇게 하시나니라.

9. 하나님끠서 世上을 創造하시기 前에 그리스도 안에서 自己百姓을 擇하샤 사랑함으로 그압헤서 거룩하고 欠이 업게하시고 그 깃브신 쯧대로 뎌희를 미리 作定하샤 예수 그리스도로 말매암아 自己의 아달을 삼으섯스니 그 사랑하시는 아달의 안에서 뎌희에게 厚하게 주시난 恩惠의 榮光을 讚美하게 하라는 것이로되 오직 世上 모든 사람의게 대하야는 穩全한 救援을 갑업시 주시랴하야 命하시기를 너희 罪를 悔改하고 主예수 그리스도를 自己의 救主로 밋고 依支하야 本밧으며 하나님의 나타내신 쯧을 服從하야 謙遜하고 거룩하게 行하라 하섯스니 그리스도를 밋고 服從하는 者는 救援을 엇난지라 뎌희가 밧은바 特別한 利益은 義가 있게하심과 義子가 되여 하나님의 아달들 數에 參預하게 하심과 聖神의 感化로 거룩하게 하

심과 永遠한 榮光이니 밋난 者는 이 世上에서도 救援엇는 줄을 確實히 알고 깃버할지라 聖神씌서 恩惠의 職分을 行하실 쌔에 恩惠베프시난 方道는 特別히 聖經말삼과 聖禮와 祈禱시라.

10. 그리스도씌서 세우신 聖禮는 洗禮와 聖餐이니 洗禮는 聖父 聖子 聖神의 일홈으로 물로 씨슴이라 그리스도와 聯合하야 聖神으로 말매암아 거듭나고 새롭게 하심과 밋음으로 우리 主의 종되난 言約을 印해 證據하난 標인즉 이 禮는 그리스 도를 밋는 者와 밋 그의 子女들의게 行하난 것이오 主의 聖 餐은 그리스도의 죽으심을 紀念하야 떡과 盞에 參預하난 것 이니 이는 밋난者가 그 죽으심으로 말매암아 나신 利益을 밧는 것을 印해 證據하난 標라 이 禮는 主씌서 오실 쌔까지 主의 百姓이 行할지니 主를 밋고 그 贖罪祭를 依支함과 거 긔서좃차 나난 利益을 밧음과 더욱 主를 섬기기로 言約함과 主와 밋 여러 敎友로 더부러 交通하는 標와 聖禮의 利益은 聖禮니 本德으로 말미암음도 아니오 聖禮를 베프는 者의 德 으로 말미암음도 아니오 다만 그리스도의 福주심과 밋음으 로써 聖禮를 밧난者 가온대 계신 聖神의 行하심으로 말매 암음이니라.

11. 모든 信者의 本分은 入敎하야서도 交際하며 그리스도의 聖 體와 他 法例를 직히며 主의 法을 服從하며 恒常 祈禱하며 主日을 거룩하게 직히며 主를 敬拜하기 爲하야 함씌 모혀 주 의 말삼으로 講道함을 仔細히 드르며 하나님씌서 뎌희로 하 여금 豊盛하게 하심을 좃차 獻金하며 그리스도의 마음과 同 一한 心思를 서로 表現하며 또한 一般 人類의게도 그와갓치 할 것이오. 그리스도의 나라가 왼 世上에 擴張되기 爲하야 힘쓰며 主씌서 榮光 가온대서 나타나심을 바라고 기다릴지 니라.

12. 죽은者가 來日에 復活함을 밧고 그리스도의 審判하시난 寶 座 압헤서 이 世上에서 善惡間 행한바를 싸라 報應을 밧을

것이니 그리스도를 밋고 服從한 者는 顯著히 赦함을 엇고
榮光中에 迎接을 밧으려니와 오직 밋지 아니하고 惡을 行한
者는 定罪함을 닙어 그 罪에 適當한 刑罰을 밧을지니라.

2. 朝鮮監理會 教理的 宣言

一. 그리스도敎의 根本的 原理가 時代를 싸라 여러 가지 形式
으로 敎會歷史的 信條에 表明되엇고 웨슬레 先生의 "宗敎
綱領"과 "說敎集"과 "新約註解"에 解釋되엇다. 이 福音的 信
仰은 우리의 遺業이오 榮光스러운 所有이다. 우리敎會의 會
員이 되어 우리와 團合하고저 하는 사람들에게 아무 敎理的
試驗을 強要하지 안는다. 우리의 重要한 要求는 예수 그리스
도에게 忠誠함과 그를 싸르려고 決心하는 것이다. 웨슬레 先
生이 聯合屬會 總則에 要求한 바와 갓치 우리의 入會條件은
神學的보다 道德的이오 神靈的이다. 누구던지 그의 品格과
行爲가 참된 敬虔과 符合되는 이상에는 개인 信者의 充分
한 信仰의 充分한 自由意志를 올케 認定한다. 同時에 우리가
確實히 밋어오는 敎理를 아래와 갓치 宣言한다.

1. 우리는 萬物의 創造者시오 攝理者시며 人類의 아버지시오 모
든 善과 美와 愛와 眞의 根源되시는 오직 하나이신 하나님을
밋으며

2. 우리는 하나님이 肉身으로 나타나사 우리의 스승이 되시고
模範이 되시며 代贖者가 되시고 救世主가 되시는 예수 그리
스도를 밋으며

3. 우리는 하나님이 우리와 갓히 게시사 우리의 指導와 慰安과
힘이 되시는 聖神을 밋으며

4. 우리는 사랑과 祈禱의 生活을 밋으며 容恕하심과 모든 要求
에 넉넉하신 恩惠를 밋으며

252

5. 우리는 舊約에 잇는 하나님의 말삼이 信仰과 實行에 充分한
標準이 됨을 밋으며

6. 우리는 살아계신 主 안에서 하나이 된 모든 사람들이 禮拜와
奉仕를 目的하여 團結된 教 會를 밋으며

7. 우리는 하나님의 뜻이 實現된 人類社會가 天國임을 밋으며
하나님 아버지 압헤 모든 사람이 兄弟됨을 밋으며

8. 우리는 義의 最後 勝利와 永生을 밋노라 –아멘–

우리는 모든 사람에게 生命과 自由와 깃븜과 能力이 되는
이 福音을 宣傳함이 우리 教會의 神聖한 天職인줄 알고 그 事業
에 獻身함.

3. 使徒信經

4. 웨스트민스터 聖經 小要理問答

以上에 記錄된 四條目에 대한 承認式
教會의 信條는 하나님의 말삼에 基礎하고 하나님의 말삼
과 一致한 것으로 내가 밋으며 이를 쏘한 나의 個人의 信條로 公
布하노라.

별첨 1 헌장

한국기독교연합회 헌장
1951년도
1953년도
1962년도
1963년도
1966년도

한국기독교교회협의회 헌장
1970년도
1978년도

韓國基督敎聯合會 憲章

-1951년도-

第一章 名稱 及 組織

1條 本會는 韓國基督敎聯合會라 稱함.

2條 下記 福音主義 團體로 組織함.

　　1. 韓國新敎 各 敎派

　　2. 在 韓國 宣敎師

　　3. 國內 基督敎團體(全國的인 基督敎協同團體)

第二章 目的 及 事業

3條 本會의 目的은 如下함.

　　1. 會員 上互間의 經驗과 理想을 交換함으로서 親睦과 協
　　　 助를 圖謀함.

　　2. 會員相互 協力하여 그리스도의 敎訓에 土臺안에서 福音運
　　　 動과 社會事業을 精進하여 全體的 基督事業을 精進함.

　　3. 全國的 基督敎事業을 協力함.

　　4. 韓國交會의 交際를 保持하여 世界 基督敎運動에 協力함.

4條 本會의 事業은 如下함.

1. 本會 會員間에 共通된 問題를 研究 調査함.
2. 本會의 事業은 計劃하여 實行함.
3. 會員間에 共通으로 提起한 問題를 實行함.

第三章 會員

5條 本會는 下記 各團體에 代表로 構成함.
1. 大韓예수敎長老會 30名
2. 大韓監理敎會 20名
3. 聖潔교회 5名
4. 北長老敎 宣敎師 3名
5. 南長老敎 宣敎師 2名
6. 監理敎 宣敎部 4名
7. 카나다 聯合宣敎部 1名
8. 호주 長老敎 宣敎部 1名
9. 大韓 救世軍 本營 3名
10. 大韓聖書公會 1名
11. 大韓基督敎靑年會 1名
12. 大韓女子基督敎靑年會 1名
13. 大韓예수敎書會 1名
14. 大韓基督敎敎會靑年會 1名
15. 新民會 1名
16. 애린宣敎團 1名

第四章 任員과 實行部

6條 任員과 職員構成은 如下함.
1. 會長 1人, 副會長 3人, 書記 2人(國文, 英文), 會計 1人
2. 總務 1人, 協同總務 若干人(宣敎師), 幹事 若干人, 書記

258

若干人

7條　任員과 職員의 職務는 如下함.

1. 會長은 總會를 司會하여 實行部를 司會하며 本會의 모든 事項을 掌理함.

2. 副會長은 會長을 補佐하며 會長 不在時 會長을 代理하여 本會의 모든 事件을 掌理함.

3. 書記는 本會 總會와 實行部의 모든 議事를 記錄하며 모든 記錄은 國文과 英文으로 할 것.

4. 會計는 모든 本會의 財政職務를 遂行함.

5. 實行總務는 (任期 四年으로 하되 但 再選無妨) 總會와 實行部의 모든 決定을 實行함.

6. 幹事는 總務의 指導를 받으며 一般事務를 實行함.

8條　實行部는 下記 代表로 構成함.

1. 大韓예수教長老會 5名

2. 監理教 총리원 4名

3. 宣教部 2名

4. 大韓聖潔총대 2名

5. 救世軍 1名

6. 國內協同團體 2名

總務와 協同總務는 實行部의 投票權은 없음

9條　實行部員은 各 團體에서 選出하게 함.

第五章　集會

10條　總會는 1年에 1會式 會集하며 日字와 場所를 決定한다. 그러나 萬若 時日과 場所가 取消當한 경우에는 實行部에서 時日과 場所를 變更할 수 있음.

11條　臨時총회는 實行部員 3分之2에 依하여 會長이 此를 召集함.

12條　重要한 事項을 決定하기 爲한 特別擴大會는 實行部 決定

에 依하여 會長이 此를 召集하며 此際의 會員數는 會員數 比例에 依함.

13條 總會의 成數는 會員의 3分之1 以下가 될 수 없으며 代表 의 大多數의 參加가 必要함.

第六章 財政

14條 本會의 財政은 本會 會員의 會費와 財産의 收入과 國內 國 外의 有志의 寄附로 充當함.

第七章 細則

15條 本會 運營에 關한 細則은 實行部의 提案으로 總會의 承 認下에 作成하게 함.

第八章 憲章 改正

16條 憲章 改正은 年1次 會集하는 定期總會의 出席員 3分之2 의 同意로 改正된다.
    但 改正案은 開會前에 書式으로 總會에 提起되어야 한다.

〈細則〉

第1條 加入
    本憲章 第2條에 該當된 團體가 本會의 加入을 願할 때에 加入申請書를 實行部에 提出하며 實行部는 成數된 後에 出席者 3分之2의 同意를 얻은 後에 定期總會에서 決定함.
第2條 實行部

   1. 實行部는 會長 或은 3人以上의 實行部員의 要請으로
　　　召集되며 開會 5日前에 通知를 要함.

   2. 實行部는 9名이 되어야만 成數가 되며 投票를 할 수
　　　있다.

　　　但 事情에 依하여 通信으로 決定할 수도 있음.

第3條　各 部會

   1. 傳導部

   2. 社會事業部

   3. 文敎部

   4. 出版部

   5. 靑年部

   6. 政經部

第4條　各部의 事業

   1. 傳導部

　　　本部는 國內外의 敎會의 傳導運動을 掌理하며 指導함.

   2. 社會事業部

　　　本部는 社會事業을 硏究指導하며 救濟事業과 農村事
　　　業을 掌理함.

   3. 文敎部

　　　本部는 基督敎敎育의 根本問題를 硏究하며 本目的에
　　　必要한 書籍을 編纂함을 掌理함.

   4. 出版部

　　　本部는 定期刊行物, 宗敎書籍, 其他 必要書籍 出版을
　　　掌理함.

   5. 靑年部

　　　本部는 靑年運動을 指導 硏究하여 國際的 機構와 連
　　　絡을 保存함.

   6. 政經部

　　　本部는 基督敎의 視點에서 政治과 經濟를 硏究하여

國內 國外의 政經團體와 相互 連絡 交際함.

7. 總會가 必要할 경우에는 他部를 新設할 수 있음.

第5條 財政

1. 加盟團體의 會費는 該團體 代表數의 比例에 依하며 會費는 實行部에서 결정함. 但 會費의 增加는 總會員 出席의 3分之2의 贊成이 있어야 하며 宣敎部의 會費 는 美貨로 함.

2. 實行部는 1年의 豫算을 總會에 提出하여야 하며 그 承認을 받아야 함.

3. 本會의 財政은 多少를 莫論하고 信實한 銀行에 預金함.

4. 本會의 支出은 總務의 承認을 要함.

5. 本會會計는 收支를 每 6個月마다 實行部와 總會에 報 告하며 檢査를 받아야 한다.

第6條 各部員

1. 各部員은 總會에서 選定하며 NCC以外의 會員에서도 選定할 수 있다.

2. 各部長은 該部에서 選擇하며 小委員會는 必要時 隨 時로 集合함.

3. 總會 閉會後는 殘務를 實行部에 委任함.

第7條 公薦部

1. 公薦部는 實行部에서 10人을 薦하여 總會에서 5人을 選定함.

2. 第4章 第6條에 明記된 任員을 選定함에 있어서 公薦 部는 會員中에서 各各 倍數公薦으로 選하며 總會에서 投票함.

但 投票는 無記名으로 하여 過半數 投票로 擇함.

第8條 總會順序

總會式順은 開會前 實行部에 依하여 提出되어야 한다.

第9條 細則改正

細則의 改正은 實行部員 3分之2의 同意로 總會에 提起
되며 多數決로 決定함.

_1951년 9월 5일

한국기독교연합회 헌장

-1953년도-

제1장 명칭과 조직

제1조 본회의 명칭을 한국기독교연합회라 함.
제2조 본회는 하기 복음주의 단체로 구성함.
    1. 국내 신교 각 교파
    2. 국내 신교 각 선교부
    3. 국내 신교 기독교 전국연합 사업단체

제2장 목적과 기능

제3조 본회의 목적은 여하함.
    1. 회원 상호간에 경험과 사상을 교환함으로 친선과 협조를 도모함.
    2. 그리스도의 교훈 안에서 전도사업과 봉사사업을 증진하며 전체적 기독교연합운동을 도모함.
    3. 전국적인 기독교운동을 협조함.
    4. 한국교회와 세계 기독교운동에 협조를 도모함.
제4조 본회의 기능은 여좌함.

1. 본회회원 상호간에 공통된 문제에 대하여 연구 조사함.
2. 본회의 사업을 계획함.
3. 본회회원 상호간에 공통된 모든 사업을 실천함.

제3장 회원

제5조 본회는 제1장 제2조의 명시에 인하여 하기 종류의 정회원
으로 구성하며 필요에 의하여 협동회원을 설치함.

(가) 국내 신교 각파

　　1. 대한예수교장로회

　　2. 기독교대한감리회

　　3. 기독교대한성결교회

　　4. 대한구세군

(나) 국내 신교 각 선교부

　　5. 북장로회선교부

　　6. 감리회선교부

　　7. 남장로회선교부

　　8. 가나다연합선교부

　　9. 호주장로회선교부

　　10. 성결교회

　　11. 구세군

(다) 국내 신교 기독교 전국연합회 사업단체

　　12. 대한기독교서회

　　13. 대한성서공회

　　14. 대한기독교청년회

　　15. 대한여자기독교청년회

　　16. 기독교세계봉사회

　　17. 애린선교단

　　18. 신민회

19. 대한절제회

20. 대한기독교교육협회

(라) 협동회원

　제1항 '교회 회원' 대표자는 하기 비율에 의하여 결정됨.

　　　각 교회의 기본 대표자는 5인으로 균등하게 하고 교회 수 1,000교회까지 매 100교회에 1인씩, 1,000교회 이상에는 매 교회 500교회에 1인씩 대표를 파송하되 과반수의 단수는 1인으로 정함(단 100교회 이내 교파는 대표 28로 함).

　제2항 선교부 회원

　　　본회와 협조하는 교회에 관계된 국내 각 선교부는 선교 사수 30명까지 매 10명에 1인씩, 30명 이상에는 매 20명에 1인씩을 파송하되 단수는 교회회원과 같음.

　제3항 전국연합사업단체 회원

　　　각 단체는 매 단체 1인씩 대표를 파송함.

　제4항 협동회원

　　　실행위원회의 결의에 의하여 본 회에 3인 이내의 협동위원을 택하여 초청할 수 있음.

제4장 임원·직원·실행부

제6조 임원과 직원은 여하함.

　1. 임원: 회장 1인, 부회장 3인, 서기 2인(한·미), 회계 2인 (한·미)

　2. 직원: 총무 1인, 협동총무 약간명(선교사에 한함), 간사 약간명, 서기 약간명, 임원은 년 일차 모이는 총회에서 개선하며 임기는 1년으로 함.

제7조 임원과 직원의 임무는 다음과 같음.

　1. 회장은 총회와 실행부회를 사회하며 본회의 모든 사업을 장리함.

2. 부회장은 회장이 부재시에 회장을 대리함.

3. 서기는 총회와 실행부회의 결의 사항을 기록함(모든 기록은 한국어와 영어로 보존함).

4. 회계는 본회 재정에 관한 사항을 장리함.

5. 총무는 총회와 실행부의 결의를 실행함(임기는 4년으로 하고 재선함도 무방함).

6. 간사는 총무를 보좌하여 본회 사무를 실행함.

제8조 실행부는 하기 임원으로 구성함.

1. 장로회 6

2. 감리회 4

3. 성결교회 3

4. 구세군 2

5. 각 선교부 대표 2

6. 각 연합기관 대표 2

대한기독교서회, 대한성서공회, 기독교세계봉사회, 대한기독교육협회의 각 총무는 본회 실행부의 언권위원으로 참석하게 하기로 함(총무와 협동총무는 투표권이 없음).

제9조 실행부원은 총회에서 선정함.

제5장 집회

제10조 총회는 1년에 한 번씩 모이며 그 다음 일자와 장소를 결정한다. 만일 총회에서 작성한 장소와 일자가 적당치 않을 때는 실행부가 이를 변경할 수 있다.

제11조 임시총회는 실행부원 3분지 2나 또는 회원 3분지 1의 청구로 회장이 이를 소집한다.

제12조 특별한 문제를 해결하기 위하여 실행부의 결의로 회장은 분과위원회를 소집할 수 있다. 그 회의 구성비례는 본회

구성비례로 한다.

제6장 재정

제13조 본회의 재정은 본회구성 각단체의 부담금과 본회재산에
　　　서의 수입과 국내외 유지의 의연으로 충당함.

제7장 부칙

제14조 본회 사무운영에 관한 세칙은 실행부를 경유하여 총회의
　　　결정을 얻어야 함.

제8장 규약 개정

제15조 본 규약의 개정은 년 1차 모이는 정기총회에서 출석원 중
　　　3분지 2의 결의로 개정된다. 규약 개정에는 반드시 개회
　　　전에 서식으로 총회에 제출하여야 함.

〈세칙〉

제1조　가입
　　　제1조에 해당되는 단체 중에 본회에 가입을 원하는 단체
　　　는 그 원서를 실행부에 제출하고 성수된 실행부는 검토
　　　후 총회에 회부하며 총회에서 3분지 2 이상의 동의로 가
　　　입이 허락됨.
제2조　실행부
　　　1. 실행부는 회장 또는 회원 3인 이상의 청구로서 회장이
　　　　소집하며 통지는 개회 5일전에 발송하여야 함.

　　　2. 실행부의 성수는 9인이며 사정에 의하여 통신으로 결
　　　　정할 수 있음.
　제3조　사업국
　　　1. 전도국
　　　2. 사회국
　　　3. 교육국
　　　4. 출판국
　　　5. 청년국(청년 및 학생사업)
　　　6. 정경국
　　　7. 특정교화국
　　　8. 성인교육국
　　　9. 음영사업국
　제4조　각국사업
　　　1. 전도국
　　　　본국은 국내 국외에 복음전도를 함.
　　　2. 사회사업국
　　　　본국은 사회사업 구호사업, 농촌사업을 연구 지도함.
　　　3. 교육국
　　　　본국은 기독교교육사업을 연구 지도하며 필요한 서적을 편찬함.
　　　4. 출판국
　　　　본국은 정기물과 기타 종교서적 및 필요한 서적을 출판함.
　　　5. 청년국
　　　　본국은 청년사업을 연구 지도하며 이 사업에 관하여 국제기구와
　　　　연락을 보존함.
　　　6. 정경국
　　　　본국은 기독교 안에 정치 경제 방면을 연구하며 국내외에 필요한
　　　　일에 대하여 지도하며 협조함.
　　　7. 특정교화국
　　　　본국은 군목사업과 감옥전도사업을 연구지도함.

8. 성인교육국

　　본국은 문맹에 대한 사업을 연구하며 지도함.

9. 음영사업국

　　본국은 영화와 방송을 통하여 전도사업을 연구 지도함.

10. 총회는 필요할 때에 '국'을 추가할 수 있음.

제5조　재정

　　1. 회원의 회비는 각 단체 대표수대로 납입하며 실행부에
　　　 서 결정함.
　　　 단 회비를 추가할 때에는 총회에서 3분지 2의 동의로
　　　 실시함. 선교부의 회비는 미화로 함.

　　2. 실행부는 1년 예산을 총회에 제출하여 총회의 승인을
　　　 얻어야 함.

　　3. 본회 재정은 대소를 불구하고 신실한 은행에 예금하여
　　　 야 함.

　　4. 모든 지출은 총무의 승인을 얻어야 함.

　　5. 본회 회계는 매 6개월 만에 재정상황을 실행부에 보고
　　　 하여 검사를 받아야 함. 동시에 정기총회도 하여야 함.

제6조　각국 국원

　　1. 각국 국원은 총회에서 택하여 실행부원 외에는 본회회
　　　 원 외에서도 택할 수 있음.

　　2. 각국 국장은 그 국에서 상호선택하며 각국은 수시로
　　　 보일 수 있음.

　　3. 총회가 폐회된 후 미진한 일은 전부 실행부로 넘긴다.

제7조　인선위원회

　　1. 총회 인선위원은 실행부에서 배수 추천으로 총회에서
　　　 선정함.

　　2. 제4장 6조에 의한 임원을 선정할 때 인선 위원회는 도
　　　 표에 의하여 배수공천을 하며 무기명 투표로 과반수
　　　 에 의하여 당선됨.

제8조 총회절차

총회의 절차는 실행부가 총회개회 벽두에 제출하여야 함.

제9조 지방연합회의 연락 규정

1. 각 지방에서 자발적으로 조직된 지방단위의 연합회는 그 규약은 본연합회 규약에 준하도록 할 것.

2. 각 지방연합회는 계획하고 경영하는 연합사업을 본회와 긴밀한 연락을 하는 동시에 전국적으로 영향을 끼칠 수 있는 것에 대하여는 본 연합회에서는 적극적 협력을 할 것.

3. 연합회가 조직되지 못한 곳 중 각 교파교회가 존재하는 곳에는 권장한 연합회를 조직케 하고 연합정신을 배응하고 연합사업을 육성케 할 것.

제10조 세칙 개정

세칙 개정은 실행부측의 동의로 총회에서 과반수로 수행할 수 있음.

_1953년 11월 5일

한국기독교연합회 헌장

-1962년도-

제1장 명칭과 조직

제1조 본회의 명칭을 한국기독교연합회라 함.
제2조 본회는 하기 복음주의 단체로 구성함.
 1. 국내 신교 각 교파
 2. 국내 신교 각 선교부
 3. 국내 기독교 전국연합회 사업단체

제2장 목적과 기능

제3조 본회의 목적은 여하함.
 1. 회원 상호간에 경험과 사상을 교환함으로 친선과 협조
  를 도모함.
 2. 그리스도의 교훈 안에서 전도사업과 봉사사업을 증진
  하며 전체적 기독교연합운동을 도모함.
 3. 전국적인 기독교운동을 협조함.
 4. 한국 교회와 세계 기독교운동에 협조를 도모함.
제4조 본회의 기능은 여하함.

1. 본회 회원 상호간에 공통된 문제에 대하여 연구 조사함.
2. 본회의 사업을 계획함.
3. 본회 회원 상호간에 공통된 모든 사업을 실천함.

제3장 회원

제5조 본회는 제1장 제2조의 명시에 의하여 하기 회원으로 구성
한다.
제1항 구성회원
(가) 국내 신교파
    1. 대한예수교장로회
    2. 기독교대한감리회
    3. 기독교대한성결교회
    4. 대한구세군
    5. 대한기독교장로회
    6. 대한성공회
(나) 국내 신교 각 선교부
    1. 북장로교 선교부
    2. 감리회 선교부
    3. 남장로교 선교부
    4. 가나다 연합 선교부
    5. 호주 장로회 선교부
    6. 동양 선교회
    7. 구세군 선교부
    8. 대한성공회
(다) 국내 신교 기독교 전국연합회 사업단체
    1. 대한 기독교서회
    2. 대한 성서공회

3. 대한 기독교 교육협회

4. 대한 기독교 청년회

5. 대한 여자기독교 청년회

6. 기독교 세계봉사회

7. 애린 선교단

8. 신민회

9. 대한 절제회

(라) 협동회원

1. 중화기독교회

제2항 본회원 대표자 비율은 여하하다.

(가) 각 회원 교회는 대표 15명까지로 한다.

(나) 선교부 회원

본회와 협조하는 교회에 관계된 국내 각 선교부는 선
교사 수 30명까지 매10명에 1인씩, 30명 이상 수에
는 매20명에 1인씩을 파송하되 단수는 교회회원과
같음.

(다) 전국 연합사업단체 회원

각 단체는 매 단체 1인씩 대표를 파송함.

(라) 협동회원

실행위원회의 결의에 의하여 본회에 3인 이내의 협동
위원을 택하여 초청할 수 있음.

제4장 임원 직원 실행부

제6조 임원과 직원은 여하함.

1. 임원　　회장 1인, 부회장 3인

서기 2인(한·미), 회계 2인(한·미)

2. 직원　　총무 1인, 협동총무 약간명(선교사에 한함),

간사 약간명, 서기 약간명

임원은 년 1차 모이는 총회에서 개선하며 임기는 1년으로 함.

제7조 임원과 직원의 임무는 다음과 같음.

    1. 회장은 총회와 실행부회를 사회하며 본회의 모든 사업을 장리함.

    2. 부회장은 회장이 부재시에 회장을 대리함.

    3. 서기는 총회와 실행부회의 결의사항을 기록함(모든 기록은 한국어와 영어로 보존함).

    4. 회계는 본회 재정에 관한 사항을 장리함.

    5. 총무는 총회와 실행부의 결의를 실행함(임기는 4년으로 하고 재선함도 무방함).

    6. 간사는 총무를 보좌하여 본회 사무를 실행함.

제8조 실행위원은 회원 3명에 1명 비례로 총회에서 택하되 3명 미달의 단체는 1명으로 한다.

    단, 모든 연합기관의 대표는 3명으로 한다. 대한기독교서회, 대한성서공회, 기독교세계봉사회, 대한기독교교육협회의 각 총무는 본회 실행부의 언권위원으로 참석하게 하기로 함(총무와 협동총무는 투표권이 없음).

제5장 집회

제9조 총회는 1년에 한 번씩 모이며 그다음 일자와 장소를 결정한다. 만일 총회에서 작성한 장소와 일자가 적당치 않을 때는 실행부가 이를 변경할 수 있다.

제10조 임시총회는 실행부원 2/3나 또는 회원 1/3의 청구로 회장이 이를 소집한다.

제11조 특별한 문제를 해결하기 위하여 실행부의 결의로 회장은 분과위원회를 소집할 수 있다. 그 회의 구성비례는 본회 구성비례로 한다.

제6장 재정

제12조 본회에 재정은 본회 구성 각 단체의 부담금과 본회 재산에서의 수입과 국내외 유지의 의연으로 충당함.

제7장 부칙

제13조 본회 사무운영에 관한 세칙은 실행부를 경유하여 총회의 결정을 얻어야 함.

제8장 규약 개정

제14조 본 규약의 개정은 년 1차 모이는 정기총회에서 출석원 중 2/3의 결의로 개정된다. 규약 개정에는 반드시 개회 전에 서식으로 총회에 제출하여야 함.

〈세칙〉

제1조 가입
  제2조에 해당되는 단체 중에 본 회에 가입을 원하는 단체는 그 원서를 실행부에 제출하고 성수된 실행부는 검토 후 총회에 회부하며 총회에서 2/3 이상의 동의로 가입이 허락됨.

제2조 실행부
  1. 실행부는 회장 또는 회원 3인 이상의 청구로 회장이 소집하며 통지는 개회 5일전에 발송하여야 함.
  2. 실행부의 성수는 9인이며 사정에 의하여 통신으로 결정할 수 있음.

제3조 사업국

    1. 전도국

    2. 사회국

    3. 교육국

    4. 출판국

    5. 청년국(청년 및 학생사업)

    6. 정경국

    7. 특정교화국

    8. 가정생활위원회

    9. 부녀사업위원회

    10. 평신도위원회

제4조 각국 및 위원회 사업

    1. 전도국

      본국은 국내외의 복음전도 사업을 담당함.

    2. 사회사업국

      본국은 사회사업, 구호사업, 농촌사업을 지도함.

    3. 교육국

      본국은 기독교 교육사업을 연구 지도하며 필요한 서적을 편찬함.

    4. 출판국

      본국은 정기물과 기타 종교서적 및 필요한 서적을 출판함.

    5. 청년국

      본국은 청년사업을 연구 지도하며 이 사업에 관하여 국제기구와 연락을 보존함.

    6. 정경국

      본국은 기독교 안에 정치 경제 방면을 연구하며 국내외에 필요한 일에 대하여 지도하며 협조함.

    7. 특정교화국

      본국은 군목사업과 감옥전도사업을 연구 지도함.

    8. 가정생활위원회

본위원회의 사업을 위한 규약은 별도로 정한다.

9. 부녀사업회

본위원회는 각 교회 부녀자 대표자로 조직하고 본위원회 사업을 위한 규약은 별도로 정한다.

10. 평신도위원회

본위원회는 각교회 평신도 대표로 구성하고 사업을 위한 규약을 별도로 제정한다.

11. 총회는 필요할 때에 '국'을 추가할 수 있음.

제5조 재정

1. 회원의 회비는 각 단체 대표수대로 납입하며 실행부에서 결정함.

단 회비를 추가할 때에는 총회에서 2/3의 동의로 실시함. 선교부의 회비는 미화로 함.

2. 실행부는 1년의 예산을 총회에 제출하여 총회의 승인을 얻어야 함.

3. 본회의 재정은 대소를 불구하고 신실한 은행에 예금하여야 함.

4. 모든 지출은 총무의 승인을 얻어야 함.

5. 본회 회계는 매 6개월마다 재정상황을 실행부에 보고하여 검사를 받아야 함.

제6조 각국 회원

1. 각국원은 총회에서 택하여 실행부원 외에는 본회회원 외에서도 택할 수 있음.

2. 각국 국장은 그 국에서 상호선택하며 각국은 수시로 모일 수 있음.

3. 총회가 폐회된 후 미진한 일은 전부 실행부로 넘긴다.

제7조 인선위원회

1. 총회 인선위원은 총회가 이를 선정함.

2. 제4장 제6조에 의한 임원을 선정할 때 인선위원회는

각 투표인을 배수공천하며 무기명 투표로 과반수에 의
하여 당선됨.

제8조 총회 절차

총회 의결절차는 실행부가 총회 개최 벽두에 제출하여
야 함.

제9조 지방연합회의 연락 규정

1. 각 지방에서 자발적으로 조직된 지방단위의 연합회는
   그 규약을 본연합회 규약에 준하도록 할 것.
2. 각 지방연합회는 계획하고 경영하는 연합사업을 본회
   와 긴밀한 연락을 하는 동시에 전국적으로 영향을 끼
   칠 수 있는 것에 대하여 본 연합회에서 적극적으로 협
   력 원조할 것.
3. 연합회가 조직되지 못한 지방 중 각 교파 교회가 존재
   한 곳에는 연합회를 조직하게 하고 연합정신을 배응하
   고 연합사업을 육성케 할 것.

제10조 총회에서 가입이 허락된 교파나 단체명은 자동적으로 헌
장에 기입하도록 한다.

제11조 세칙 개정

세칙 개정은 실행부측의 동의로 총회에서 과반수로 수행
할 수 있음.

_1962년 2월 13일

한국기독교연합회 헌장

-1963년도-

제1장 명칭과 조직

제1조 본회의 명칭은 한국기독교연합회라 한다.
제2조 본회는 아래의 복음주의 단체로 구성한다.
    1. 정회원 단체
       1) 국내 신교 각 교회
       2) 국내 신교 각 선교부
       3) 국제적인 관련을 가졌거나 법인단체로서 초교파적으로 조직되고 사업대상이 전국적인 단체
    2. 협동회원 단체
      초교파적으로 조직되고 사업대상이 전국적인 단체로서 연 일차 이상의 정기적인 회의를 가지는 단체

제2장 목적과 기능

제3조 본회의 목적은 아래와 같다.
    1. 회원 상호간에 경험과 사상을 교환함으로 친선과 협조를 도모한다.

　　　2. 그리스도의 교훈 안에서 전도사업과 봉사사업을 증진
　　　　하여 전체적 기독교연합운동을 도모한다.
　　　3. 전국적인 기독교운동을 협조한다.
　　　4. 한국 교회와 세계기독교운동에 협조를 도모한다.
제4조　본회의 기능은 아래와 같다.
　　　1. 본회 회원 상호간에 공통된 문제에 대하여 연구 조사
　　　　한다.
　　　2. 본회의 사업을 계획한다.
　　　3. 본회 회원 상호간에 공통된 모든 사업을 실천한다.

제3장　회원

제5조　본회 회원 대표자 비율은 아래와 같다.
　　　1. 각 회원 교회는 대표 15명까지로 한다.
　　　2. 선교부 회원
　　　　각 회원 선교부는 대표 5명까지로 한다.
　　　3. 정회원 사업단체 각 단체는 매단체 1인씩 대표를 파송
　　　　한다.
　　　4. 협동회원 사업단체 각 단체는 1인씩의 언권대표를 파
　　　　송한다.

제4장　회원의 임무

제6조　본회의 회원은 소정의 회비를 납부하여야 하며 사업단체
　　　회원은 연 일차 사업사항을 보고하여야 한다.

제5장　임원, 상임직원, 실행위원회

제7조　임원

회장 1인, 부회장 3인

서기 2인(한·선)

회계 2인(한·선)

임원은 총회에서 개선하며 인기는 1년으로 한다.

제8조 상임직원

총무 1인, 협동총무 1인(선교사에 한함), 간사 약간명, 서기 약간명

제9조 임원과 상임직원의 임무는 다음과 같다.

1. 회장은 총회와 실행위원회를 사회하며 본회의 모든 사업을 장리한다.

2. 부회장은 회장 유고시에 회장을 대리한다.

3. 서기는 총회와 실행위원회의 결의사항을 기록한다.(모든 기록은 한국어, 영어로 보관한다.)

4. 회계는 본회의 재정에 관한 사항을 장리한다.

5. 총무는 총회와 실행위원회의 결의를 실행함.(임기는 4년으로 하고 재선도 무방하다.)

6. 간사는 총무를 보좌하며 본회 사무를 장리한다.

제10조 실행위원은 회원 3명에 1명 비례로 총회에서 택하되 3명 미달의 회원 단체는 1명으로 한다. 단 기독교연합회 총무와 협동총무는 언권이 있다.

제6장 임원

제11조 총회는 1년에 한 번씩 모이며 다음 총회의 일자와 장소를 결정한다. 만일 총회에서 작정한 장소와 일자가 적당치 않을 때는 실행위원회가 이를 변경할 수 있다.

제12조 임시총회는 실행위원 2/3나 또는 회원 1/3의 요구로 회장이 이를 소집한다.

제13조 실행위원회는 1년에 정기회로 6회 모이며, 긴급한 일이

있을 때 회장 또는 회원 3인 이상의 청구로써 회장이 임시 실행위원회를 소집할 수 있다.

제14조 총회의 성수는 과반으로 하고 실행위원회의 성수는 12인으로 한다.

제7장 재정

제15조 본회의 재정은 본회 구성 각 단체의 회비와 본회 재산에서의 수입과 국내외 유지의 의연금으로 충당한다.

제8장 부칙

제16조 본 헌장의 개정은 실행위원회의 제의로 총회에서 출석회원 2/3의 결의로 개정한다.

제17조 본회 회원으로서 제6조의 의무를 이행치 않을 때에는 회원권이 정지되며 제2조에 저촉될 때에는 실행위원회의 결의로 가입을 취소하고 총회에 보고한다.

제18조 본회 사무운영에 관한 세칙은 실행위원회를 경유하여 회의의 결정을 얻어야 한다.

제19조 본 헌장은 총회 통과 후부터 효력을 발생한다.

제20조 본 헌장은 1963년 2월 12일부터 시행한다.

〈세칙〉

제1조 가입
본회의 가입절차는 다음과 같다.
1. 정회원은 실행위원회의 심사를 거쳐 총회에서 가입을 허락한다.

2. 협동회원은 실행위원회에서 심사하여 가입을 허락하
고 총회에서 보고한다.

제2조 본회에 아래와 같이 사업국을 둔다.

1. 전도국

2. 사회국(Department of Church and Society and Inter-
church Aid)

3. 출판국

4. 청년국

5. 평신도국

6. 연구위원회

7. 가정생활위원회

8. 국제문제연구위원회(The Commission of the Churches
on International Affairs)

제3조 각국 및 위원회의 사업

1. 전도국

본국은 국내외의 전도사업에 힘쓴다.

2. 사회국

본국은 사회봉사와 사회문제의 연구대책에 관한 일을 한다.

3. 출판국

본국은 정기간행물과 필요한 서적을 출판하며 기타 필요한 출판
사업을 한다.

4. 청년국

본국은 청년사업을 연구 협조하며 이 사업에 관하여 국제기구와
연락을 긴밀히 한다.

5. 평신도국

본국은 평신도운동에 대하여 연구하며 그에 관한 운동을 한다.

6. 연구위원회

본위원회는 세계교회운동에 대한 연구와 기타 연합사업에 대한
필요한 부문의 연구를 맡는다.

7. 가정생활위원회

본위원회의 사업을 위한 규약은 별도로 정한다.

8. 국제문제연구위원회

본위원회는 국제적인 문제를 연구 검토한다.

제4조 각국의 조직

1. 각국위원은 그 분과의 전문가로 구성하며 인선은 총무의 추천으로 실행위원회에서 결정한다. 단 실행위원 1인 이상이 각국 위원이 된다.

2. 각국에는 국장과 서기를 두며 총무의 추천으로 해당국에서 결정한다.

제5조 인선위원회

1. 총무 인선위원은 총회가 이를 선정한다.

2. 헌장 제4장 제6조에 의한 임원을 선정할 때 인선위원회는 각 투표인을 배수공천하며 무기명투표로 과반수에 의하여 당선된다.

제6조 총회 절차는 실행위원회가 총회 개회 벽두에 제출하여야 한다.

제7조 지방연합회의 규정

1. 지방에서 자발적으로 조직된 지방단위의 연합회는 그 규약을 본 연합회 헌장에 준하도록 한다.

2. 지방연합회는 계획하고 경영하는 연합사업을 본회와 긴밀한 연락을 하는 동시에 전국적으로 영향을 끼칠 수 있는 것에 대하여는 본 연합회의 승인을 요한다.

3. 연합회가 조직되지 못한 지방 중 각 교파 교회가 존재하는 곳에는 연합회를 조직하게 하고 연합정신을 배양하고 연합사업을 육성케 한다.

제8조 세칙 개정은 실행부의 동의로 총회의 출석위원 과반수의 찬성으로 개정할 수 있다.

_1963년 12월 2일

한국기독교연합회 헌장

-1966년도-

제1장 명칭과 조직

제1조 본회의 명칭은 한국기독교연합회라 한다.

제2조 본회는 아래의 복음주의 단체로 구성한다.

1. 정회원 단체

   1) 국내 신교 각 교회

   2) 국내 신교 각 선교부

   3) 국제적인 관련을 가졌거나 법인단체로서 초교파적으로 조직되고 사업 대상이 전국적인 단체.

2. 협동회원 단체

   초교파적으로 조직되고 사업 대상이 전국인 단체로서 연 일차 이상의 정기적인 회의를 가지는 단체.

제2장 목적과 기능

제3조 본회의 목적은 아래와 같다.

1. 회원 상호간에 경험과 사상을 교환함으로 친선과 협조를 도모한다.

2. 그리스도의 교훈 안에서 전도사업과 봉사사업을 증진
하여 전체적 기독교 연합운동을 도모한다.
3. 전국적인 기독교운동을 협조한다.
4. 한국 교회와 세계기독교운동에 협조를 도모한다.
제4조 본회의 기능은 아래와 같다.
1. 본회 회원 상호간에 공통된 문제에 대하여 연구 조사
한다.
2. 본회의 사업을 계획한다.
3. 본회 회원 상호간에 공통된 모든 사업을 실천한다.

제3장 회원

제5조 본회 회원 대표자 비율은 아래와 같다.
1. 각 회원 교회는 대표 15명까지로 한다.
2. 선교부 회원
각 회원 선교부는 대표 5명까지로 한다.
3. 정회원 사업단체 각 단체는 매단체 1인씩 대표를 파송
한다.
4. 협동회원 사업단체 각 단체는 1인씩의 언권대표를 파
송한다.

제4장 회원의 임무

제6조 본회의 회원은 소정의 회비를 납부하여야 하며 사업단체
회원은 연 일차 사업사항을 보고하여야 한다.

제5장 임원, 상임직원, 실행위원

제7조 임원

회장 1인

부회장 3인, 서기 2인(한. 선), 회계 2인(한. 선)

임원은 총회에서 개선하며 임기는 1년으로 한다.

제8조 상임직원

총무 1인, 협동총무 1인(선교사에 한함)

간사 약간명, 서기 약간명

제9조 임원과 상임직원의 임무는 다음과 같다.

1. 회장은 총회와 실행위원회를 사회하며 본회의 모든 사업을 장리한다.

2. 부회장은 회장 유고시에 회장을 대리한다.

3. 서기는 총회와 실행위원회 결의사항을 기록한다(모든 기록은 한국어, 영어로 보관한다).

4. 회계는 본회의 재정에 관한 사항을 장리한다.

5. 총무는 총회와 실행위원회의 결의를 실행함(임기는 4년으로 하고 재선도 무방하다).

6. 간사는 총무를 보좌하며 본회 사무를 장리한다.

제10조 실행위원은 회원 3명에 1명 비례로 총회에서 택하되 3명 미달의 회원 단체는 1명으로 한다. 단 기독교연합회 총무와 협동총무는 언권이 있다.

제6장 회의

제11조 총회는 1년에 한 번씩 모이며 다음 총회의 일자와 장소를 결정한다.

만일 총회에서 작성한 장소와 일자가 적당치 않을 때에는 실행위원회가 이를 변경할 수 있다.

제12조 임시총회는 실행위원 2/3나 또는 회원 1/3의 요구로 회장이 이를 소집한다.

제13조 실행위원회는 1년에 정기회로 6회 모이며 긴급한 일이 있

을 때 회장 또는 회원 3인 이상의 청구로 회장이 임시 실
행위원회를 소집할 수 있다.
제14조 총회의 성수는 과반으로 하고 실행위원회의 성수는 12인
으로 한다.

제7장 재정

제15조 본회의 재정은 본회 구성 각 단체의 회비와 본회 재산에
서의 수입과 국내외 유지의 의연금으로 충당한다.

제8장 부칙

제16조 본 헌장의 개정은 실행위원회의 제의로 총회에서 출석회
원 2/3의 결의로 개정한다.
제17조 본회 회원으로서 제6조의 의무를 이행치 않을 때에는 회
원권이 정지되며 제2조에 저촉될 때에는 실행위원회의
결의로 가입을 취소하고 총회에 보고한다.
제18조 본회 사무운영에 관한 세칙은 실행위원회를 경유하여 총
회의 결정을 얻어야 한다.
제19조 본 헌장은 총회 통과 후부터 효력을 발생한다.
제20조 본 헌장 개정안을 1966년 2월 24일부터 시행한다.

〈세칙〉

제1조 가입
본회의 가입절차는 다음과 같다.
1. 정회원은 실행위원회의 심사를 거쳐 총회에서 가입을
허락한다.

2. 협동회원은 실행위원회에서 심사하여 가입을 허락하
고 총회에 보고한다.

제2조 본회에 아래와 같이 사업국을 둔다.

　　　1. 전도국

　　　2. 사회국(Department of Church and Society and Inter-
church Aid)

　　　3. 공보국(Information and Public Relations)

　　　4. 청년국

　　　5. 평신도국

　　　6. 연구위원회

　　　7. 가정생활위원회

　　　8. 국제문제연구위원회

　　　9. 교회와 사회위원회

　　　10. 음영위원회

　　　11. 재정위원회

제3조 각국 및 위원회의 사업

　　　1. 전도국
본국은 국내외의 전도문제 연구 및 대책 수립에 힘쓴다.

　　　2. 사회국
본국은 사회문제의 연구 대책, 사회봉사 및 세계교회와의 상호협
조를 힘쓴다.

　　　3. 공보국
본국은 에큐메니칼 운동 보급, 국내외의 에큐메니칼 운동 소개, 출
판 통계 업무 및 이에 필요한 섭외활동을 한다.

　　　4. 청년국
본국은 청년사업을 연구 협조하며 이 사업에 관하여 국제기구와
연락을 긴밀히 한다.

　　　5. 평신도국
본국은 평신도 운동에 대하여 연구 활동하며 부녀사업을 위한 운

동을 한다.

6. 연구위원회

본 위원회는 세계교회운동 및 신앙과 직제에 대한 연구를 하며 연합사업을 위한 필요한 부문의 연구를 맡는다.

7. 가정생활위원회

본 위원회의 사업을 위한 규약은 별도로 정한다.

8. 국제연구위원회

본 위원회는 국제적인 문제를 연구 검토한다.

9. 교회와 사회위원회

본 위원회는 교회와 사회와의 문제에 대한 연구를 하며 국내의 정치, 문화면에 대한 연구활동을 한다.

10. 음영위원회

본 위원회는 라디오와 시청각교육 방법을 통하여 복음전파를 목적으로 한다.

본 위원회의 세칙은 실행위원회의 인준을 받아 별도로 정한다.

11. 재정위원회

본 위원회는 본회의 재정 확립, 기타 재정 사항에 관하여 연구하며 대책을 강구한다.

제4조 각국의 조직

1. 각국 위원은 그 분과의 전문가로 구성하며 인선은 총무의 추천으로 실행위원회에서 결정한다. 단 실행위원 1인 이상이 각국 위원이 된다.

2. 각국에는 국장과 서기를 두며 국장과 서기를 총무의 추천으로 해당국에서 결정한다.

제5조 인선위원회

1. 총무 인선위원은 총회가 이를 선정한다.

2. 헌장 제5장 제7조에 의한 임원을 선정할 때 인선위원회는 각 투표인을 배수공천하며 무기명 투표로 과반수에 의하여 당선된다.

제6조 총회 절차는 실행위원회가 총회 개회 벽두에 제출하여야
한다.

제7조 지방연합회의 규정

1. 지방에서 자발적으로 조직된 지방 단위의 연합회는 그
규약을 본 연합회헌장에 준하도록 한다.

2. 지방연합회는 계획하고 경영하는 연합사업을 본회와
긴밀한 연락을 하는 동시에 전국적으로 영향을 끼칠
수 있는 것에 대하여는 본 연합회의 승인을 요한다.

3. 연합회가 조직되지 못한 지방 중 각 교파 교회가 존재
하는 곳에는 연합회를 조직하여 연합정신을 배양하고
연합사업을 육성케 한다.

제8조 세칙 개정은 실행부의 동의로 총회의 출석위원 과반수로
개정할 수 있다.

_1966년 2월 24일

한국기독교교회협의회 헌장

-1970년도-

제1장 총칙

제1조 본회는 성서에서 가르친바 예수 그리스도를 구주로 믿고 성부·성자·성신의 삼위일체 하나님께 영광을 돌리기 위하여 부르심을 받고 이에 응답하려고 하는 한국에 있는 교회들이 모여 친교와 연구 협의를 하는 단체이다.

제2조 본회의 명칭은 '한국기독교교회협의회'라 칭한다.

제3조 본회의 조직은 한국에 있는 기독교회로서 제1조의 총칙과 제2장의 목적 및 기능을 찬동하는 교회로 조직한다.

제2장 목적과 기능

제4조 본회는 아래와 같은 에큐메니칼 정신을 구현함을 목적으로 한다.

　　1. 예수 그리스도의 복음을 토대로 국내 및 국제교회간에 친교와 연합운동을 한다.

　　2. 교회간에 연합정신을 발휘하여 그리스도의 복음전도를 도모한다.

3. 예수 그리스도의 정신과 사랑으로 교회와 사회와 국가
   및 국제적으로 봉사사업을 한다.
4. 본회는 그리스도인으로서 모든 사업을 통하여 그리스
   도의 증언자가 된다.

제3장 회원 및 임무

제5조 본회의 회원은 제3조에 의하여 가입한 교회의 대표자로
       구성한다.
제6조 본회의 회원교회는 소정의 회비를 납부하여야 한다.
       회비 비례는 세칙에 정한다.
제7조 회비를 납부치 아니한 교회는 회원권을 행사하지 못한다.

제4장 임원

제8조 본회는 아래 임원을 둔다.
       1. 회장 1명, 부회장 2명
       2. 서기 1명
       3. 회계 1명
       4. 감사 2명
제9조 임원의 임기는 2년으로 한다.
제10조 회장은 본회를 대표한다. 부회장은 회장 유고시 회장을
        대리한다. 서기는 본회의 회록과 기타 서류를 장리한다.
        회계는 본회의 재정에 관한 사항을 장리한다. 감사는 본
        회의 재정 및 일반사무를 감사한다.

제5장 실행위원

제11조 실행위원은 각 교과마다 3명으로 하고 기본총대에 추가

되는 비례총대 2명마다 실행위원 1명을 추가한다.

제12조 실행위원회는 총회에서 위임사건 및 총회 폐회기간 중 모든 사건을 결의 실행한다.

제13조 실행위원은 전조의 규정에 의하여 총회에서 선정한다. 본회의 임원과 총무는 실행위원으로 한다.

제14조 실행위원회의 축소기구로 상임위원회를 두어 실행위원회의 위임사항을 처리한다. 상임위원회 구성은 임원, 각 위원장, 각 교단 실무자 1인으로 구성한다.

제6장 사무국

제15조 본회에 아래와 같은 사무국을 둔다.
1. 총무 1인
2. 부총무 1인을 둘 수 있다.
3. 협동총무 1인을 둘 수 있다.
4. 부장 약간명
5. 사무직원 약간명

제16조 총무는 총회에서 선정하며 그 임기는 4년으로 한다.(재선도 무방하다)
부총무와 부장은 총무가 추천하여 실행위원회의 인준을 받아 회장이 임명한다.

제17조 총무는 총회와 실행위원회의 결의를 집행하며 본회의 모든 사무를 장리한다.

제18조 부장, 사무원은 총무가 지시한 사무를 장리한다.

제7장 회의

제19조 정기총회는 1년 1차, 2월 중에 회집한다. 임시총회는 실행위원 정수의 3분지 2 이상이나 총회원 정수 3분지 1

이상이 소집을 요구할 시는 회장은 소집요구서를 받은 날로부터 10일 이내에 소집 통지서를 발송하여야 한다.

제20조 실행위원회는 1년 4차 정기로 회집하고, 임시회의는 상임위원회 결의로 회장이 소집한다. 상임위원회는 필요할 시 회장이 소집한다.

제21조 총회, 실행위원회 및 상임위원회는 회장이 소집하며 그 의장이 된다.

제22조 총회는 위원정수의 과반수로 개회하고 출석위원의 과반수로 결의한다.

제8장 재정

제23조 본회의 재정은 본회에 가입한 각 교회의 회비와 국내외의 의연금으로 충당한다.
각 회원교회의 회비액수는 세칙으로 정한다.

제9장 부칙

제24조 본 헌장을 개정코저 할 시는 실행위원회의 제의로 총회에서 출석위원 3분지 2의 결의로써 개정한다.

제25조 본회의 헌장 세칙 및 처무규정은 실행위원회에서 제정한다.

제26조 본 헌장은 총회를 통과하는 날로부터 시행한다.

_통과일 1970년 1월 16일

〈세칙〉

제1조 회원 가입
본회의 헌장 제3조에 의한 회원 가입 절차는 실행위원회
의 심사를 거쳐 총회에서 결정한다.

제2조 본회의 사업수행을 위하여 다음과 같은 부를 둔다.
1. 에큐메니칼부
2. 선교부
3. 연구부
4. 교회와 사회부
5. 총무부
6. 공보부

제3조 본회에 다음과 같은 위원회를 둔다.
1. 에큐메니칼위원회
2. 선교위원회
3. 연구위원회
4. 교회와 사회위원회
5. 매스콤위원회
6. 재정위원회
각 위원회는 분과위원회를 둘 수 있다.

제4조 각 위원회는 아래와 같은 사업을 연구 계획하여 추진한다.
1. 에큐메니칼위원회
청년사업·평신도사업·교육문제·가정생활·일치문제
2. 연구위원회
신앙과 직제·국제문제·에큐메니칼교육·타종교와의 관계
3. 교회와 사회
교회의 사회 봉사에 관한 정책연구와 프로젝트 심의와 추천에 관
한 사항
4. 선교위원회

특수전도(의료·도시산업·경찰·윤락여성·청소년 선도) 및 기타 선교에
관한 사항

5. 매스콤위원회

본회 홍보활동과 매스콤에 관한 사항

6. 재정위원회

재정조달·예산·결산

제5조 각 위원회는 15명을 정원으로 하되 총무의 추천으로 실
행위에서 선정한다. 위원 정원은 가감할 수 있다.

제6조 각 위원회 위원장은 총무의 추천으로 해당 위원회 위원
과반수의 찬성을 받아야 한다.

제7조 헌장 8조 및 16조의 임원 및 총무 선출에 대한 인선위원
을 둔다.

인선위원은 총회에서 선임한다. 인선위원회에서 임원을
공천할 때에는 배수 공천하여야 한다.

제8조 부총무와 각 부장은 총무의 신임초에 제청한다. 사무원
은 총무가 상임위원회에 협의하여 임면한다.

제9조 회원교단 부담은 행정비의 30%는 각 교파 공동으로 부
담하고 나머지 70%는 구세군 5%, 기장 15%, 감리교
35%, 예장이 45%를 부담한다.

제10조 가입 교파의 회원 수

교파	예장	감리교	기장	구세군	성공회	복음교회	계
기 본 수	10	10	10	10	10	10	60
비 례 수	8	6	4	2			20
합 계	18	16	14	12	10	10	80

기본회원 10
비례회원 101~500까지 2명
　　　　　500~1,000까지 2명

1,001~2,000까지 2명

2,001~4,000까지 2명씩 증가한다.

제11조 실행위원 수

기본회원 3

비례회원 기본총대에 추가되는 비례총대 2명마다 실행위
원 1명을 추가한다.

교파	예장	감리교	기장	구세군	성공회	복음교회	계
기본수	3	3	3	3	3	3	18
비례수	4	3	2	1			10
합　계	7	6	5	4	3	3	28

_1969년

한국기독교교회협의회 헌장

-1978년도-

제1장 총칙

제1조 본회는 성서에서 가르친바 예수 그리스도를 구주로 믿고
성부·성자·성신의 삼위일체 하나님께 영광을 돌리기 위
하여 부르심을 받고 이에 응답하려고 하는 한국에 있는
교회들이 모여 선교와 친교와 봉사 연구 협의를 하는 단체
이다.

제2조 본회의 명칭은 '한국기독교교회협의회'라 칭한다.

제3조 본회의 조직은 한국에 있는 기독교회로서 제1조의 총칙
과 제2장의 목적 및 기능을 찬동하는 교회로 조직한다.

제2장 목적과 기능

제4조 본회는 아래와 같은 에큐메니칼 정신을 구현함을 목적으
로 한다.

　1. 예수 그리스도의 복음을 토대로 국내 및 국제교회 간
　　에 친교와 연합운동을 한다.

　2. 교회 간에 연합정신을 발휘하여 그리스도의 복음전도

를 도모한다.

3. 예수 그리스도의 정신과 사랑으로 교회와 사회와 국가
   및 국제적으로 봉사사업을 한다.
4. 본회는 그리스도인으로서 모든 사업을 통하여 그리스
   도의 증언자가 된다.

제3장 회원 및 임무

제5조 본회의 회원은 제3조에 의하여 가입한 교회의 대표자로
     구성한다.
제6조 본회의 회원교회는 소정의 회비를 납부하여야 한다.
     회비 비례는 세칙에 정한다.
제7조 회비를 납부치 아니한 교회는 회원권을 행사하지 못한다.

제4장 임원 및 감사

제8조 본회는 아래 임원을 둔다.
     1. 회장 1명　부회장 2명
     2. 서기 1명　부서기 1명
     3. 회계 1명
제9조 임원의 임기는 2년으로 한다.
제10조 회장은 본회를 대표한다. 부회장은 회장 유고시 회장을
      대리한다. 서기는 본회의 회록과 기타 서류를 장리한다.
      회계는 본회의 재정에 관한 사항을 장리한다.
제11조 본회는 감사 2명을 둔다. 감사는 본회의 재정 및 일반 사
      무를 감사한다. 감사의 임기는 2년으로 한다.

제5장 실행위원

제12조 실행위원은 각 교파마다 3명으로 하고 기본총대에 추가
　　　 되는 비례총대 2명마다 실행위원 1명을 추가한다.

제13조 실행위원회는 총회에서 위임사건 및 총회 폐회기간 중 모
　　　 든 사건을 결의 실행한다.

제14조 실행위원은 전조의 규정에 의하여 총회에서 선정한다.
　　　 본회의 임원과 총무는 실행위원으로 한다.

제6장　직원

제15조 본회에 아래와 같은 사무국을 둔다.
　　　 1. 총무 1인
　　　 2. 부총무 1인을 둘 수 있다.
　　　 3. 협동총무 1인을 둘 수 있다.
　　　 4. 부장 약간명
　　　 5. 사무직원　약간명

제16조 총무는 총회에서 선정하며 그 임기는 4년으로 한다.(3선
　　　 은 할 수 없다.)
　　　 부총무와 협동총무, 부장은 총무가 추천하며 실행위원
　　　 회의 인준을 받아 회장이 임면한다.

제17조 총무는 총회와 실행위원회의 결의를 집행하며 본회의 모
　　　 든 사무를 장리한다. 부총무는 총무가 지시한 사무를 장
　　　 리하며 총무 유고시에 그 직을 대행한다.

제18조 협동총무, 부장, 사무원은 총무가 지시한 사무를 장리
　　　 한다.

제7장　회의

제19조 정기총회는 2년 1차, 2월 중에 회집한다. 임시총회는 실
　　　 행위원 정수의 3분지 2 이상이나 총회원 정수 3분지 1

이상이 소집을 요구할 시는 회장은 소집요구서를 받은 날로부터 10일 이내에 소집통지서를 발송하여야 한다.

제20조 실행위원회는 1년 4차 정기로 회집하고, 임시총회는 회장이 소집한다.

제21조 총회, 실행위원회는 회장이 소집하며 그 의장이 된다.

제22조 총회는 위원 정수의 과반수로 개회하고 출석위원의 과반수로 결의한다.

제8장 재정

제23조 본회의 재정은 본회에 가입한 각 교회의 회비와 국내외의 헌금으로 충당한다.

각 회원교회의 회비액수는 세칙으로 정한다.

제9장 부칙

제24조 본 헌장을 개정코저 할 시는 실행위원회의 제의로 총회에서 출석위원 3분지 2의 결의로써 개정한다.

제25조 본회의 헌장 세칙 및 처무 규정은 실행위원회에서 제정한다.

제26조 본 헌장은 총회를 통과하는 날로부터 시행한다.

〈1978년 3월 3일 제28차 총회에서 개정 통과〉

〈세칙〉

제1조 회원 가입

본회는 헌장 제3조에 의한 회원 가입 절차는 실행위원회의 심사를 거쳐 총회에서 결정한다.

제2조 본회의 사업수행을 위하여 사무국을 둔다.

제3조 본회에 다음과 같은 위원회를 둔다.

    1. 선교위원회

    2. 에큐메니칼위원회

    3. 교회와 사회위원회

    4. 홍보위원회

제4조 본 협의회의 재정을 다루기 위하여 재정위원회를 별도로 둔다.

제5조 각 위원회는 아래와 같은 사업을 연구 계획하여 추진한다.

    1. 선교위원회

      국내외 선교, 타종교와의 대화, 신흥종교와의 대책, 특수선교.(학원, 도시, 농촌, 산업, 의료 등)

    2. 에큐메니칼위원회

      청년, 평신도, 지도자 훈련 및 양성, 교회 일치문제, 가정생활, 지방 조직과의 유대 강화, 비가맹교단과의 관계, 청소년문제

    3. 교회와 사회위원회

      교회의 사회참여, 발전문제, 프로젝트 심의 추천, 교회 상호협조 및 봉사활동, 교회융자, 인구와 환경문제

    4. 홍보위원회

      홍보 및 출판, 자료수집, 매스미디어 활용, 음영위원회와의 관계

    5. 특별위원회

      특별위원회는 별도 규칙을 제정하여 실행위원회의 인준을 얻어 운영한다. 특별위원회는 아래와 같다.

      1. 인권위원회   2. 신학연구위원회

      3. 장학위원회   4. 국제위원회

      5. 헌장위원회

제6조 상임위원회는 20명 내외로 하되 총무의 추천을 얻어 실행위원회에서 선정한다. 단 특별위원회는 15명 내외로 하되

해당 상임위원장과 전문인사를 포함하여 총무의 추천으
로 실행위원회에서 선정한다.

제7조 각 위원회 위원장은 총무의 추천으로 해당위원회 위원 과
반수의 찬성을 받아야 한다.

제8조 헌장 8조 및 16조의 임원 및 총무 선출에 대한 인선위원
을 둔다. 인선위원은 총회에서 선임한다. 인선위원회에서
임원을 공천할 때에는 배수 공천하여야 한다.

제9조 부총무와 각 부장은 총무의 신임 초에 제청한다. 사무원
은 총무가 임원회에 협의하여 임명한다.

제10조 회원교단 부담은 행정비의 50%는 각 교파 공동으로 부
담하고 나머지 50%는 구세군 10%, 기장 20%, 감리교
30%, 예장 40%를 부담한다.

제11조 가입 교파의 회원 수

교파	예장	감리교	기장	구세군	성공회	복음교회	계
기 본 수	10	10	10	10	10	10	60
비 례 수	8	6	4	2			20
합 계	18	16	14	12	10	10	80

기본회원 10
비례회원 101~500까지 2명
500~1,000까지 2명
1,001~2,000까지 2명
2,001~4,000까지 2명씩 증가한다.

제12조 실행위원 수
기본회원 3명
비례회원 기본총대에 추가되는 비례총대 2명마다 실행위
원 1명을 추가한다.

교파	예장	감리교	기장	구세군	성공회	복음교회	계
기 본 수	3	3	3	3	3	3	18
비 례 수	4	3	2	1			10
합 계	7	6	5	4	3	3	28

제13조 자문위원회

　　본회 목적사업을 효과적으로 협의하기 위하여 자문위원
　　회를 둔다. 자문위원은 가맹 교단장, 교계 지도자로 하며
　　임원회에서 선임하여 실행위원회의 인준을 받는다.

　　　　　　　　　　　　　　　　　　　_1978년 3월 3일

별첨 2 총회 회의록

제5회(1951년)~제28회(1978년)

第5回
韓國基督敎聯合會 總會 會議錄

때: 1951年 9月 5日
곳: 釜山 中央長老敎會

- 1951年 9月 5日 午前 9時 30分 會長의 司會로 讚頌歌 400章
  을 方華日 牧師 引導로 合唱한 後 柳瀅基 博士의 祈禱와 韓
  景職 博士의 聖經봉독과 說敎가 있은 後 會長의 祈禱로 開
  會禮拜를 擧行하다.
- 書記가 會員을 呼名하니 會員 76名 中 出席 64名, 缺席 12名
  이매 會長이 開會됨을 宣言하다.
- 節次報告가 있으매 第6과 第7 於間에 前番 派美代表 韓景職
  博士와 柳瀅基 博士와 日本에 金昌根 牧師의 報告를 듣게 한
  後 特別한 事項이 있을 때에는 節次에 넣기로 節次를 採用키
  로 하다.
- 總務가 實行委員會의 提案인 C.W.S.의 加入을 可當하다고
  生覺한다는 結果를 報告하매 拍手로 滿場一致 加入을 歡迎
  하다.
- NCC 헌장 개정안을 제출하매 아래와 같이 개정하다.
  가. 제1장 제2조 제3항
    '전국적인 기독교 협동단체'
  나. 제3장 제5조
    대표 2명으로 하되 협동선교사 1명을 추가함 '제10항', '제11항', '제12

309

항', '제17항'

    다. 제4장 제7조 제5항

       '임기를 4년으로 하되 단 재선도 무방함'을 추가할 것.

    라. 세칙 제4조

       각 '部'를 각 '局'으로 개칭하고 '文敎部'를 '敎育局'으로 하고 '특정교
화국', '음영국', '성인교육국'을 新設할 것.

□ 投票委員을 選定하다.

  안창기·엄재희·양풍원

□ 공천위원을 選定하다.

  金鍾大·趙信一·金昌根·張云用·金禹鉉

□ 時間이 되매(正午) 권연호 목사 祈禱로 정회하다.

□ 同日 下午 2時 金昌根 牧師 祈禱로 續會하다.

□ 공천委員이 會長 候補(全弼淳·黃鍾律) 2名을 공천하매 투표 選
定하니(全弼淳 46. 黃鍾律 11) 全弼淳 氏가 當選되다.

□ 공천委員이 副會長을 공천하매(전히철·김창근·아펜셀라·박창현·
김우현·황종률) 朴昌鉉(40)·金昌根(47)·黃鍾律(33) 氏가 當選
되다.

□ 공천委員이 書記를 공천하매(孟基永·安昌基·주듸·권세열) 권세
열(41)·安昌基(30) 氏가 當選되다.

□ 공천委員이 會計를 공천하매(유지한·張云用) 유지한 氏가 當選
되다.

□ 新舊任員交替式을 擧行하다.

□ 日本 NCC가 韓國敎會를 爲하여 보낸 聖經(30萬圓)이 行方不
明된 것을 調査하기로 하며 爲先 日本 NCC에 今番 金昌根
牧師 便에 보낸 書籍과 같이 感謝文을 보내기로 하고 또 米國
에 9月中 韓國救濟品 募集에 대하여 米國 NCC와 트르만에
게 感謝文을 보내기로 하고 手續一切는 總務에게 一任키로
하다.

□ 공천委員이 各 部員을 공천하매 받기로 하다.

　가. 青年事業局: 유호준·핏취·윤판석·맹기영·권영진·표재
　　　환·최문한·서정한·김병섭·양풍원·박설봉·김영주

　나. 政經局: 이환수·김인영·장두원·안길화·라덕환·양윤목·
　　　박신오·최석주

　다. 特定教化局: 권연호·조신일·김중환·장운용·김영환·김
　　　종대·김창호·조윤승

　라. 音響局: 유형기·오근목·김창근·장운용·김병두·박내철·
　　　전희진·아펜셀라·라레인

　마. 傳道局: 리대영·황치헌·황성수·장운용·한경직·리자익·
　　　변홍규·조승제

　바. 社會事業局: 김수철·안길화·리상규·심천·허일·황성택·
　　　김낙영·장세환·리덕용·최석주·김신실·오영필·강인구

　사. 教育局: 김우현·권세열·김상권·양풍원·천순봉·홍에스
　　　더·김정순·박찬목·엄재희·전희철

　아. 出版局: 조의현·김건호·김해덕·신창균·김현준·리태양·
　　　김영매·김춘배·싸-워·쥬듸

　자. 成人教育局

□ 總務가 別紙와 如히(第1號) 事業報告를 하매 口頭報告까지
　받기로 하다.

□ 會長이 6·25事變 被拉致者와 被殺遺家族을 爲하여 이대
　영·조신일 씨로 특별기도하게 하다.

□ 6·25事變 被殺 及 拉致家族을 爲한 追悼에 關한 事務는 一
　切 그 實行을 實行部에 一任키로 하다.

□ 4시 15분까지 小會하기 爲하여 권세열 氏가 기도한 後 停會
　하다.

□ 4시 15分 續會하매 各 部 報告를 別紙와 如히 받기로 하다.
　단 예산 청구는 실행부로 넘기기로 하다.

　가. 青年事業局 報告는 받기로 하다(第2號)

나. 特定教化局　　　　〃　　　（第3號）

다. 音響局　　　　　　〃　　　（第4號）

라. 出版局　　　　　　〃　　　（第5號）

마. 政經局　　　　　　〃　　　（第6號）

바. 社會事業局　　　　〃　　　（第7號）

사. 教育局　　　　　　〃　　　（第8號）

아. 傳道局　　　　　　〃　　　（第9號）

□ 1951年度 會計 決算報告를 會計 兪虎濬 氏가 하매(검사 朴昌鉉, 金鍾大) 받기로 하다(第10號).

□ 1952年度 豫算案을 예산委員長 朴昌鉉 牧師가 하매(別紙 11號) 新入會員 C.W.S.와 Y.M.C.A.의 會費收入을 加算하고 新設 音響局과 社會事業局에 예산을 넣어서 均衡을 얻게 하도록 하고 通過하다.

□ 實行部員을 各 教派 團體別로 選定하다.

救世軍: 張云用

監理教: 金洙哲·嚴載熙·전히철·신창군

長老教: 이대영·권연호·김종대·한경직·김상권

宣教師團體: 싸-워·베레사

聖潔教: 千舜鳳·黃聖秀

協同團體: 金春培·崔錫柱

□ 공천委員으로 總務 候補者 4名을 공천하여 最多點으로 選定하기로 하고 변홍규 牧師 祈禱한 후 投票하매, (유호준·김인영·황성택·안길화) 유호준 씨가 선정되다(유호준 32, 김인영 29, 황성택 1)

□ 閉會하기로 하매 유형기 박사 祈禱로 閉會하다.

會長 全弼淳
書記 안창기

第6回
韓國基督教聯合會 總會 會議錄

때: 1952年 10月 15日
곳: 釜山 中央長老教會

□ 1952年 10月 15日 午前 10時에 釜山 中央長老教會 禮拜堂
  에서 會長 全弼淳 牧師 司會下 讚頌歌 18章을 合唱하고 黃
  鍾律 正領의 祈禱가 있은 後 全弼淳 牧師로부터 聖經 누가복
  음 14章 25節-35節과 요한福音 21章 15節-25節까지 朗讀한
  後 '예수를 더 사랑하자'라는 意味深長한 說教가 있은 後 찬
  송가 456章을 合唱하고 趙信一 牧師 祈禱로 開會 禮拜를 마
  치다.
□ 會員點名
  書記가 會員을 點名하니 出席 46名, 缺席 25名이더라.
□ 開會宣言
  書記가 會員을 點名한바 成數됨으로 會長으로부터 開會됨을
  宣言하다.
□ 節次報告
  書記로부터 會議 節次를 朗讀 提議하니 그대로 받기로 하고
  會議進行 中 先後 加減을 適當히 取扱하기로 하다.
□ 憲章修訂案
  書記가 實行部로부터 提案된 초안을 一段 朗讀한 後 逐條討
  議하게 함에 如下히 決議되다.

가. 第2條 第3項 中 '國內新敎 基督敎 全國聯合事業團體'라는 것을
　　　　'國內新敎 全國聯合事業團體'로
　　나. 會員變更
　　　　長老會 總會長 金在錫 氏로부터 該 敎團에서 派送된 總會員 代表
　　　　의 一部 變更 通告文이 提出되매 會衆에서 討議된바 이미 配席된
　　　　會員과 變更될 會員과의 充分한 協議를 하여 午後 2時 開會 時에
　　　　報告하기로 決議하고 金昌根 牧師 祈禱로 停會하다.

□ 續會
　　副會長 朴昌鉉 牧師 司會下에 찬송가를 合唱하고 曺景祐 牧
　　師의 祈禱로 續會하다.
　　　　다. 憲章 草案 第5條 第4項 中 '3人 以內에'라는 文句를 '약간名'이라고 改
　　　　　　訂하고 第8條 第5項은 原案대로 改訂하고 其外는 全部 通過하다.
　　　　라. 新加入團體
　　　　實行部에서 提案된 韓國基督敎敎育協會를 新會員으로 받기로 하다.
□ 人選委員
　　各 敎派別 人選委員을 選擧하니 如下히 選定되다.
　　　　가. 長老會: 金尙權
　　　　나. 監理會: 金光祐
　　　　다. 聖潔敎: 金昌根
　　　　라. 救世軍: 黃鍾律
　　　　마. 宣敎部: 싸-워
□ 總務報告
　　本會 兪 總務가 別紙와 如히 報告가 있음에 받기로 하다.
□ 會計報告(決算 및 豫算)
　　會計가 缺席이므로 方華日 幹事가 別紙와 如히 報告함에 받
　　기로 하다.
□ 本會의 事務는 任員 및 各部 委員, 實行委員을 選定하고 其
　　外 殘餘事項은 一切 實行部에 委任키로 하다.

□ 任員選擧

任員을 選擧하니 下記와 如히 選出되다.

會長: 金仁泳

副會長: 韓景職·黃鍾律·金昌根

書記: 安吉和·甘義道

會計: 宋興國

□ 實行部員 選擧

實行委員은 如下히 選定되다.

가. 長老教會: 金在錫·崔載華·金尙權·全弼淳·明信弘·朴來成

나. 監理教會: 金光祐·宋正律·孟基永·申昌均

다. 聖潔教會: 千舜鳳·趙儀鉉·安昌基

라. 救世軍: 張云用·梁豊源

□ 閉會

午後 6時 15分에 黃鍾律 氏 祈禱로 閉會하다.

會長 金仁泳

書記 安吉和

第7回
韓國基督教聯合會 總會 會議錄

때: 1953年 11月 5日
곳: 서울 中央監理教會

□ 開會

1953年 11月 5日 午前 10時 30分 서울 中央監理教會에서 副會長 黃鍾律 氏 司會下에 讚頌 456章을 合唱하고 安昌基 氏의 祈禱와 張云用 氏의 빌립보 2장 1절부터 8절까지 聖經 奉讀이 有한 後 故 金仁泳 會長과 故 方華日 幹事를 追悼하는 쿠퍼·梁豊源 兩氏의 祈禱와 司會者의 開會辭가 有하다.

□ 會員點名

書記 安吉和 씨가 會員을 點名하니 出席이 50名, 缺席이 16名이더라.

□ 開會宣言

會員이 成數됨으로 會長이 開會를 宣言하다.

□ 會順通過

書記가 會順을 朗讀 提出하니 採擇되다.

□ 開票要員 選定

衆議에 따라 會長이 高永春·金鍾煥 氏를 選定하다.

□ 公薦委員 選定

實行委員會에서 倍數公薦된 委員候補를 投票하니 如下히 被選되다.

朴昌鉉·安昌基·安吉和·金在錫·쿠퍼

□ 總務報告

總務 兪虎濬 씨가 別紙와 如히 報告하니 受理되다.

□ 決算報告 及 豫算案 採擇

前年度 決算을 宋興國 氏와 배레사 氏가 報告하니 受理되고
新年度 豫算案을 金光祐 氏가 提出하니 採擇키로 可決하다.

□ 停會

下午 1時에 趙信一 氏 祈禱로 停會하다.

□ 續會

下午 2時 30分에 副會長 黃鍾律 氏 司會下에 梁華錫 氏 祈
禱로 續會하다.

□ 任員選擧

公薦委員會에서 倍數公薦된 候補를 會衆이 投票하니 如下히
被選되다.

　　會長: 金昌根

　　副會長: 金錫珍·趙信一·張云用

　　書記: 金重桓·싸-워

　　會計: 金尙權

□ 新任員 就任

信任員이 就任하니 一同이 拍手로 歡迎하고 副會長 金錫珍
氏의 人事가 有하다.

□ 分科委員 選定

各 局 分科委員 選定은 實行部에 一任하기로 하다.

□ 新案件 提案

가. 農林事業에 關하여 洪秉璇 氏가 그 必要性을 說明하고
聯合會의 協助를 要請하다.

나. 美國基聯 外地傳道局 極東聯合事務所 韓國委員長 뿌론
보 氏로부터 온 書翰에 對하여 感謝文을 發送키로 하고

俞 總務에게 一任하다.

다. 拉致當한 同役者들을 調査하여 歸還시켜 달라는 것을 政
治會談에 要請키로 하고 實行部委員會에 一任키로 하다.

라. 아펜셀라 博士의 病患에 대하여 慰問文을 보내기로 하고
俞 總務에게 一任키로 하다.

□ 實行部員 選定

各 教派에서 配定된 人員數에 依하여 如下히 選定하다.

長老教會: 金顯晶·金允燦·全弼淳·朴燦穆·金在錫·金光銖

監理教會: 朴昌鉉·文昌模·金光祐·曺景祐

聖潔教會: 千舜鳳·趙寅贊·趙儀鉉

救世軍: 安吉和·梁豊源

團體: 崔錫柱·朴에스더·洪에스더

宣教師: 로스·하트네스·하워드·위드선

□ 會錄 朗讀

書記가 會錄을 朗讀 提出하니 採擇되다.

□ 閉會

下午 5時에 金光祐 氏 祈禱로 閉會하다.

會長 金昌根

副會長 趙信一·張云用·金錫珍

書記 金重桓

第8回
韓國基督敎聯合會 總會 會議錄

때: 1954年 10月 28日
곳: 서울 中央聖潔敎會

□ 開會禮拜
　韓國基督敎聯合會 第8回 總會가 1954年 10月 28日 午前 9時半 中央聖潔敎會堂에서 開會禮拜로 始作되매 前會長 金昌根 氏 司會下에 讚頌歌 7章을 合唱하고 朴昌鉉 牧師의 祈禱가 有한 後 安光國 牧師가 聖經 에베소 4章 1節로 6節까지 朗讀하다.

□ 追悼禮拜
　故 아펜셀라 博士의 追悼祈禱를 全弼淳 牧師와 싸-워 목사가 懇曲히 올리다.

□ 開會
　禮拜가 畢하매 本會議가 如下히 進行되다.

□ 會員點名
　前書記 金重桓 氏가 會員을 點名하니 出席 42人, 缺席 21人이더라.

□ 開會宣言
　前會長 金昌根 氏가 過去 1年間 神의 保佑로 本 聯合會 事業에 多大한 進展이 있었음을 感謝하며 우리가 當面한 重大한 時機에 우리 基督敎會에 負荷된 使命을 完遂하기 爲하여 小

我를 버리고 大我에서 大同團結하여 우리는 一路 邁進하자는 要旨의 開會辭가 있은 後 開會를 宣言하다.

□ 會議順序 採擇

필요에 依하여 加減하기로 하고 原案대로 通過하다.

□ 投票委員 選擧

會議 進行上 必要에 依하여 衆議에 따라 會長이 投票委員을 自辟하니 下記와 같다.

　　李應植·千舜鳳

□ 公薦委員 選擧

實行部 會議서 倍數公薦된 十人의 名單을 發表하여 會員이 此를 投票한바 下記 五名이 被選되다.

　　安光國·金光祐·千舜鳳·安吉和·아담스

□ 規則修正

總務 兪虎濬 氏가 修正할 規則을 朗讀 說明한바 第2條 1項 但書는 받지 않기로 하고 其他는 原案대로 通過하다.

□ 公薦委員 報告

公薦委員 安吉和 氏가 任員 候補者를 倍數公薦하니 如下하다.

　　會長: 張云用·申景山

　　副會長: 金在錫·全弼淳·朴昌鉉·金活蘭·黃景燦·姜松洙

　　書記: 安吉和·金重桓·디 캠프·젠센

　　會計: 千舜鳳·金尙權·싸-워

□ 任員選擧

會衆이 任員을 投票하니 如下히 被選되다.

　　會長: 張云用

　　副會長: 全弼淳·朴昌鉉·黃景燦

　　書記: 金重桓·디 캠프

　　會計: 千舜鳳·싸-워

□ 新任員 就任

新任員 諸氏가 就任하매 一同이 拍手로 歡迎하다.

□ 事業 報告

兪 總務가 別冊과 如한 報告를 朗讀 提出하매 多少 質議가 있은 후 採擇되다.

□ 停會

下午 11時 20分에 梁華錫 牧師의 祈禱로 停會하다.

□ 續會

下午 2時 朴昌鉉 副會長 司會下에 456章을 合唱하고 金尙權 氏 祈禱로 續會하다.

□ 財政報告

前 會計 金尙權 氏의 別紙와 如한 前年度 財務報告와 싸-워 氏의 會計報告가 有하매 監査報告를 받은 후 受理하다.

□ 監査報告

監査委員 金重桓 氏가 監査結果 財政報告書와 相違없음을 報告하다.

□ 分科委員 選定報告

安吉和 氏가 別紙와 如히 報告하니 受理되다.

□ 放送事業 報告

協同總務이며 放送局長인 디 캠프 氏가 如下히 보고하니 受理되다.

放送事業을 爲하여 視聽覺委員과 放送委員으로 構成되어 있음.

가. 視聽覺事業: 傳導事業을 爲해 自動車로 宗敎映畵를 가지고 巡回하다.(上映回數 2234) 觀覽者 數 約 30萬 名인데 傳導用 自動車 2臺 增設키 爲하여 努力中임.

나. 放送事業: 中央放送局을 利用하여 午前 6時 15分부터 15分間 放送하다. 現在까지 36人이 放送說敎를 하고 8日에는 心理作戰對北放送 10回를 行하다. 基督敎放送局은 6·25動亂으로 中斷되었으나 現在 繼續

工事中 完成이 가까우며 11月初부터 放送 豫定임. 局內에 宗敎, 音樂, 敎養, 演劇, 兒童 家庭部가 있고 工事費는 約 13萬弗을 外國 宣敎部에서 負擔했으나 經常費 2萬9千弗 中 約 5千弗은 韓國에서 據出되어야 되겠음.

□ 國際宣敎協議會 中央委員會 參加 報告

同 副會長으로 參加하였던 金活蘭 氏가 別紙와 如히 報告하니 受理되다.

□ 會議時間 策定

分科委員會는 本會議 終了 後 各自 開催하여 實行委員會에 報告 執行키로 하고 新 實行委員 選定으로 閉會하기로 하다.

□ 新 豫算報告

豫算委員 代表 金光祐 氏가 別紙와 如히 報告하니 受理되다.

□ 新 實行委員 選定

實行部 委員 選定을 如下히 보고하니 受理되다.

　長老會: 한경직·안광국·김상권·김재석·황병혁·양화석

　監理敎會: 유형기·김활란·김광우·조경우

　聖潔敎會: 김창근·조주환·최창완

　救世軍: 안길화·양풍원

　團體: 金洙喆·전영택·김종환

　宣敎師: 위드손·젠센·린통·아담스·하워드

□ 新加入 請願, 加入團體에 關한 報告

實行委員會에 請願된 新加入 團體인 大韓基督敎長老會·예수敎會·中國人敎會 3團體 中 中國人敎會는 協同會員으로 加入케 하고 其餘 2團體는 保留하기로 하였다는 總務의 報告가 上程되매 中國人團體加入 件은 3分之2 以上 多數 贊成으로 可決되고 保留하기로 한 2團體는 過半數 以上 贊成으로 保留 可決되다.

□ 會錄採用

會錄採擇은 實行委員會에서 檢討 接受키로 하다.

□ 閉會

下午 5時 30分에 會務가 盡하매 찬송가 291장을 合唱한 후 金昌根 氏 祈禱로 閉會하다.

會長 張云用
副會長 全弼淳·朴昌鉉·黃景燦
書記 金重桓

第9回
韓國基督敎聯合會 總會 會議錄

때: 1955年 2月 25日

곳: 貞洞第一敎會

□ 開會禮拜

　韓國基督敎聯合會 第9回 總會가 1955年 2月 25日 午前 9時
半에 貞洞第一敎會堂에서 開會禮拜로 始作되매 會長 張云用
氏 司會下에 讚頌歌 463장을 合唱하고 馬慶一 氏 祈禱가 有
한 後 會長이 에베소 4장 1절 以下를 朗讀하고 '敎會의 本質'
이란 題目으로 說敎가 있었고 1장 頌榮과 祈禱가 有하다.

□ 開會

　開會禮拜가 畢하매 本會議가 如下히 進行되다.

□ 會員點名

　書記 金重桓 氏가 會員을 點名하니 出席이 59人, 缺席이 10人
이더라.

□ 開會宣言

　會長 張云用 氏가 會員成數됨으로 第9回 總會 開會를 宣言
하다.

□ 會議順序 採擇

　任員選擧 前에 敎會數 增加에 依한 會員數 增加問題를 討議
키 爲하여 '會員增加問題'란 順序를 揷入키로 하고 原案을 採
擇하다.

□ 投票委員 選擧

會議進行上 必要에 依하여 衆議에 따라 各 敎派에서 一人式
選出하니 如下하다.

  長老敎: 朴燦穆

  聖潔敎: 朴明元

  宣敎部: 크림

  監理敎: 李炳男

  救世軍: 梁豐源

□ 公薦委員 選擧

實行部 會議서 倍數公薦된 10人의 名單을 發表하여 此를 投
票하니 下의 5氏가 被選되다.

  金光祐·安光國·千舜鳳·安吉和·싸-워

□ 事業報告

一般事業에 關하여 總務 兪虎濬 氏가 別紙와 如히 報告하니
拍手로 受理되다.(附 1)

□ 停會

下午 12時 10分에 會長 祈禱로 停會하다.

□ 續會

下午 2時에 張云用 氏 司會下에 讚頌 272장을 合唱하고 洪
顯高 氏 祈禱로 續會하다.

□ 事業報告(上午 繼續)

가. 放送事業……디 캠프 氏가 別紙와 如히 報告하니 拍手로
受理되다.(附 2)

나. 視聽覺事業……무어 氏가 別紙와 如히 報告하니 拍手로
受理되다.(附 3)

다. 家庭生活運動에 關하여……하이버 女史가 別紙와 如히
報告하니 拍手로 受理되다.(附 4)

□ 會員增加問題

憲章에 依하여 敎會數 增加에 依한 總代增加 申請이 如下히 提出되매 이를 受諾하다.

　　監理敎: 李浩雲·趙英濟·許合(計 15人)

　　聖潔敎: 韓明愚(計 9人)

　　南長老 宣敎部: 크레인·밋첼(計 4人)

□ 公薦委員 報告

公薦委員 千舜鳳 氏가 倍數公薦된 任員 候補를 如下히 報告하다.

　　會長: 韓景職·崔載華

　　副會長: 卞鴻圭·金活蘭·姜松洙·李龍善·張云用·權慶燦

　　書記: 馬慶一·金重桓·조요섭·무어

　　會計: 朴賛稷·安吉和·싸-워·디 캠프

□ 任員選擧

會衆이 投票 選擧하니 如下히 被選되다.

　　會長: 韓景職

　　副會長: 金活蘭·姜松洙·張云用

　　書記: 金重桓·조요섭

　　會計: 安吉和·싸-워

□ 新任員 就任

新任員 諸位가 就任하매 一同의 拍手 歡迎이 있었고 新會長의 簡單한 就任辭와 더불어 祈禱가 有하다.

□ 分科委員 選定

公薦委員이 各 分科委員을 如下히 報告하니 採擇되다.

　　가. 傳道局

　　　金洛泳·趙信一·조경우·朴在奉·쿠-퍼·安昌基·金應祚·박내승·정기환·박창현·조기함·이성봉·장운용·양풍원·변홍규·정준삼·최종복

　　나. 社會局

　　　위도선·金重桓·安吉和·강석봉·김수철·金光祐·이병남·金允燦·

김만제·李煥秀·최중해·홍병선·이종백·김웅각·이항린·강인국·
이용·이웅묵·任昌鎬

다. 敎育局

宋興國·金活蘭·하워드·월손·황성택·金永淳·權慶燦·張亨一·
全弼淳·김형우·韓景職·엄요섭·월손·크림·로스·李鳳求

라. 出版局

李泉泳·趙宙贊·田榮澤·박원경·韓俊錫·싸-워·허 모·윤병식·
성갑식·김무봉·金春培·任英彬·張亨一·金昌根·신경산·이호운

마. 靑年局

洪顯高·마경일·서광도·안광국·黃炳赫·姜信明·천순봉·金致默·
전영식·빌링스·朴明元·梁豊源·김진홍·스칼·이웅화·安吉和·
원치호·유증서

바. 政治局

金昌根·千世光·黃聖秀·朴昌鉉·朴賢淑·조명제·李奎甲·崔錫柱·
뻭홀드·김중환·김용섭

사. 特定敎化局

韓明愚·조영재·千舜鳳·李炳南·閔興植·安吉和·위도선·김상권·
金昌德·아담스·鄭俊三·李載德

아. 에큐메니칼 硏究委員

洪顯高·宋正律·桂一勝·姜信明·엄요섭·全景淵·金正俊·金觀錫·
박마리아·장운용·장창덕·젠센

자. CCIA委員

백낙준·아담스·申興雨·全弼淳·康慶玉·뻭홀드·金尙權·任英彬·
유형기·金昌根·黃正律·葛弘基·任永信·유각경·李奎甲·金用雨·
맹기영·金英玉·金春培·宋興國·嚴載熙·姜壽岳·張世煥·스칼·
黃聖秀·金在福·이용설·김우현·윤성순·尹在根·李桓信·金鍾大·
崔錫柱·김수철·盧震鉉·허영

차. 웍캠푸委員

金致默·金鳳和·宋興國·千舜鳳·쉴덴·다니엘·크레이풀·이봉구·

吳基永·려버 女史·양풍원·허합·길보른·셀베스더·이성호·金相翼

카. 靑少年事業委員

朴明元·金重桓·崔重海·宋正律·李炳昱·셀던·포이추려스·金相翼
·엄요섭·姜信明·카멜논·金天培·金顯子·申成國·양풍원·유증서

타. 家庭生活委員

하워-드·한소제·이주선·강덕순·주정일·안광국·천순봉·송정율·
미세스 루스·미세스 무어·미스터 무어·김진환·엄요섭·安信永·
유락경·장운용·이은혜

□ 實行委員會 決議案 報告

兪 總務가 如下히 實行委員會 決議案을 報告 提出하니 討議
는 前年度 保留案件 討議時로 미루고 受理하다.

□ 實行委員會 決議案 報告의 件

標題의 件에 關하여 本 聯合會 實行委員會 1955年 10月 19日
午後 3時 CLS會議室에서 本會의 旣存會員 敎派에서 分立한
新敎派가 本會에 加入을 請願할 時 入會를 許諾하는 規定으
로 下記 諸項을 決議한 것을 이에 報告하다.

　　가. 名稱; 同一한 名稱을 使用하지 말 것.

　　나. 敎會數; 100敎會 以上이 되어야 할 것.

　　다. 加入條件; 兩 敎派間에 諸般問題가 圓滿히 解決되면 適當한 時期에
　　　　加入할 수 있음.

□ 停會

下午 4時 50分에 金活蘭 氏 祈禱로 停會하다.

□ 續會

下午 7時에 韓景職 會長 司會下에 8장 讚頌 後 마 12장 3절
以下를 朗讀하고 싸-워 氏의 祈禱로 續會하다.

□ 分科委員會 報告

가. 傳道局: 局長 朴昌鉉, 書記 박내성

나. 社會局: 局長 金光祐, 書記 安吉和

다. 敎育局:　　"　金活蘭,　　"　權慶燦·크린

라. 出版局:　〃　趙宙贊,　〃　李浩雲

마. 靑年局:　〃　洪顯高,　〃　元致浩

바. 政經局:　〃　金昌根,　〃　金重桓

사. 特定敎化局:　〃　金尙權,　〃　趙榮濟

아. 워캠푸委員長:　〃　宋興國,　〃　김봉화

자. 靑年事業 〃 :　宋正律,　〃　朴明元

차. 家庭生活: 〃 :　하워드,　〃　한소제

□ 時間延長

保留案件인 分立된 새 敎派의 新 加入規定 問題 議決時까지 延長키로 하다.

□ 保留案件審議

前時間에 提議되었던 實行委員會 決議案은 長時間 論議後 如下히 修正 可決하다.

本會의 旣存會員 敎派에서 分立된 새 敎派가 本會에 加入을 請願할 時 細則 第1條에 準하여 適用할 規定

　가. 名稱: 同一한 名稱을 使用하지 말 것.

　나. 敎會數: 100敎會 以上이 되어야 할 것.

　다. 加入條件: 分立되어 成立된 敎派는 分立 後(着板을 걸고 總會를 한 後) 4年 經過 後 自動的으로 加入키로 하되 諸般問題가 圓滿히 解決되면 期間內라도 審査委員會의 調査를 거쳐 適當한 時期에 加入할 수 있음.

□ 停會

下午 9時 40分에 金重桓 氏의 祈禱로 停會하다.

□ 續會

翌日 上午 9時 30分에 韓景職 會長 司會下에 讚頌 6章을 合唱하고 에베소 5장 15절 以下를 朗讀後 金昌根 氏 祈禱로 續會하다.

□ 前總會 保留案件 提議

前年度 總會時 保留되었던 大韓基督教長老會, 大韓예수教會 新加入 件을 兪 總務가 提議하니 如下히 討議 可決되다.

　가. 基督教長老會……決議된 規定대로 審査委員을 各 教派에서 2名式(該當 教派는 發言權만 賦與) 宣教師團 2名式으로 構成하여 審査結果를 報告키로 하다.

　나. 大韓예수教會……實行部會議에서 再審하여 提出키로 하다.

□ 新案件 提議

　가. 國內 聯合事業 强化案(組織面과 財政面에서)

　　別紙와 여히 兪 總務의 提案說明이 有하니 組織强化問題를 實行部에 맡겨 處理키로 하다.

　나. 國內 靑年 及 學生運動에 關한 件

　　靑年委員會 委員長 宋政律 氏가 如下히 제안하니 靑年事業委員會 解體나 改編問題는 實行委員會에 一任 處理키로 하고 提案된 件을 受理키로 하다.

　다. 靑年事業委員會 決議案 抄錄

　　靑年全國聯合會와의 關係: 本 委員會는 韓國基督教會靑年會 全國聯合會와는 關聯을 갖지 않고 各 教派 靑年會와 直接的으로 事業을 推進할 것. 但 聯合計劃만 作成함.

　라. 事業推進 計劃

　　WCC를 通하여 받기로 되어 있는 1,300弗(900弗 出版費. 400弗 修養費)을 下記와 같이 運營하기로 함.

　　1) 出版事業

　　　靑年教養叢書 第1輯을 發刊키로 하고 嚴堯燮·李炳昱·趙鍾男·金相翼 氏에게 一任하다.

　　2) 修養會

　　　靑年指導者修養會를 早速히 開會하기로 하고 下記 諸氏에게 一任하다.

　　　崔重海·유경서·박명원·金相翼·조종남·이병익

마. KSCF 問題

NCC로서는 學園 基督敎學生運動을 爲한 여하한 團體도 組織 運營하지 않기로 하고 國內 全體學生을 爲하여는 에큐메니칼 프로그램의 推進을 爲한 出版指導者 養成 協議會 其他를 行하기로 함.

□ 分科委員會 報告

出版部 李浩雲 氏가 如下히 提案 報告하니 受理하여 實行部로 넘기기로 하다.

-出版部 建議案-

가. 國內에 있는 基督敎 出版業者를 組織하여 出版의 合理化와 協助를 推進할 것.

나. 基督敎年鑑을 出版하기로 하되 豫算과 責任者를 定하여 必히 實現할 것.

다. 上記 出版局 活動을 爲하여 經費를 增額할 것.

□ 決算 報告

監査를 經由한 1954年 10月부터 1955年 9月까지의 決算을 別記와 如히 千舜鳳 氏와 싸-워 兩 會計가 報告하니 受理되다.(附 5)

□ 新年度 豫算 報告

新年度 豫算案을 別紙와 如히 金光祐 氏가 報告하니 採擇되다.(附 6)

□ 總務選擧

各 敎派에서 推薦하여 投票키로 한바 長老會 兪虎濬 氏 監理會 宋正律 氏가 各各 立候補하니 兪虎濬 氏가 44票로 被選되다.

□ 實行委員 選定

各 敎派에서 如下히 選定 報告하다.

長老會: 全弼淳·安光國·김상권·박내승·정기환·崔載華
監理會: 洪顯尙·朴昌鉉·宋正律·金光祐·박마리

聖潔教: 김창근·千舜鳳·조기함

　　　救世軍: 梁豊源·權慶燦

　　　宣教師團: 떤·위드슨·길보륜·아담스·스칼

　　　小團體: 申興雨(YM)·한소제(YW)·유각경(절제회)

□ 審査委員 選定

各 敎派에서 如下히 選定 報告하다.

　　　長老會: 全弼淳·安光國

　　　監理敎: 金光祐·宋正律

　　　聖潔敎: 千舜鳳·朴明元

　　　救世軍: 安吉和·梁豊源

　　　宣敎團: 아담스·싸-워

□ 信任 總務 歡迎

信任 兪虎濬 總務가 就任하여 一同이 拍手로 歡迎하고 簡單
한 人事가 有하다.

□ 閉會

議事가 盡하여 上午 12時 30分에 讚頌 456장을 合唱하고
會長 祈禱로 閉會하다.

　　　　　　　　　　　　　　　　會長 韓景職

　　　　　　　　　　　　　　　副會長 金活蘭

　　　　　　　　　　　　　　　　〃　　姜松洙

　　　　　　　　　　　　　　　　〃　　張云用

　　　　　　　　　　　　　　　書記 金重桓

第10回
韓國基督教聯合會 總會 會議錄

때: 1956年 10月 23日
곳: 救世軍士官學校 講堂

□ 開會式

韓國基督教聯合會 第10回 總會가 1956年 10月 23日 午前 9時 半에 救世軍士官學校 講堂에서 開會禮拜로 始作되매 會長 韓景職 博士 司會下에 讚頌歌 456章을 齊唱하고 安吉和 氏 祈禱가 있은 後 韓明愚 氏가 누가福音 12장 22절 以下를 朗讀하고 會長의 '적은 무리여 두려워 말라'라는 題目으로 說敎가 있었고 一章 頌榮과 유형기 博士의 祝禱가 有하다.

□ 會議

開會禮拜가 畢하매 本會議가 如下히 進行되다.

□ 會員點名

書記 金重桓 氏가 會員을 點名하니 出席이 62人, 缺席이 14人이더라.

□ 開會宣言

會長 韓景職 博士가 會員 成數됨으로 第10回 總會 開會를 宣言하다.

□ 會議順序 採擇

書記가 順序를 朗讀 提出하매 原案대로 採擇되다.

□ 投票委員選擧

會議 進行上 必要에 依하여 衆議에 따라 會長 자벽으로 各 教派에서 一人式 選出하니 如下하다.

長老教 金成俊, 監理教 이형재

聖潔教 金永用, 救世軍 梁豊源

□ 公薦委員選擧

實行部會議에서 倍數 公薦된 10人의 名單에 依하여 此를 投票하니 如下히 被選되다.

젠센·安光國·趙信一·千舜鳳·梁豊源

□ 事業報告

가. 一般事業에 關하여 總務 兪虎濬 氏가 別紙와 如히 報告하니 拍手로 受理되다.(附 1)

나. 放送事業……金在福 氏가 別紙와 如히 報告하니 拍手로 受理되다.(附 2)

다. 視覺事業……金鎭煥 氏가 別紙와 如히 報告하니 拍手로 受理되다.(附 3)

□ 公薦委員 報告

公薦委員長 安光國 氏가 倍數公薦된 任員 候補를 如下히 報告하다.

會長: 趙信一·李鎬斌

副會長: 李大榮·權蓮鎬·金敬植·金應祚·張云用·權慶燦

書記: 韓明愚·安吉和·크림·원쓰

會計: 金允燦·張世煥·싸-워

□ 任員選擧

會衆이 任員을 投票 選擧하니 如下히 被選되다.

會長: 趙信一

副會長: 李大榮·金應祚·張云用

書記: 韓明愚·크림

會計: 張世煥·싸-워

□ 新任員 就任

新 任員 諸位가 就任하매 一同의 拍手歡迎이 있었고 新會長의 簡單한 就任辭와 祈禱가 有하다.

□ 分科委員選定

公薦委員이 各 分科委員을 如下히 報告하니 採擇되다.

가. 傳道局

權蓮鎬·趙信一·조경우·朴在奉·스위니·安昌基·金應祚·박내승·정기환·박창현·조기함·이성봉·장운용·양풍원·변홍규·정준삼·김경하·崔獻·이건영·朴完圭·李大榮

나. 社會局

위도선·金重桓·安吉和·李鎬斌·김수철·金光祐·이병남·金允燦·金成俊·李煥秀·최중해·홍병선·이종백·김용각·한연선·김정호·이용선·이응묵·任昌鎬·이환권

다. 敎育局

宋興國·金活蘭·하워드·월손·黃聖澤·金永淳·權慶燦·張亨一·全弼淳·김용진·韓景職·엄요섭·크림·로-스·李鳳九·李鼎伯·진석오

라. 出版局

李泉泳·趙宙贊·田榮澤·박원경·韓俊錫·싸-워·허 모·윤병식·성갑식·吳仁明·金春培·任英彬·張亨一·金昌根·신경산·이호운·김성배·金海得

마. 靑年局

홍현설·마경일·서광도·안광국·朴炳勳·姜信明·천순봉·金致默·田永植·빌링스·朴明元·梁豊源·페리·로스 여사·이응화·安吉和·유증서·金永用·장도용

바. 政治局

金昌根·千世光·黃聖秀·朴昌鉉·鄭一亨·朴賢淑·조명제·李奎甲·全弼淳·뻑홀·김중환·전용섭·韓景職·張世煥·임석길·김정호

사. 特定敎化局

韓明愚·조영재·金敬植·李炳南·閔應植·安吉和·위도선·김상권·金昌德·아담스·鄭俊三·李載德·權蓮鎬·安信永

335

아. 에큐메니칼 研究委員

홍현설·宋正律·桂一勝·姜信明·엄요섭·전경연·金正俊·金觀錫·
박마리아·장운용·장창덕·젠센·金重桓·최동근·趙民出·朴昌淑

자. CCIA委員

백낙준·아담스·申興雨·全弼淳·康慶玉·뻑홀·金尙權·任英彬·
유형기·金昌根·黃正律·葛弘基·任永信·유각경·李奎甲·金用雨·
孟基永·韓小濟·金春培·宋興國·嚴載熙·姜壽岳·張世煥·로-스·
黃聖秀·金在福·이용설·김우현·윤성순·尹在根·이항신·金鍾大·
崔錫柱·김수철·이영하·허영·金應祚·尹判石

자. 워캠프委員

金致默·金鳳和·宋興國·金永用·쉘덴·다니엘·크레이풀·이봉구·
吳基亨·金周柄·양풍원·허합·길보른·金海得·이성호·金相翼·
崔重海

카. 靑年事業委員

朴明元·金重桓·崔重海·宋正律·李炳昱·셀던·페인·金相翼·
엄요섭·姜信明·카멜논·金天培·金顯子·申成國·양풍원·유증서·
이형재·정하경·成甲植·金周柄

타. 家庭生活委員

하워드·한소제·임봉선·강덕순·주정일·안광국·천순봉·송정율·
미세스 로스·미세스 무어·미스터 무어·김진환·엄요섭·안신영·
유각경·장운용·이은예·박남길

☐ 停會

下午 12時 35分에 讚頌 3章을 齊唱하고 아담스 氏의 祈禱로
停會하다.

☐ 續會

下午 2時에 會長 趙信一 氏 司會下에 讚頌 549章을 齊唱하고
司會者의 祈禱로 續會하다.

☐ 分科委員 報告

各 分科委員會에서 如下히 報告하다.

　가. 傳道局

　　局長 朴昌鉉, 書記 鄭基煥

　　實行委員 朴昌鉉·曺景祐·鄭基煥·김경화·金應祚·조기함·梁豊源

　　建議案……傳道事業에 關한 件은 本局 實行部와 協議하여 줄 것.

　나. 社會局

　　局長 金光祐, 書記 金成俊

　　建議案……全國 社會事業指導者 및 農村指導者 講習會를 適當한
　　時期에 3日間 開催할 것과 豫算 50萬圜 追加 件은 實行委員會에 넘
　　기기로 하다.

　다. 敎育局

　　局長 全弼淳, 書記 李鼎伯·크-림

　　建議案…… 基督敎系統 各學校에서는 主日에 一般行事를 施行
　　치 않도록 周知시키고 文敎當局에도 交涉하여 一般化하도록 努力
　　할 것.

　　2. 基督敎 系統의 初等敎育 機關을 推進토록 할 것.

　　3. 敎育局 豫算案을 30萬圜으로 增額하여 줄 것.

　　　以上 案件은 實行部에 넘기다.

　라. 出版局

　　局長 趙宙贊, 書記 金海得

　　建議案……聯合機關 月刊誌를 發刊토록 하여 줄 것.

　　此件은 實行部에 넘기다.

　마. 靑年局: 局長 姜信明, 書記 朴明元

　바. 政經局: 局長 韓景職, 書記 張世煥

　사. 特定敎化局: 局長 韓明愚, 書記 安信永

　아. 에큐메니칼 硏究委員會: 委員長 姜信明, 書記 金觀錫

　자. CCIA委員會: 委員長 申興雨, 書記 康慶玉

　차. 웍캠프委員會: 委員長 宋興國, 書記 崔重海, 總務 楊承源

　카. 靑年事業委員會: 委員長 宋正律, 書記 崔重海

타. 家庭生活委員會: 委員長 하워드, 書記 임봉선

☐ 財政報告

監査를 經由한 1955年 10月로 1956年 9月 末까지의 決算을 如下히 前會計 安吉和 氏와 싸-워 氏가 報告하니 受理되다.

☐ 新年度 豫算報告

新年度 豫算案을 如下히 豫算委員 安光國 氏가 報告하니 原案대로 採擇되다.

☐ 教派加入 審査委員 報告

委員長 千舜鳳 氏가 委員會 決議案을 如下히 報告하니 受諾되다.

"10月 2日 午前 10時에 教派 新加入 審査委員會를 召集하고 基督教長老會 加入 件은 如下히 決議하다.

〈基督教長老會란 무엇인가?〉라는 冊子에 依하면 1956年 6月 12日에 發足하였으므로 第9回 總會 時 決定된 年限에 未及이고 諸問題도 未解決로 因하여 保留함."

☐ 實行委員 選定

各 教派에 如下히 選定 報告하니 受諾되다.

長老會: 韓景職·全弼淳·金允燦·安光國·鄭基煥·崔重海

監理會: 金活蘭·洪顯高·朴昌鉉·金光祐·宋正律

聖潔教: 千舜鳳·李龍善·李鼎伯

救世軍: 梁豊源·安吉和

宣教師團: 떤·위도슨·길보론·아담스·로스 女史

小團體: 任英彬(聖書公會)·韓小濟(YWCA)·유각경(WCTU)

☐ 來賓紹介

캐나다聯合教會 海外宣教 責任者이며 美國基督教聯合會 韓國委員會 委員인 테일러 女史를 兪 總務가 紹介하니 一同이 拍手로 歡迎하고 簡單한 人事가 有하다.

☐ 其他事項

가. 兪 總務 提案의 IMC總會 代表 派遣 旅費 및 會費周旋에

　　關한 件은 實行部에 一任하여 方案을 세우기로 하다.

　나. 安光國 氏 提案의 公薦委員을 1人으로 하자는 規則 變更
　　을 實行部에 一任하다.

　다. 金光祐 氏 提案의 現 加入團體 中 有名無實한 會員의 整
　　理 與否를 愼重히 考慮하도록 實行部에 一任하다.

□ 閉會

議事가 盡하매 下午 4時 30分에 讚頌歌 18장을 齊唱하고 韓
國 敎會의 復興과 南北統一의 默禱가 있은 後 2章 頌榮을 하
고 李大榮 氏의 祈禱로 閉會하다.

會長 趙信一

書記 韓明愚

第11回
韓國基督敎聯合會 總會 會議錄

때: 1957年 10月 22日

곳: 勝洞長老敎會

□ 開會式

韓國基督敎聯合會 第11回 總會가 1957年 10月 22日 午前 9時 半에 勝洞長老敎會堂에서 開會禮拜로 始作되매 會長 趙信一 牧師 司會로 讚頌歌 7章을 齊唱하고 金昌根 牧師 祈禱가 있은 後 會長이 聖經 히브리 11장 6절을 朗讀하고 '凡事에 믿음으로 할 것'이라는 說敎가 있었고 1章 頌榮과 全弼淳 牧師 祈禱로 開會禮拜를 마치다.

□ 會議

開會禮拜가 畢한 後 本會議가 如下히 進行되다.

□ 會員點名

書記 韓明愚 氏가 會員을 點名하니 出席員이 67名, 缺席員이 11人이었던바 基督敎長老會 總代 呼名 可否가 論議되어 長時間 討論되었으나 開會宣言 前에 討論이 있을 수 없다는 結論을 얻다.

□ 開會宣言

前記 結論이 있은 後 會長 趙信一 氏가 會員 成數됨으로 第 11回 總會 開會를 宣言하다.

□ 會議順序 採擇

書記가 會議順序를 提出하매 敎派 新加入 件을 投票委員選
定 前으로 變更하고 採擇키로 可決하다.

□ 敎派 新加入 件

基督敎長老會 加入 件에 對하여는 硏究折衝委員 9名을 選出
委囑하되 各 敎派 2名式과 會長이 1名 自辟키로 可決하니 下
記와 如히 被擇되다.

救世軍: 權慶燦 · 安吉和

聖潔敎: 李鼎伯 · 金永用

監理敎:: 宋正律 · 文昌模

長老敎: 安光國 · 金在錫

會長自辟: 로스 여사

□ 停會

時間이 되매 主祈禱로 停會하다.

□ 續會

同日 午後 3時 半 本會가 同場所에서 繼續 會集되어 會長이
聖經 마태 36章 36절-46절까지 朗讀하고 李大榮 · 朴昌鉉 · 韓
景職 諸氏와 一同이 合心하여 祈禱케 한 後 續會를 宣言하다.

□ 小委員會 報告

小委員會 代表 李鼎伯 氏가 如下히 報告하다.

"基督敎長老會 加入問題는 今年에 加入하는 것을 承認하고
會員權은 12回 總會時부터 發効한다. 但 韓基聯으로서는 오
는 1年間에 基督敎長老會側이 總會回數를 是正하도록 權誘
할 것을 條件으로 한다."

□ 討議

會中이 小委員會 報告를 中心으로 討論이 계속되매 예수敎
長老會 代表 全弼淳 氏가 15分間 同會 總代會 召集時間을
請願하니 許諾하고 15分間 停會하다.

下午 4時 30分에 예수敎長老會 代表 全弼淳 氏가 同會의 態

度에 대하여 如下히 報告하니 會衆이 小委員會 報告를 採擇하다.

"大韓基督教長老會가 우리 聯合會의 勸誘를 受諾할 줄로 믿고 小委員會의 報告를 採擇하되 萬一 勸誘가 受諾되지 않을 時는 總會回數가 같은 團體를 他 敎派로 認定할 수 없으므로 其後 事態에 對하여는 責任을 질 수 없는 것입니다."

□ 公薦委員 選定
　實行委員會에서 提出한 報告를 接受하고 如下히 選定하다.
　　安光國·朴昌鉉·千舜鳳·梁豊源·디 캠프

□ 事業報告
　書面으로 提出한 總務報告 및 傘下團體인 放送局, 啓明協會, 視聽覺傳道局의 事業報告는 받기로 可決하다.

□ 投票委員 選定
　會議進行上 必要에 依하여 衆議에 따라 會長 自辟으로 各 敎派에서 1人式 選出하니 如下하다.
　　韓完錫·金永用·韓永善·申景山

□ 公薦委員 報告
　公薦委員이 如下히 報告하니 接受하다.
　　會長: 金昌根·趙基誠
　　副會長: 姜信明·李權燦·趙信一·閔應植·張云用·權慶燦
　　書記: 崔重海·金鏞珍·탈 매지·빽홀드
　　會計: 李龍善·韓永善·싸-워

□ 任員選擧
　會衆이 任員을 投票選擧하니 如下히 被選되다.
　　會長: 金昌根
　　副會長: 姜信明·趙信一·張云用
　　書記: 崔重海·탈 매지
　　會計: 韓永善·싸-워

□ 任員交替

新任員이 登壇하니 會衆이 拍手로 歡迎하고 新舊 會長의 離
就任辭와 新會長의 祈禱가 有하다.

□ 新 事項 決議

　　가. 中共 UN 加入 反對

　　　　美國 監理教青年會에서 中共 유엔 加入을 支持한다는 聲
　　　　明에 對하여 反對決議를 表明하기로 하다.

　　나. UN 加入 推進委員 派遣 件

　　　　新教를 代表하는 韓國 UN 加入 推進委員을 派遣할 것을
　　　　決議하고 一切를 實行委員會에 一任하여 實行키로 하다.

　　다. 聯合機關統合의 件

　　　　各 聯合事業機關을 統合하는 것을 前提로 하고 實行部
　　　　로 硏究케 하다.

　　라. 年度變更의 件

　　　　本 總會日字를 每年 2月 上旬으로 會計年度를 每年 1月부
　　　　터 12月까지로 變更하기로 可決하다.

　　마. 未盡한 案件은 實行部에 一任키로 可決하다.

□ 決算 報告

監査를 經由한 1957年度 決算을 下記와 如히 報告하니 受理
되다.

□ 分科委員 選定

各 分科委員 選定은 時間關係로 公薦部의 報告를 實行部로
採擇케 하기로 可決하다.(附 1)

□ 實行委員 選定

各 敎派와 團體別로 如下히 選定 報告하니 受理되다.

　　長老教: 權連鎬·金允燦·金鏞珍·鄭箕煥·安光國·金在錫

　　監理教: 宋正律·朴昌鉉·文昌模·洪顯髙·馬慶一

　　聖潔教: 千舜鳳·李龍善·金永用

　　救世軍: 梁豊源·安吉和

　　宣教師團: 떤·로스·길보른·보컬·루스

小團體: 金泰默(YM)·韓小濟(YW)·任英彬(聖書公會)
▢ 總務人事
總務 兪虎濬 氏가 人事와 協助를 要請하는 人事가 有하다.
▢ 閉會
下午 6時에 會長이 讚頌歌 348章을 引導 合唱한 後 李大榮
氏로 祈禱케 하고 閉會하니라.

會長 金昌根
書記 崔重海

第12回
韓國基督教聯合會 總會 會議錄

때: 1959년 2월 10일

곳: 남산감리교회

□ 개회 예배

주후 1958년 2월 10일 오전 9시 40분에 본회 제12회 총회가 감리교 남산 예배당에 회집되어 회장 김창근 목사 사회로 하기 순서에 의하여 개회 예배를 드리다.

묵도	〈주악〉	비코버 목사
찬송	〈18장〉	일동 기립
기도		강신명 목사
성경봉독	〈요한복음 15장 1-10절〉	안길화 참령
설교	〈떨어져 살지 못하는 사람들〉	김창근 회장
기도		
송영	〈1장〉	일동 기립
기도		박창현 목사

□ 회원점명

서기가 회원을 점명하니 출석 84명 결석이 7명이더라.

□ 개회선언

회장이 개회됨을 선언하다.

□ 회순 채택

회장이 별지 회의 순서를 서기로 하여금 제출하니 필요에 따라 변경할 수 있기로 하고 원안대로 채택하다.

□ 가입단체 대표 인사

　전회에 가입이 허락되었던 기독교장로회 대표가 동회에 처음으로 참가됨에 회중이 박수로 환영하고 동 단체 대표 이남규 씨가 가입을 허락한데 대하여 치사하는 동시에 총회 회수에 대하여는 앞으로 연합회 사업이 덕스럽게 될 수 있도록 잘 할 용의가 있음을 언명하다.

□ 토의

　가. 예수교 장로회 대표 기장 회수에 대한 발언

　　작년도 총회 결의에 의거하여 기장 회수 변경 권고문제로 예수교장로회 대표 전필순 씨가 이남규 씨의 언명으로는 회수 개정 여부를 알 수 없으니 좀더 분명한 답변이 있기를 요청하는 발언이 있었다.

　나. 유 총무 발언

　　이에 대하여 유 총무가 수차 기독교장로회 총회 서정태 총무로부터 총회 전이므로 완전한 작정은 못 되나 합의를 보았다는 식의 언명을 청취하였다는 보고가 있었다.

　다. 논쟁

　　예수교장로회 측과 기독교장로회 측이 신랄한 논쟁을 벌이다.

　라. 정회 요구

　　대한계수교장로회 한완석 씨가 두 교파들의 태도 결정과 타 교파들의 절충의 시간적 여유를 주기 위하여 하오 2시까지 정회키로 동의하니 회중이 가결하고 부회장 이대영 씨가 기도하고 정회하니 오전 11시 더라.

□ 속회

　동일 오후 2시 동 장소에 계속 회집할 제 회장이 인도하여 찬송가 291장 1절과 2절을 합창하고 임영빈 씨가 기도하고 속회를 선언하다.

□ 사업 보고

회장이 형편상 순서를 바꾸어 각부 사업 보고를 받기로 요청함에 회중이 허락하다.

가. 총무가 전년도 사업 보고를 별지와 여히 보고하다.

나. 크리스찬 써비스클럽 책임자 하이드맨 씨의 사업 보고를 별지와 여히 보고하다.

다. 기독교방송국장 디 캠프 씨의 사업 보고를 별지와 여히 보고하다.

라. 시청각전도국장 무어 씨의 사업 보고를 별지와 여히 보고하다.

마. 계명협회 총무 안신영 씨가 별지와 여히 보고하다.

바. C. W. S.(세계봉사회) 관리자 쇼락 씨가 인사하다.

사. 회계 한영선 씨가 달러 회계 싸-워 씨와 같이 별지와 같이 수지 결산을 보고하니 그대로 채용하다.

□ 절충위원 보고

예수교장로회와 기독교장로회 문제 절충위원회 인사를 대표하여 송정율 씨가 여하히 보고 제안하다.

"기독교장로회 대표단이 그 교회 총회에서 총회 회수를 변경하도록 전력을 다할 것을 본 N. C. C.에서 공약키로 기하다."

감리교측: 박창현·김광우·송정율

성결교측: 박영은·한명우

구세군측: 안길화·양풍원

□ 토의

회중이 이 안을 중심으로 토의를 계속하다.

□ 예장대표 반대 발언

예수교장로회 김재석 씨가 만일 기장이 회수를 변경하지 않을 시는 본회로서 필요한 조치를 취한다는 회장의 언명이 없는 이상 본 대표 등은 이를 시인할 수가 없으매 만일 본 교단의 요청이 존중됨이 없이 결정을 내릴 경우에 본 대표단은 비록 본의는 아니나 본회의에서 퇴장하려 본 총회의 지시를 받을 때까지 회원권을 보류할 것이라고 발언하다.

□ 기장대표 발언

기독교장로회장 강원용 씨가 우리는 노력해 볼 뿐, 더 할 수가 없다고 발언하다.

□ 절충안 가결
감리교 송정율 씨의 동의로 절충위원안이 34대 3으로 가결되다.

□ 예장대표 퇴장
예수교장로회 대표 김재석 씨가 본 대표 등은 본의는 아니나 이 이상 더 본 회의장에 머무를 수가 없다고 발언하고 전원이 퇴장하다.

□ 논의
회중에 예수교장로회 대표가 전원 퇴장하였어도 회의를 계속하자는 논과 기독교 도의상 불가하다는 논의가 있었다.

□ 계속동의
감리교 대표 이응한 씨의 계속 진행하자는 동의가 있었다.

□ 기장총회 후까지 정회하자는 개의가 가결됨
감리교 대표 김광우 씨의 기독교장로회 총회 후인 6월까지 정회하고 기장으로 하여금 방법을 연구하여 회의를 계속하자는 개의가 성립되어 가부를 구하니 동의가 16, 개의가 19로 개의가 가결되다.

□ 공백상태 발언
기독교장로회 강원용 씨가 본회 기능은 완전 상실되었고 6월까지는 공백상태라고 발언하다.

□ 반대발언
연합장로교회 목사 피케스트 씨는 본 총회는 폐회가 아니고 정회이므로 본 임원과 실행위원이 계속 시무할 것이라고 발언하다.

□ 총무와 회장 사의
본 사태 수습의 책임을 다할 수 없다고 유 총무와 김 회장이 사의를 표명하다.

□ 만류발언

　감리교 대표 이환신 씨가 이것은 본회를 더 혼란케 하는 일이라고 만류하다.

□ 회장 요청

　회장이 정회 기간 중 위원들과 총무가 적극 노력하여 잘 수습될 수 있도록 요청하는 발언이 있었다.

□ 정회

　정회키로 가결하고, 부회장 장운용 씨가 기도하고 회장이 정회한 것이 오후 6시였다.

□ 속회

　1959년 10월 22일 오전 10시, 회장이 최중해 씨로 찬송가 253장을 인도하게 하여 합창하고 조신일 씨가 기도하다. 성경 요한복음 19장 25절을 낭독하고 '십자가 밑에서'라는 제목으로 설교한 후 기도하고 예배를 끝마치다.

□ 회원점명

　서기가 회원을 점명하니 출석이 69명, 결석이 19명이요, 가입 교파는 전부 참석하였음에 회장이 개회를 선언하다.

□ 회순 채택

　회의 순서를 별지와 같이 채택하다.

□ 회의록 채용

　서기가 전 회의록을 낭독하니 잘못 없이 채택되다.

□ 총무 보고

　총무가 기독교장로회총회가 예수교장로회의 회수 변경을 소송에 이용하지 않는 한 변경할 것을 지난 회에 건의하도록 결정하였고, 예수교장로회총회는 산하 각 교회로 하여금 금후 교회재산 분쟁 건을 세상 법정에 소송하지 말도록 지시하였으므로 자율적으로 해결하였다는 보고를 받다.

　총무 사업 보고는 속회임으로 생략하기로 가결하다.

□ 투표위원 선정

투표위원 4명을 회장이 자벽 공포키로 가결하니 신성국·이봉
구·박명원·김성준 씨가 피택되다.

□ 공천위원 선정

공천위원을 선정 발표하니 아래와 같이 되다.

  예장: 안광국

  기장: 서정태

  감리교: 박창현

  성결교: 한명우

  구세군: 안길화

  선교회: 디 캠프

□ 임원 선거

공천을 위하여 20분간 휴회한 후 공천위원이 정·부회장 명단
을 발표하다.

  회장: 장운용·신경산

  부회장: 송정율(감리)·이용선(성결)·김윤식(예장)

    이남규(기장)·김기수(선교사)

  회장이 투표로 회장 장운용, 부회장으로 김기수, 송정율, 이용선 씨를 선
  정하다. 공천위원이 서기로 최중해, 무어 양씨로, 회계로 신성국, 싸-워
  양씨를 공천하고 회중이 무투표 인준하다.

□ 임원교체식

임원교체식이 있은 후 회장이 잠시 자리를 뜬 고로 부회장 송
정율 씨가 인사하매 회중이 박수로 환영하고 구임원들의 노
고에 대하여도 박수로 위로하다. 각 분과위원 선임도 실행위
원회에 일임하기로 가결하다.

□ 신가입 교파

대한성공회와 동(同) 선교부 가입 건을 실행위원회가 제안하
니 전원일치로 가결하다.

□ 실행위원 선정

실행위원 선정을 위하여 20분간 정회한 후 각 교파, 선교사, 기관 등이 실행위원 보고를 접수 채용하니 아래와 같다.

예장: 김용주·계창주·유지영·전필순·안광국·김윤식

감리교: 박창현·홍현설·김광우·조신일·김경환

기장: 강원용·서정태·이해영·우중철

성결교: 김창근·김정호·한명우

구세군: 안길화·양풍원

선교사: 디 캠프·얼원·하디·헤슬따인·길보룬

기관: YMCA, 여자절제회, 성서공회, 성공회 추가

□ 오해 해결의 건

현재 본 연합회에 대한 오해와 그릇된 선전이 유포되어 본회의 사업에 지장이 있음을 감안하여 실행위원회에 맡겨 적절히 수습 처리하기로 가결하다.

□ 노진현 씨의 공한

대한예수교장로회 총회장 노진현 씨의 공한에 대하여도 실행위원회에 맡겨 처리하기로 가결하다.

□ 폐회

폐회하기로 가결하고, 회장이 찬송가 454장을 기립 합창하고 김창근 목사의 기도로 폐회하니 모두 오후 1시에 끝나다.

부회장 송정율

서기 최중해

第13回
韓國基督敎聯合會 總會 會議錄

때: 1960년 2월 24일

곳: 구세군 사관학교

□ 개회식(오전 10:00~10:30)

한국기독교연합회 제13회 총회가 1960년 2월 24일 오전 10시 구세군 사관학교 강당에 모일제 장운용 회장의 사회로 아래와 같이 예배하다.

묵도		일동
찬송	〈4장〉	일동
기도		서정태 목사
성경봉독		한명우 목사
설교		장운용 회장
기도		한영선 목사
송영	〈1장〉	일동
축도		전필순 목사

□ 회원점명

서기가 회원을 점명하니 출석이 89명, 결석이 3명이더라.

□ 개회선언

회칙에 의하여 성수가 됨으로 회장이 제13회 총회의 개회를 선언하다.

□ 회순 채택

서기가 회의순서를 제출하니 형편에 따라 변경할 수 있도록 하고 원안을 채택하다.

☐ 회원권 문제 논의

예수교장로회(승동측) 대표 문제로 시비가 벌어짐에 회중이 부회장 송정율 목사로 설명케 한 후 통합측 대표를 받아들이기로 한 실행위원회의 결정을 재확인키로 가결하고 서기로 좌석을 정돈케 하다.

☐ 공천위원 선정

헌장에 의하여 서기가 각 교파와 단체에서 회부된 공천위원을 다음과 같이 발표함에 따라 회중이 받다.

예장: 안광국

감리회: 마경일

성결교: 한명우

구세군: 안길화

기장: 서정태

선교단: 크림

☐ 투표위원 선정

투표위원을 회장이 자벽 공포키로 하니 다음 5명이 피택되다.

김덕수·박명원·박설봉·권영진·권영찬

☐ 임원 선거

임원을 투표 선거하니 다음과 같이 피선되다.

회장: 이남규

부회장: 강신명·홍현설·마삼락

서기: 양풍원·째프리

회계: 이용선·싸-워

(서기, 회계는 공천위원으로 하여금 단일후보로 가결하다.)

☐ 사업 보고

가. 일반사업: 유호준 총무가 사업 보고를 하려 함에 배부된 서면의 보고대로 받기로 가결하고 다년간 노고

　　　　를 박수로 치하하다.
　　나. 방송, 시청각교육, 계명 사업의 서면보고를 받다.
□ 임원 교체
　　신·구 임원 교체와 신·구 회장 인사가 있으매 회중이 박수로
　　환영하다.
□ 헌장 수정
　　서기가 별지의 헌장 수정안을 낭독 제출함에 제2장을 "각 회
　　원 교회대표 15명까지로 한다"라고 수정하고 받기로 전원 찬
　　성 가결하다.

원안	수정안
제5조 본회는 제1장 제2조의 명시에 의하여 좌기 종류의 정회원으로 구성하여 필요에 의하여 협동회원을 설치함.	제5조 본회는 제1장 제2조의 명시에 의하여 좌기 회원으로 구성한다.
제1항 교회 회원 대표자는 좌기 비율에 의하여 결정함. 　　각 교회의 기본 기표 수는 5인으로 균등하게 하고 교회 수 1,000교회까지 매 100교회에 1인씩, 1,000교회 이상에는 매 500교회에 1인씩 대표를 파송하되 과반수의 단수는 1인으로 정함.(단 100교회 이내 교파 대표는 2인으로 함) 　　제2항 제3항 제4항을 각각······	제1항 구성회원(수정) 　　(가) 국내 신교파 　　　　5. 대한기독교장로회(삽입) 　　　　6. 대한성공회 　　(나) 국내 신교 각 선교부 　　　　12. 대한성공회(삽입) 　　(라) 협동회원 　　　　중화기독교회(삽입) 제2항 본회 회원 대표자 비율은 여좌하다. 　　(가) 각 회원 교회는 대표 15명까지로 한다. 　　(나) (다) (라)로 자구 수정
제8조 실행부는 좌기 인원으로 구성한다. 　　1. 장로회 6 　　2. 감리회 5 　　3. 성결교회 3 　　4. 구세군 2 　　5. 각 선교부 대표 5 　　6. 각 기관 대표 3	제8조 실행위원은 회원 3명에 1명 비례로 총회에서 택하여 3명 미달의 단체는 1명으로 한다.(전문 수정) 　　단 모든 연합기관의 대표는 3명으로 한다.

세칙 제3조 사업국을……	세칙 제3조 사업국 및 위원회로 　　10. 가정생활위원회 　　11. 부녀사업위원회 　　12. 평신도 위원회(추가 삽입) 제4조 각국 및 위원회 사업 　　10. 가정생활위원회……본 위원회의 　　　　사업을 위한 규약은 별도로 제정한 　　　　다. 　　11. 부녀사업위원회……본 위원회는 　　　　각 교회 부녀자 대표자로 조직하고 　　　　본 위원회 사업에 필요한 규약을 　　　　별도로 제정한다. 　　12. 평신도위원회……본 위원회는 각 　　　　교회 평신도 대표로 구성하고 사 　　　　업을 위한 규약을 별도로 제정한 　　　　다.(추가 삽입) 제4조 총회에서 가입이 허락된 교파나 단체 　　명은 자동적으로 헌장에 기입하기로 　　한다. 제10조는 제11조로 함.

□ 정회

정회하기로 가결하고 회장의 기도로 정회하니 12시 35분이
더라.

□ 속회

동일 오후 2시 동 장소에서 회장 사회로 찬송 18장을 부르고
강신명 목사가 기도하고, 회장이 성경 마태복음 6장 33-34절
을 낭독한 후 속회하다.

□ 회계 보고

전 회계 신성국 목사의 한화 결산 보고서와 싸-워 목사의 달
러 보고가 별지와 같이 제출되니 원안대로 받기로 가결하
다.(부 1)

□ 신년도 예산안 협찬

예산위원대표 안광국 목사가 1960년도 예산안을 별지와 같이 제출하니 원안대로 채택하다.(부 2)
□ 분과위원회 구성
분과위원 편성은 각 파의 보고를 접수하여 사무국에 일임 발표키로 가결하다.(부 3)
□ 헌장 수정 연구위원 선정
본회 헌장 수정 연구위원을 각 파에서 1인씩 선정하여 연구케 하되 한명우 목사의 제2조에 본회는 "사도신경을 신조로 하는" 좌기 복음주의……를 삽입하자는 제안도 위원회에 넘기기로 하다.
□ 실행위원 선정
서기가 각 단체의 실행위원을 아래와 같이 보고하니 받기로 가결하다.
　　예장: 전필순·이태준·최중해·안광국·김길창·김봉충
　　감리회: 김광우·조화철·장세환·한영선·마경일
　　성결교: 김창근·한명우·김정호
　　구세군: 장운용·안길화
　　기장: 서정태·강원용·조선출·우동철
　　선교사: 서의필·길보른·스트라타·쩨일리·하비
　　기관: 송정율·임영빈·한소제·디 캠프
□ 연합사업 통합연구
연합사업단체 통합연구를 실행위원회에 맡기기로 가결하다.
□ 총무 선정
공천위원으로 총무를 공천케 하여 투표하기로 가결하고 보고가 있을 때까지 정회하니 오후 3시 10분이더라.
동 4시 30분에 찬송 291장을 합창하고 김동수 목사 기도가 있은 후 전형위원이 보고하려 할 시 감리회 대표 김광우 목사가 동 교단 대표회를 위하여 시간을 요청하매 허락하고 다시 정회하기로 가결하다. 동 4시 50분 김창 목사 기도로 속회하여 공천위원 보고를 듣기로 하다.

공천위원 대표 한명우 목사가 총무후보로 유호준·유형기 양 목사를 제청하다.

이때 감리회 대표 김광우 목사가 W. C. C.를 탈퇴키로 가결한 교파 인사를 N. C. C. 실무자로 받아들일 수 없음이 동 교단의 공식적인 입장임을 밝히는 발언을 하다.

□ 폐회할 때까지 시간 연장키로 가결하다.

공천위원 보고를 계속 심의한 후 동 보고는 수리 않기로 하고 총무 선정을 실행위원회에 일임키로 가결하다.

□ 기타

가. 예수교장로회총회에 W. C .C. 탈퇴를 취소하고 환원하도록 권면하기로 가결하다.

나. 부회장 강신명 목사가 사표를 제출하니 받지 않기로 가결하다.

□ 폐회식

의사가 끝나며 폐회하기로 가결하고 1장 송영을 부르고 회장 축도로 폐회하니 오후 6시더라.

회장 이남규

서기(대) 최중해

第14回
韓國基督敎聯合會 總會 會議錄

때: 1961년 2월 2일
곳: 초동교회

□ 개회식(오전 10:00~10:30)
한국기독교연합회 제14회 총회가 1961년 2월 2일 오전 10시 기독교장로회 초동교회당에 소집되어 먼저 강흥수 회장의 사회로 아래와 같이 예배하다.

묵도		일동
찬송	〈11장〉	일동
기도		안창기 목사
성경봉독	〈엡 4:1-8〉	정하경 정위
설교		회장
기도		정기환
송영	〈1장〉	일동
축도		회장

□ 회원점명
서기가 회원점명을 하니 출석 97명, 결석 7명이었다.

□ 개회선언
회칙에 의하여 성수가 되므로 회장이 제14회 한국기독교연합회 총회가 개회됨을 선언하다.

□ 회순 채택

서기가 회의순서를 제출하니 형편에 따라 변경할 수 있도록
하고 원안대로 채택하다.

□ 공천위원 선정

헌장에 의하여 서기가 각 회원 단체에서 천거한 공천위원을
다음과 같이 발표하니 이를 접수하다.

전종옥(감리교), 싸-워(선교부), 안창기(성결교), 서정태(기장)

안길화(구세군), 안광국(예장), 김관석(각 기관)

□ 투표위원 선정

투표위원을 회장이 자벽키로 하고 회장이 자벽하니 다음과
같이 4명이 피택되다.

안길화·이정백·조향록·박설봉

□ 사업 보고

사업 보고는 별지 기록대로 받기로 가결하다.

□ 재정 보고

김중환 씨가 별지 부록 제4호의 한화(韓貨) 회계를 보고하고
또한 별지 부록 제5호의 불화(弗貨) 회계를 보고 설명하니 받
기로 가결되어 접수하다.

□ 임원 선거

공천 위원회에서 후보자를 배수공천하고 무기명 투표를 하니
그 결과는 다음과 같다.

회장: 김길창

부회장: 장운용·마삼락·서정태

서기: 손명걸·장의열

회계: 김중환·싸-워

□ 임원 교체

신·구 임원 교체와 신 회장 인사가 있었으며, 회중이 박수로
환영하다.

□ 분과 위원회 구성

각 분과 위원의 선정과 구성은 앞으로 선정될 실행위원회에

일임하기로 가결하다.

□ 정회

정회하기로 가결하고 회장의 기도로 12시 30분에 정회하다.

□ 속회

동일 오후 2시 동 장소에서 회장 사회로 찬송가 65장을 부른 후 성경 요한복음 17장 21절을 사회자가 봉독하고 서정태 부회장의 기도로 속회하다.

□ 실행위원 선정

서기가 각 회원단체에서 천거한 실행위원을 아래와 같이 보고하니 받기로 가결하다.

예장: 정기환·이태준·계창주·김봉충·우익현

감리회: 전종옥·김광우·박설봉·맹기영·김활란

성결교: 김창근·안창기·한명우·박명원·조주찬

구세군: 안길화·양풍원·정준삼·김해득·권경찬

기장: 최문환·강원용·이해영·조향록·인광식

성공회: 최태희

초교파단체: 김주병·김관석·김성실

선교부: 길의모·김요한·서두화·하비·타 요한

□ 신년도 예산안 채택

예산위원인 이태준 씨가 회의록 31면에 기재된 예산안을 제출 설명하니 수입액수의 미비사항을 재산출하고 지출 면에서는 사업비에 중점을 두는 예산을 회계로 하여금 재편성하여 실행위원회에 제출하여 심의 채택케 하고, 내년 총회 시에는 외국으로부터의 보조액 전액을 사업비로 사용케 하는 정신이 실현되도록 하자는 동의가 가결되다.

□ 총무 선정

강신명 총무 사임 후 전 실행위원회에서 총무 보선을 위하여 힘써 온 경위와 현재의 실정에 대하여 김광우 씨의 보고를 들고 총무 선정 안건을 논의하다.

과거 논의된 바에 구애됨 없이 실행위원회에 총무를 선정할 권한을 부여하되 교파별 없이 논의된 바 있는 두 가지 원칙을 참작하여 인물을 제청케 하여 늦어도 2월말까지 선정케 하자는 동의가 가결되다.

□ 총무 및 실무자 선정까지의 사무 취급

총무 선정 시까지 연합회 사무집행을 현 임원에게 일임하자는 동의가 가결되다.

□ 폐회식

의사가 끝나매 폐회하기로 가결하고 송영 583장을 부른 후 회장 축도로 오후 4시 45분에 폐회하다.

회장 김길창
서기 손명걸

第15回
韓國基督敎聯合會 總會 會議錄

때: 1962년 2월 13일

곳: 덕수교회

□ 개회식(오전 10:15-10:45)

한국기독교연합회 제15회 총회가 1962년 2월 13일 오전 10시 15분에 대한예수교장로회 덕수교회당에 소집되어 먼저 김길창 회장의 사회로 아래와 같이 예배하다.

묵도		일동
찬송	〈18장〉	일동
기도		장석영 목사
성경봉독	〈고전 13:1-13〉	권경찬 부령
설교		회장
기도		최문환 목사
찬송	〈6장〉	일동
축도		회장

□ 회원 점명

서정태 부회장의 기도가 있은 후 서기가 회원을 점명하니 출석 61명, 결석 15명이었다.

□ 개회선언

회칙에 의하여 성수가 됨으로 회장이 한국기독교연합회 제15회 총회가 개회됨을 선언하다.

□ 회순 채택

서기가 회의 순서를 제출하니 그대로 받다.

□ 인선위원 선정

각 교파 대표 1명과 선교부 대표 1명 그리고 연합기관 대표 1명
으로 각각 선정하니 아래와 같다.

　　예장: 김광현

　　기장: 서정태

　　감리: 안신영

　　구세군: 안길화

　　성공회: 최태희

　　선교부: 원요한

　　단체연합기관: 최석주

□ 투표위원 선정

투표위원 선정은 회장이 자벽하니 아래와 같다.

　　노기원·차현회·유창복·조향록

□ 사업 보고

사업 보고는 문서로 받기로 하다.

□ 재정 보고

재정 보고에 앞서 감사의 감사 결과를 보고한 후 계속하여 재
정 보고를 하니 별지대로 받기로 하다.

□ 신입 회원 가입

총무가 한국기독학생회 전국연합회의 회원 가입 신청을 실행
위원회의 이름으로 제출하다.

표결에 부치니 총대 재석 수 66명 중 61표 가표로 가입을 허
락하다.

□ 헌장개정안

서기가 헌장개정안을 낭독한 후 실무당국에서 개정된 조항만
을 정리하여 속개 시에 제출한 후 토의키로 하다.

□ 정회

12시 30분이 됨에 정회하기로 가결하고 한경직 목사가 기도
한 후 하오 2시까지 정회하기로 하다.

□ 속회
  동일 하오 2시 10분에 본 회의가 동 장소에 계속 회집되어 회
  장의 사회로 찬송가 8장을 합창한 후 김광우 목사의 기도로
  속회하다.
□ 헌장개정안 축조심의
  헌장개정안을 축조심의한 후 별지와 같이 개정하다.
□ 유안 건
  "실행위원회에서 결정되어 나오는 안건은 총회에서 2/3로 가
  결한다"를 헌장 적당한 장소에 삽입하도록 하자는 건은 1년간
  유안(留案)하기로 하다.
□ 정회
  임원 선거를 위한 인선위원이 모이는 동안 10분간 정회하기로
  하고 홍현설 목사의 기도로 정회하다.
□ 임원 선거
  공천위원이 후보를 배수공천하여 무기명으로 투표하니 그 결
  과는 다음과 같다.
      회장: 장석영
      부회장: 장운용·유호준·모아
      서기: 조향록·원요한
      회계: 최태희·젠센
  감사는 실행위원회에서 선출키로 하다.
□ 임원 교체식
  신·구 임원 교체식이 있은 후 구 회장의 퇴임인사와 신 회장
  의 취임인사가 있었음.
□ 실행위원 선정
  실행위원 선정에 있어서 헌장 제8조의 실행위원 조항 중 단

서 이하 삭제문제에 대하여 재론키로 하고 다음과 같이 결정
하다.

헌장 제8조는 원안대로 존치키로 하다.

서기가 실행위원으로 각 교파 대표 및 각 기관 대표가 선정되
었음을 발표하니 아래와 같다.

　　감리교: 박신오·홍현설·김활란·맹기영·김광우

　　기장: 이남규·강원용·이해영·장하구·서정태

　　예장: 유재한·김형우·김봉충·노기원·김광현

　　구세군: 안길화·권경찬·양풍원·신경산·김해득

　　성공회: 최태희

　　감리교선교부: 미스 콘로

　　연합장로회선교부: 서길모

　　캐나다선교부: 오인수

　　호주장로회선교부: 구의두

　　구세군선교부: 하비

　　성공회선교부: 델리

　　남장로교선교부: 타 요한

☐　폐회

하오 5시 30분, 남은 안건은 실행부에 넘기기로 하고 폐회하
기로 가결한 후 일동 기립하여 찬송가 1장을 합창하고 회장의
축도로 폐회하다.

　　　　　　　　　　　　　　　　　　회장 장석영
　　　　　　　　　　　　　　　　　　서기 조향록

第16回
韓國基督敎聯合會 總會會議錄

때: 1963년 2월 12일
곳: 수표감리교회

□ 개회식

한국기독교연합회 제16회 총회가 1963년 2월 12일 오전 10시 수표감리교회에 회집할 제 회장 장석영 목사의 사회로 아래와 같이 예배하다.

묵도		일동
시편낭독	〈15편〉	일동
찬송	〈549장〉	일동
기도		이해영 목사
성경봉독	〈고전 1:22-25〉	권경찬 부령
설교	〈십자가의 도〉	회장
성찬식 사식		유재한 목사
찬송	〈355장〉	일동
축도		회장

□ 회원점명

서기가 회원을 점명하니 71명이 출석되다.

□ 개회선언

회장이 제16회 총회가 개회됨을 선언하다.

□ 회순 채택

서기가 회의 순서를 제안하니 채택키로 가결하다.
□ 단체 가입 보류
총무가 실행위원회에서 결정을 본 한국교회음악협회와 한국
의약가연맹의 가입 건을 제안하니 헌장 수정될 때까지 보류
키로 가결하다.
□ 인선위원 선정
임원 선거를 위한 전형위원을 보고 채택하니 아래와 같다.
　　감리교: 안신영
　　구세군: 안길화
　　기독교장로회: 서정태
　　성공회: 조광원
　　예수교장로회: 노기원
　　선교사 대표: 무어
　　기관 대표: 김치묵
□ 투표위원 선정
회장이 투표위원을 자벽 공포하니 손명걸·정준삼·표재환·이
해영 씨가 피선되다.
□ 사업 보고
총무의 사업 보고를 별지와 같이 제출하고 구두로 보충 보고
하니 받기로 가결하다.
가정생활위원회의 보고를 김종희 씨가 하다.
기타 각 기관의 보고는 서류로 받기로 하다.
임원들과 실무진의 노고를 치하하는 박수를 보내다.
1963년도 사업계획 보고는 다음으로 미루기로 가결하다.
□ 임원 피선
전형위원의 보고를 접수 투표하니 아래와 같이 임원이 피선
되다.
　　회장: 장운용
　　부회장: 윤창덕·강원용·위 임스

서기 회계 계표는 투표위원에 맡겨 다음 속회 시 발표케 하기로 가결하다.

□ 정회
오후 2시 반에 속회키로 가결하고 조경우 목사의 축도로 동일 12시 반에 정회하다.

□ 속회
동일 오후 2시 반 동 장소에 계속 회집할 제 회장이 찬송 314장을 인도 합창하고 조광원 신부로 기도케 하고 속회를 선언하다.

□ 임원 선거
서기가 투표위원의 계표를 보고하니 다음과 같이 당선되다.

서기: 최중해·원요한

회계: 조광원·어원

□ 임원 교체
신·구 임원 교체할 제 신·구 회장이 각각 인사하다.

□ 헌장 개정안 가결
헌장수정위원 강원용 씨가 별지와 같이 보고하니 개정안대로 받기로 가결하다.

□ 결산 보고
김해득 씨가 1962년도 결산안에 대한 감사를 보고하다. 회계를 대신하여 박광재 간사가 1962년도 결산안을 보고하니 받기로 가결하다.

□ 사업계획안 채택
회장이 부회장 강원용 씨로 사회케 하다.
총무의 1963년도 사업계획안을 별지와 같이 보고하니 채택하다.

□ 예산안 가결
예산위원장을 대신하여 박광재 간사가 1963년도 예산을 제

안 보고하니 지출부 사업비 중 회의비, 접대비, 통계비, 교통
빛 여비를 경상비로 올리고 수입과 지출부의 웍캠프비와 청년
국 사업비를 청년국비로 통합 수정하고 채택키로 가결하다.
1964년도 청원예산은 원안대로 채택키로 가결하다. 회원 중
에 본회의 재산을 문의하니 총무가 구두로 답변하고 앞으로
재정 보고에 재산 보고를 첨부하기로 가결하다.

□ 실행위원 채택

각 단체의 실행위원을 보고 채택함이 여하하다.

예수교장로회: 노기원·유호준·유재한·고봉윤·정기환

감리교: 김광우·박설봉·박신오·맹기영·안신영

구세군: 안길화·신경산·양풍원·김해득·김순배

기독교장로회: 이해영·유지욱·조항록·박한진·서정태

성공회: 테일리 주교

선교회 구세군: 조지 앵걸

선교회 연합장로교: 서길모

선교회 감리교: 레이니

선교회 캐나다연합교회:

선교회 호주장로교:

선교회 미 남장로교:

각 기관 기독교서회: 김광식

각 기관 대한성공회: 임영빈

각 기관 대한기독교교육협회: 한영선

각 기관 기독학생전국연합회: 손명걸

각 기관 대한기독교청년회연합회: 김치묵

각 기관 대한여자기독교청년회연합회: 김앰마

각 기관 대한기독교여자절제회연합회: 이영숙

각 기관 기독교세계봉사회: 모리손

각 기관 애린선교단:

각 기관 기독교신민회: 최석주

□ 찬송가 위원회 규약수정안 가결

　총무가 찬송가 위원회 규약수정안을 제안하니 실행위원에 맡
겨 헌장수정 연구위원 구성 건 실행위에 심의케 하기로 가결
하다.

□ 폐회

　기타 사항을 실행위원회에 맡기기로 가결하고 부회장이 회원
으로 찬송 1장을 기립 합창케 하고 축도로 폐회하니 동일 오
후 5시 반이더라.

회장 장운용
서기 최중해

第17回
韓國基督教聯合會 總會 會議錄

때: 1964년 2월 11일
곳: 경동교회

□ 개회 예배

회장 장운용 정령보의 사회로 아래와 같은 예배순서에 따라
거행하다.

묵도		일동
찬송	〈456장〉	일동
기도		최거덕 목사
성경	〈고전 1:1-10〉	조광원 신부
설교	〈믿음으로 하나 되자〉	

□ 성찬식

김광우 목사 주례와 한영선·장석영·강원용 제 목사의 보좌로
아래와 같은 순서에 따라 거행하다.

찬송	〈353장〉	
분병		
분잔		
축도		강원용 목사

□ 회원점명

회순에 따라 서기가 회원을 점명하니 총회원 84명 중 출석회
원 81명 결석회원 3명이더라.

□ 개회선언

상오 11시 장운용 회장이 한국기독교연합회 제17차 총회의
개회를 선언하다.

□ 회순 채택

서기가 별지 회순을 보고하니 그대로 채택키로 가결되다.

□ 회원가입 허락

서기가 새로 가입을 청원한 한국기독교의약가연맹의 가입 건
을 제안하니 만장일치로 가결하고 대표 정길환 씨를 회중에
소개하니 박수로 환영하다.

□ 인선위원 선정

회장이 각 교파와 단체에게 대표 선정을 위해 5분간 정회할
것을 선언하고 선정된 인선위원을 보고하니 아래와 같다.

예수교장로회: 안광국

감리교회: 안신영

기독교장로회: 이영민

구세군: 전용섭

성공회: 조광원

선교부: 감의도

기관: 한영선

□ 투표위원 선정

회장이 투표위원을 자벽하니 박신호·안길화·이해영·강신규
제씨가 선정되다.

□ 사업 보고

총무의 보고 및 각국의 사업 보고는 별지 보고서가 자세한
내역을 충분히 설명하므로 그대로 받자는 손명걸 목사의 동
의가 가결되다.

□ 임원 선거

인선위원회의 보고를 받아 무기명 투표하니 아래와 같다.

회장: 강원용 44표, 윤반웅 23표, 무효 3표

부회장: 최거덕 52표(예장), 안길화 49표(구세군), 조광원 33표(성공회), 권세
열 46표(연합장로회), 이영숙 17표(기관), 박대위 24표(남장로회)
서기와 회계는 인선위원회에서 선정하여 보고하니 만장일치
로 가결하다.
　　서기: 차현회(감리회) · 레이니(〃)
　　회계: 조광원(성공회) · 화이트너(선교부)
□ 당선 공포
　회장이 투표 결과를 발표한 후 회장에 강원용 목사, 부회장에
　최거덕 · 안길화 · 권세열 목사 및 서기, 회계의 당선됨을 공포
　하다.
□ 신 · 구 임원 교체
　신 · 구 임원 교체에서 구임원을 대표하여 장운용 회장의 퇴임
　인사가 있었고 이어서 신임원을 대표하여 강원용 회장의 신임
　인사가 있었다.
□ 정회
　12시 정각에 강신명 목사 기도로 정회하다.

□ 속회
　하오 2시 정각 회장 사회로 찬송가 291장을 합창하고 김길창
　목사 기도한 후 속회하다.
□ 총무 선정
　회순에 따라 총무 선정에 들어가 회장이 헌장 세칙 제5조항
　을 설명한 후 총무 인선위원회를 별도로 선정치 않고 임원 인
　선위원회가 이를 겸하도록 하자는 최중해 목사 동의가 가결
　되다.
　인선위원회에서 선정 보고한 길진경 목사를 무기명 투표하니
　찬성 44표, 반대 28표, 기권 3표가 나오다.
□ 당선 공포
　투표 결과 과반수가 넘은 44표로 길진경 목사가 당선된 것을

회장이 선언하다.

□ 헌장 수정안 심의

헌장 수정안 심의에서 많은 질의와 토의 끝에 거수 표결하니 재적 69표 중 가 22표 부 45표로 폐기되다.

□ 감사 보고

별지와 같은 감사 보고를 받자는 장석영 목사의 동의가 가결되다.

□ 회계 보고

별지 결산 보고를 그대로 받자는 최중해 목사의 동의가 가결되다.

□ 시행예산안 심의

가. 별지 예산서를 설명한 후 많은 질의가 있었으며 그중 특히 1963년도 회비 미수금 58,000원을 수입부 미수 계정에 계상할 것을 이호운 목사가 동의하여 가결되다.

나. 전도국 사업의 중요성에 따라 사업 확장 및 이에 따르는 상임 간사를 둘 수 있는 예산까지도 연구하자는 김광우 목사의 구체적인 설명이 있은 후 이를 그대로 받자는 김활란 씨의 동의가 가납되어 가결되다.

다. 1964년도 회비 건은 원안대로 받자는 최중해 목사의 동의가 가결되다.

□ 신청예산안 심의

1965년도 신청예산안 심의에 있어 사업비는 조정할 필요가 있으므로 다음 실행위원회에 넘겨 검토한 후 결정토록 하자는 김광우 목사의 동의가 가결되다.

□ 실행위원 선정

각 교파 및 기관 단위로 정수대로 선정하여 본부로 보고하기로 하자는 유호준 목사의 동의가 가결되다.

□ 신안건

가. 한국기독교봉사회 건의 안건과 별지 안건을 실행위원회에

넘겨 연구하자는 박영기 씨의 동의가 가결되다.

나. 세계교회 운동 및 새로운 사업을 계획 추진키 위한 연구 협의회를 갖자는 조향록 목사의 제안을 실행위원회에 넘겨 연구 검토하기로 가결하다.

□ 대회 장소 및 시일 결정

1965년도 총회 시일 및 장소 결정도 실행위원회에 넘겨 결정하도록 가결하다.

□ 신임 총무 인사

재선된 길진경 목사가 당선소감과 새로운 사업에 관한 소신을 피력하다.

□ 폐회식

하오 4시 25분 찬송 1장을 합창하고 회장 강원용 목사의 축도로 폐회하다.

회장 강원용
서기 차현회

第18回
韓國基督教聯合會 總會 會議錄

때: 1965년 2월 16일

곳: 덕수교회

□ 개회 예배
　　회장 강원용 목사의 사회로 아래와 같은 예배 순서에 따라 거
　행하다.

묵도		사회자
찬송	〈1장〉	다같이 일어서서
기도		김광우 목사
찬송	〈467장〉	다같이 앉아서
성경봉독	〈엡 2:11-19〉	안길화 부령
설교	〈막힌 담을 헐라〉	강원용 목사
기도		강원용 목사

□ 성찬식
　　최거덕 목사의 집례로 아래와 같은 순서로 거행하다.

찬송	〈192장〉	다같이
기도		최거덕 목사
배찬		배찬위원
찬송	〈362장〉	다같이
축도		최거덕 목사
폐회		

□ 회원점명

　서기가 회원을 점명하니 총회원 88명 중 71명이 출석하다.

□ 개회선언

　오전 10시 40분 회장 강원용 목사가 한국기독교연합회 제18회 총회의 개회를 선언하다.

□ 회순 채택

　원안대로 임시 채용하자는 최중해 목사의 동의가 가결되다.

□ 인선위원 선정

　관례대로 하자는 강신규 씨의 동의가 가결되어 각 교파와 기관 및 선교부별로 선정하여 보고하니 다음과 같다.

　　대한예수교장로회: 배명준

　　기독교대한감리회: 유증서

　　구세군: 전용섭

　　한국기독교장로회: 이영민

　　성공회: 박종기

　　연합기관: 한영선

　　선교부: 오인수

□ 투표위원 선정

　회장이 자벽하기로 하자는 정기환 목사의 동의가 가결되어 회장이 다음과 같이 자벽하다.

　　최중해·안신영·안길화·노홍섭

□ 사업 보고

　가. 일반 보고

　　총무 길진경 목사가 별지와 같이 일반 보고를 하니 그대로 받자는 김필수 씨의 동의가 가결되다.

　나. 각국 사업 및 기관사업 보고

　　각국 사업 및 기관사업 보고는 별지에 자세히 기록되어 있으므로 점심시간에 각자 검토한 후 질의 사항이 있으면 질의할 사항만 오후 회의에서 질의하자는 김종대 목사의 제안이 있은 후 이를 정기환 목사가 동의하여 가결하다.

다. 내년부터는 총대들에게 미리 보고서를 보내서 검토케 한
후 질의를 받도록 하자는 박설봉 목사의 동의가 가결되다.

□ 임원 선거

인선위원회의 보고를 받고 무기명 투표하니 아래와 같다.

회장: 최거덕

부회장: 김광우·안길화·젠센

서기: 노흥섭(국문)·감의도(영문)

회계: 박종기

외화(外貨, 달러) 회계는 그대로 둘 것을 최중해 목사가 동의하
니 그대로 가결되다.

□ 신·구 임원 교체

신·구 임원 교체에 있어서 구 임원을 대표하여 전 회장 강원
용 목사의 퇴임인사와 아울러 신임 임원들을 회중에게 소개
하였으며, 이어서 신임 회장 최거덕 목사의 신임 인사가 있
었다.

□ 정회

12시 30분 최거덕 목사의 기도로 정회하다.

□ 속회

오후 2시 5분에 부회장 김광우 목사의 사회로 김종대 목사의
기도가 있은 후 오후 회의가 속회되다.

□ 안건심의

가. 감사위원 손명걸 목사가 회계 감사 보고를 하니 그대로 받
기로 가결하다.

나. 예산위원장을 대신하여 박광재 목사가 별지와 같이 1964년
도 회계 결산 보고를 하니 그대로 받기로 가결하다.(별지 1)

다. 예산위원장을 대신하여 박광재 목사가 별지와 같이 1965년
도 예산안을 보고하니 수정해서 받기로 가결하다.(별지 2)

라. 예산위원장을 대신하여 박광재 목사가 별지와 같이 1966년
도 신청예산안을 보고하니 미수금계정을 삭제하고 심의
안건을 보고 안건으로 수정하여 그대로 받기로 가결하
다.(별지 3)

마. 예산위원장을 대신하여 박광재 목사가 별지와 같이 1966년
도 회비 책정안을 보고하니 원안대로 받고 예산위원회에
회부키로 가결하다.(별지 4)

바. 오전 회의 시간에 각국 사업 보고를 중단하고 점심시간에
각자 자세히 검토한 후에 오후 시간에 질의를 받고 처리하
기로 한 것은 그대로 받기로 가결하다.

사. 총무 길진경 목사가 1965년도 사업계획안을 보고하니 출
판사업은 사무적으로 출판국에 일원화하기로 수정하고
그대로 받기로 가결하다.(별지 5)

□ 정회

선례대로 실행위원을 각 교파에 맡겨서 선출하기로 하고 5분
간 정회키로 가결하니 오후 4시더라.

□ 속회

오후 4시 5분에 회장 최거덕 목사의 사회로 속회하다.

□ 안건심의

가. 각 교단과 기관에서 선정한 실행위원을 별지와 같이 보고
하다.(별지 6)

나. 헌장수정 연구위원 선정 건은 실행위원회에 일임키로 가
결하다.

다. 전국복음화운동에 협조하는 건은 실행위원회에 일임키로
가결하다.

라. 서기가 회록을 낭독하니 그대로 받기로 가결하다.

□ 폐회

폐회하기로 가결하고 찬송가 3장을 부른 후 회장 최거덕 목

사의 축도로 폐회하니 오후 5시 5분이더라.

회장 최거덕
서기 노홍섭

第19回
韓國基督敎聯合會 總會 會議錄

때: 1966년 2월 24일
곳: 덕수교회

□ 개회 예배
회장 최거덕 목사의 사회로 별지 순서와 같이 개회 예배를 거
행하다.
□ 회원점명
총원 95명 중 출석 79명 결석 16명이더라.
□ 개회선언
회장 최거덕 목사가 한국기독교연합회 제19회 총회가 개회됨
을 선언하다.
□ 회순 채택
회순을 임시 채용하기로 하되 수시로 가감하여 진행토록 하
자는 최중해 목사의 동의가 가결되다.(별지 1)
□ 인선위원 선정
각 교파와 기관 및 선교부별 한 명씩 선정하기로 하자는 박설
봉 목사의 동의가 가결되다.
인선위원을 선정하여 보고하니 다음과 같다.
최중해·한영선·김순배·김은태·전종옥·신도열·이영민
□ 투표위원 선정
투표위원 선정은 회장이 지명키로 하자는 이규석 장로의 동

의가 가결되다. 지명된 투표위원은 다음과 같다.

　장정표·이규석·김연수·박영배·김석남

□ 사업 보고

총무 길진경 목사가 별지와 같이 보고하니 전체 보고를 서면으로 받자는 권경찬 정령보의 동의가 가결되다.

□ 인선위원 보고

인선위원이 다음과 같이 보고되니 그대로 받자는 유호준 목사의 동의가 가결되다.

　회장 후보자: 이천환·구두인

　부회장 후보자: 김광우·김치묵·이해영·안길화·젠센·권세열

　서기: 차현회·이정학

　회계: 이규석·안길화

□ 임원 선거

선정된 임원은 다음과 같다.

　회장: 이천환

　부회장: 김치묵·이해영·권세열(선교사)

　서기: 차현회·함명도(영문)

　회계: 안길화·미첼(달러)

□ 임원 교체

간단히 신·구 임원 교체하다.

□ 실행위원 선정

각 교단과 기관 그리고 선교부별로 실행위원을 선정 보고하니 그대로 받자는 최중해 목사의 동의가 가결되다.

□ 정회

12시 40분 부회장 김치묵 목사가 2시까지 정회를 선언하고 홍현설 목사의 기도로 정회하다.

□ 속회

하오 2시 10분 같은 날 같은 장소에서 부회장 김치묵 목사의

사회로 속회를 선언하고 최중해 목사의 기도로 속회하다.

회순에 따라 먼저 헌장 수정안(별지 3)을 상정하니 개정안을 축조 심의하자는 조덕현 목사의 동의가 가결되다.

축조 심의에 들어가 많은 논의 끝에 2조의 개정을 보류하기로 하자는 강원용 목사의 유안동의가 가결되다.

세칙 2조는 그대로 받자는 최중해 목사의 동의가 가결되다.

세칙 3조 6항 연구위원회를 연구위원회와 교회와사회문제위원회로 두기로 하자는 김종대 목사의 동의가 거수 가결하니 31표로 통과되다.

세칙 개정안을 그대로 받기로 하자는 최중해 목사의 동의가 36표로 통과되다.

세칙 3조 6항의 연구위원회와 교회와사회문제위원회의 내역 성안을 실행위원회에 넘기기로 하자는 최중해 목사의 동의가 가결되다.

□ 회원가입 신청의 건

기독교대한복음교회의 가입 허락을 받기로 하자는 최중해 목사의 동의를 거수 표결하니 27표로 통과되다.

□ 감사 보고

서류미비로 인하여 보고를 보류하되 실행위원회에 맡겨 처리토록 하자는 장하원 목사의 동의가 가결되다.

□ 예산 심의

1966년도 예산안을 실무자(별지 4)가 설명한 후 그대로 받자는 박영기 장로의 동의가 가결되다.

1967년도 신청예산안을 그대로 받자는 박영대 장로의 동의가 가결되다.(별지 5)

□ 사업계획

1966년도 사업계획안을 실행위원회에 넘기기로 하자는 조덕현 목사의 동의가 가결되다.(별지 6)

□ 새 안건 토의

가. 단군 동상 건립에 관한 우리의 견해 초안을 실무자가 낭독한 후 16줄에 있는 별지 내용만 삭제하기로 하고 그대로 받자는 강원용 목사의 동의가 가결되다.(별지 7)

나. 종교단체등록법 반대성명서를 본 19회 총회의 명의로 발동하자는 강원용 목사의 동의가 가결되다.

□ 폐회

최중해 목사의 폐회동의가 가결되어 찬송 제3장을 합창하고 부회장 이해영 목사의 축도로 폐회하니 4시 45분이더라.

부회장 김치묵
서기 차현회

第20回
韓國基督敎聯合會 總會 會議錄

때: 1967년 2월 28일
곳: 아현감리교회

□ 개회식(10시~10시 30분)
한국기독교연합회 제20회 총회가 1967년 2월 28일 오전 10시 대한기독교감리회 아현교회당에 모여 회장 이천환 주교의 사회로 별지(1)과 같이 예배를 거행하다.

□ 성찬식(10시 30분~11시)
조신일 목사의 집례와 김광우·한영선 양 목사의 보좌로 거행하다.

□ 회의(11시~12시 30분)
서기가 회원 점명하니 총대 112명 중 90명이 출석하고 결석 22명이므로 성수가 되어 개회됨을 회장이 선언하다.

□ 회순 채택
회원 가입원서를 먼저 처리한 후 회무처리에 들어가자는 최중해 목사의 동의가 가결된 후 협동회원 한국크리스찬아카데미를 정회원으로 받아들이자는 조광원 신부의 동의가 가결되다.

□ 공천위원 선정
각 교단에서 한 사람, 기관 대표 1인, 선교사 대표 1인씩 선정하여 보고 받자는 박설봉 목사의 동의가 가결되고 공천위원의 보고를 받으니 다음과 같다.

유호준·이영민·조광원·디 캠프·김주병·맹기영·김순배

□ 투표위원 선정

회장의 자벽으로 하자는 강원용 목사의 동의가 가결되어 회
장이 자벽하니 다음과 같다.

박영기·김동수·박신오·권성오·차인환·장성환

□ 내빈 소개

제일대한기독교총회 회장 전영복 목사와 부회장 김덕성 목사
를 환영하자는 최중해 목사의 동의가 가결되고 전영복 목사
의 인사가 있었다.

□ 공천위원 보고

공천위원장 유호준 목사가 공천을 보고하니 다음과 같다.

회장: 홍현설·김광우

부회장: 이해영·김치묵·배명준·한영선·노시화·함명도

서기: 함명도·김은태

회계: 최중해·미첼

□ 사업 보고

사업 보고는 서면으로 받자는 조덕현 목사의 동의가 가결되
어 서면으로 받다.

□ 임원 선거

임원 선거를 하니 다음과 같이 당선되다.

회장: 홍현설

부회장: 이해영·한영선·노시화

서기: 김은태·함명도

회계: 최중해·미첼

□ 정회

정회하기로 가결되어 회장이 정회하니 12시 30분이었다.

□ 속회

같은 날 같은 장소에서 2시 10분에 회장이 계속 시무하다.

□ 신·구 임원 교체

신·구 임원 교체가 있은 후 회장의 결석으로 부회장 이해영 목사의 취임인사가 있었다.

□ 감사 보고

감사 박영기 장로가 관인계리사 황문삼 씨를 초청하여 4일간 감사한바 회계에 착오가 없음을 보고하다.

□ 회계 보고

본회 회계가 별지 (3)과 같이 1966년도 결산을 보고하니 감사 보고서는 총회 회록에 넣기로 하고 인쇄하여 위원들에게 보내주고 회계 보고서는 실적액이라는 문구를 결산액이라는 문구로 수정하여 받자는 동의가 가결되다.

□ 예산 심의

회계를 대신하여 최중해 목사가 별지 (4)와 같이 예산을 제출하니 금년도에는 연감을 내도록 하고 이에 대한 예산은 실행위원회에 넘기고 1967년도 예산안은 받기로 가결하다. 1968년도 신청예산안과 1967년도 회비는 별지 (5)와 같이 제출안대로 받기로 가결하다.

□ 실행위원 선정

실행위원을 선정하니 다음과 같고, 아직 선정되지 않은 단체는 실행위원회까지 단체에서 선정하여 보고하고 이때까지 선정 보고되지 않은 단체는 실행위원회에서 선정하기로 하다.

예장: 최혁주·배명준·김종대·이규석·유호준

감리교: 김광우·박신오·박설봉·김광열·맹기영

구세군: 장운용·안길화·양풍원·전용섭·김해득

기장: 강원용·이영민·조덕현·박영기·장정표

성공회: 이천환·조광원·장정문·이관히·김연수

복음교회: 이덕봉·장성환·홍순용·김완식·안홍식

절제회: 방호선

YMCA: 김애마
□ 사업계획안 검토
사업계획은 문서 그대로 받자는 강신규 장로의 동의가 가결
되다.
□ 신안건 토의
한국기독교연합회를 재단법인으로 할 것을 만장일치로 가결
하다.
□ 회록 채택
회록 채택은 차기 실행위원회에 일임하자는 맹기영 장로의 동
의가 가결되다.
□ 폐회
이해영 목사의 축도로 폐회하니 오후 3시 40분이더라.

회장 홍현설
서기 김은태

第21回
韓國基督教聯合會 總會 會議錄

때: 1968년 3월 4일
곳: 구세군 중앙회관

□ 개회

본회가 1968년 3월 4일 오후 2시에 구세군 중앙회관에 모여 회장 홍현설 목사의 사회로 별지 (1) 순서에 의하여 200장 찬송을 제창하고 이해영 목사의 기도와 홍현설 목사의 설교로 개회하다.

□ 회원점명

서기가 회원을 점명하니 총 회원 114명 중 출석 97명이더라.(별지 2)

□ 개회선언

성수가 되므로 회장이 개회선언을 하다. 총무가 세계교회협의회 아시아지역 간사 박상증 씨를 소개하고 박상증 씨의 인사가 있었으며, 재일 대한기독교회총회 대표 오윤태·김덕성·최경식 목사의 소개와 오윤택 목사의 인사가 있었다.

□ 회순 채택

회순 채택에 있어 제5항의 전형위원을 인선위원으로 고치고 그대로 채택하다.(별지 3)

□ 사업 보고

가. 총무가 별지 서면에 의하여 보고하니 각국 보고도 서면으

로 받자는 조광원 신부의 동의가 가결되다.

나. 감사 보고

감사 김성수 목사가 보고하니 서면대로 받자는 동의가 가결되다.(별지 4)

다. 회계 보고

회계 최중해 목사가 보고하니 일주일 전에 보내 달라는 박설봉 목사의 요구가 있은 후 앞으로는 일주일 전에 보내 주기로 하고 받다. 사업 보고서도 일주일 전에 보내 주기로 하다.(별지 5)

□ 인선위원 선정

인선위원은 각 교파에서 1명, 기관대표 1명, 선교사대표 1명으로 구성하기로 하고 인선위원을 선출하니 다음과 같다.

예장: 한완석

복음교회: 장성환

기장: 이영민

기관: 조선출

구세군: 김순배

감리교: 나사행

성공회: 조광원

선교부: 곽안전

□ 투표위원 선정

투표위원은 각 교단에서 1명씩 선정하되 회장이 자벽하기로 하고 자벽하니 다음과 같다.

예장: 김성수

감리교: 차현회

기장: 장정표

복음: 이덕봉

구세: 김해득

성공: 김연수

총무 인선위원도 임원 인선위원이 겸하자는 강원용 목사의 동의가 가결되다.

□ 임원 선거

인선위원의 보고에 의하여 임원을 선거하니 다음과 같다.

회장: 장운용 정령(구세군)

부회장: 김종대 목사(예장)·조선출 목사(기관)·권세열 목사(선교부)

서기: 박설봉 목사(감리교)·함명도 목사(선교부·영문서기)

회계: 박우승 장로(복음교회)·미첼 장로(선교부·달러회계)

□ 신·구 임원 교체

신·구 임원이 교체한 후 신임 회장 장운용 정령이 취임인사를 하다.

□ 1968년 예산안 심의

예산위원 최중해 목사가 별지와 같이 예산안을 제출하니 강원용·김치묵·성갑식 목사의 질의가 있은 후 사회국 사업비 중에서 프로젝트에 의하여 나가는 것 중 본회에서 직접 씌어지지 않는 것은 별도 회계로 하자는 강원용 목사의 동의가 가결되다.

□ 1969년도 회비 책정

회비는 제출안 그대로 받자는 이규석 장로의 동의가 가결되다.(별지 7)

□ 1969년도 신청예산안 심의

1969년도 신청예산안도 사회국의 프로젝트에 의하여 나가는 것 중 본회에서 직접 씌어지지 않는 것은 별도 회계로 하기로 하고 받자는 성갑식 목사의 동의가 가결되다.(별지 8)

□ 정회

정회하기로 가결하고 속회는 오후 7시에 개회하자는 동의가 가결되어 정회하니 동일 오후 5시 30분이더라.

□ 속회

동일 동 장소에서 오후 7시에 부회장 김종대 목사의 사회로 찬송가 456장을 제창한 후에 장 운용 정령의 기도로 개회하다.

□ 신년도 사업계획안 토의

가. 전도국: 전도국 간사 김덕수 목사가 별지와 같이 신년도 사업 계획안을 제출하니 실행위원회에 넘기기로 하자는 강원용 목사의 동의가 가결되다.(별지 9)

나. 박광재 목사가 공보국과 평신도국 사업계획안을 별지와 같이 제출하니 조향록 목사의 질의가 있은 후 본 안건도 실행위원회에 넘기자는 최중해 목사의 동의가 가결되다.(별지 9)

다. 김준영 목사가 사회국과 교회와 사회위원회 사업계획안을 제출하니 본 안건도 원칙을 재확인하는 조건으로 실행위원회에 넘기자는 동의가 가결되다.(별지 9)

라. 청년국 사업계획을 총무가 별지와 같이 제출하니 문구를 수정하여 실행위원회에 넘기자는 강원용 목사의 동의가 가결되다.(별지 9)

마. 가정생활위원회 간사 김종희 씨가 사업계획안을 제출하니 실행위원회에 넘기자는 김해득 참령의 동의가 가결되다.(별지 9)

연구위원회에 대하여 김정준 박사의 질의와 총무의 해명이 있었다.

근로재건대 교화지도위원회 사업 보고서 중 재정 보고서가 없으므로 다음부터는 재정 보고까지 보고하기로 하다.

□ 신안건 토의

실행위원회에서 제출한 대한예수교장로회의 기구 변경안을 길진경 총무가 설명한 후 헌장연구위원을 각 교파에서 1인씩, 기관을 망라하여 1인, 선교사 대표 중에서 1인으로 구성하자는 조향록 목사의 동의가 가결되다.

□ 총무 선정

총무 선정은 인선위원회에서 추천하는 3인을 본회에서 투표하되 1차 투표에서 과반수를 얻지 못할 경우에는 2차 투표에서 다점순위 2인을 결선 투표하자는 성갑식 목사의 동의와 총무 선거를 본회에서 보류하고 새로 구성되는 실행위원회에 전권으로 맡겨서 선정하자는 강원용 목사의 개의가 각각 성립되어 거수로 표현한 결과 개의의 찬성 32표, 반대 21표로 개의가 가결되니 실행위원회에 위임키로 하되 위원회 소집은 3월말로 하고 동시에 총무 선정도 3월 말일까지 하기로 가결하다.

유호준 목사와 길 총무는 3월 말일까지 집무하는 것을 원칙으로 하자는 발의에 일반이 양해사항으로 하기로 하다.

□ 실행위원 선정

실행위원을 선정하니 다음과 같다.

복음교회: 장성환·이덕봉·임종성·정동규·박종규

감리교: 박창현·홍현설·나사행·김광우·김지길

구세군: 안길화·양풍원·신경산·전용섭·김해득

기독교장로회: 이영민·강원용·조덕현·장정표·박영기

예수교장로회: 최혁주·배명준·한완석·이규석·유호준

성공회: 이천환·조광원·이관히·김연수·최철희

대한여자기독청년회: 박영숙

감리교선교부: 하은영

대한 성서공회: 김주병

대한기독교교육협회: 한영선

한국기독학생회: 박형규

대한기독청년회연맹: 김치묵

대한여자절제회연합회: 최금봉

한국의약가연맹: 정길환

한국기독교세계봉사회: 오 리버

구세군선교부: 노시화

캐나다선교부: 양의도

연합장로교선교부

남장로교선교부

호주장로교선교부

□ 회록 채택

서기가 회록을 낭독하니 문구 수정하여 받자는 동의가 가결
되다.

□ 폐회

폐회키로 가결하고 찬송가 582장을 일동 기립하여 제창하고
회장이 축도한 후 폐회하니 동일 오후 9시 30분이더라.

회장 장운용
서기 박설봉

第22回
韓國基督敎聯合會 總會會議錄

때: 1969년 3월 28일
곳: 경동교회

□ 개회 예배

본회가 1969년 3월 28일 오전 10시에 경동교회당에서 회집
하여 장운용 회장의 사회로 제1부 예배 순서를 다음과 같이
하다.

묵도		
교독문	〈8편〉	
찬송	〈2장〉	
기도		홍현설 목사
성경봉독	〈빌 2:1-11〉	장성환 목사
설교	〈능력의 일치〉	장운용 회장
찬송	〈582장〉	
축도		이천환 주교

□ 개회선언

서기가 성수가 됨을 보고하니 회장이 개회됨을 선언하다.

□ 내빈 인사

내빈 인사가 있었다.

　가. 홍종철 문공부장관 인사

　나. 캐나다 연합교회 세계선교부 총무 윕스터 박사의 인사

다. 동 협동총무 케레이 박사의 인사
□ 회순 채택
회순을 받되 회의를 진행하면서 적절히 조정하기로 가결하다.
□ 임원 선거
임원 선거는 세칙을 잠정적으로 보류하고 각 교단과 선교회와
연합기관에서 1인씩 선정한 다음 전형위원이 임원을 전형하
여 보고하기로 만장일치로 가결하다.
　　이영민·김세환·장성환·조광원·김순배·함명도·박형규·김덕수
□ 사업 보고
김관석 총무가 별지와 같이 보고하여 받기로 하다.
□ 재정 보고
맹기영 감사가 별지와 같이 보고하니 재정 사고액은 실무자가
책임지기로 하고 받기로 하다.
□ 정회
회장이 기도하고 12시 30분에 정회하다.

□ 속회
본회가 동 장소에서 오후 1시 30분에 속회되어 회장의 사회
로 찬송가 329장을 합창하고 기도한 후 개회하다.
□ 결산 보고
회계가 1968년도 결산을 보고하여 받기로 가결하다.
□ 임원 선정
전형위원이 임원을 전형하여 다음과 같이 보고하니 받기로
가결하다.
　　회장: 이해영
　　부회장: 박설봉·안길화·조광원
　　서기: 성갑식·함명도(영문서기)
　　회계: 박승우·부명관(달러)
신·구 임원 교체식이 있었다.

□ 기관보고

각 기관의 보고는 문서로 받기로 가결하다.

□ 실행위원 선정

실행위원은 각 교단과 선교회와 기관에 위임하여서 선정하여
보고하기로 가결하다. 실행위원은 다음과 같다.

예장: 유호준·김종대·이규석·김덕수·김동수

감리교: 홍현설·이응식·김지길·강치안·장세환

기장: 강원용·조향록·이영민·정용철·박영기

구세군: 장운용·양풍원·김해득·전용섭·신경산

성공회: 조광원·이천환·김연수·배두환·박종기

복음교회: 지동식·장성환·이덕봉·정동규·임종성

크리스챤 아카데미: 이재형

Y. M. C. A. 연맹: 김치묵

Y. W. C. A. 연합회: 박순양

기독교세계봉사회: 오 리버

대한기독교서회: 조선출

대한성서공회: 김주병

대한기독교교육협회: 한영선

한국기독학생회: 박형규

대한여자절제회연합회: 방호선

한국기독교의약가 연맹: 정길환

연합장로교 선교부

남장로교 선교부: 함부만

호주장로교 선교부

감리교 선교부

구세군 선교부

캐나다 선교부: 함명도

□ 예산안 심의

1969년도 예산안은 받아서 실행위원회에 넘겨서 심의하기로

가결하다.

□ 헌장 개정

헌장 개정은 교회협의회로 하는 것을 원칙으로 하되 실행위원회의 3분의 2 이상의 결의로 내년 총회부터 발효하기로 만장일치로 가결하다.

□ 사업계획

사업계획은 각 부에 맡겨서 하기로 가결하다.

□ 회의록 채용

서기가 회록을 낭독하니 채용하기로 하다.

□ 폐회

찬송가 65장을 합창하고 회장의 기도로 오후 4시 40분에 폐회하다.

회장 이해영
서기 성갑식

第23回
韓國基督敎敎會協議會 總會 會議錄

때: 1970년 2월 27일
곳: 기독교회관 대강당

□ 개회 예배

    한국기독교교회협의회 제23회 총회가 1970년 2월 27일 오전 10시 기독교회관 대강당에 회집하여 회장 이해영 목사의 사회로 별지 순서에 의하여 개회 예배를 드리다.

□ 성찬식

    회장 이해영 목사의 집례로 별지 순서와 같이 성찬식을 거행하다.

□ 개회

    서기 성갑식 목사가 회원을 점명하니 성수가 됨으로 회장 이해영 목사가 개회됨을 선언하다.

□ 내빈 인사

    한국가톨릭의 김수환 추기경을 대리하여 박양운 신부의 축사가 있다. 레바논 세계봉사회 총무 이운구 씨의 인사가 있다.

□ 회순 채택

    서기 성갑식 목사가 회순을 별지와 같이 보고하니 받기로 하다.

□ 인선위원 선정

    각 교단에서 1인씩 선정하기로 하고 선정하니 다음과 같다.

      성갑식(예장), 권영진(기장), 김순배(구세군),

표용은(감리교), 한순영(성공회), 이덕봉(복음교회)
□ 투표위원 선정
　　투표위원을 회장이 자벽하기로 하고. 회장이 자벽하니 다음
　　과 같다.
　　　　이규석·안준화·최희섭·유창복·황정기·임종섭
□ 사업 보고
　　총무 김관석 목사가 별지와 같이 사업 보고를 하니 받기로 하다.
□ 감사 보고
　　감사 김남준 장로가 별지와 같이 감사 보고를 하니 받기로 하다.
□ 결산 보고
　　회계 박우승 장로가 1969년도 결산을 보고하니 받기로 하다.
□ 각 기관 보고
　　각 기관 보고는 서면으로 받기로 하다.
□ 정회
　　오전 12시 30분에 홍현설 목사의 기도로 정회하다.

□ 속회
　　오후 1시 30분에 본 장소에서 회집하여 김해득 부령의 기도
　　로 속회하다.
□ 임원 선거
　　인선위원이 임원을 배수공천하여 투표하니 아래와 같다.
　　　　회장: 지동식(52), 이승익(5)
　　　　부회장: 조향록(45), 이봉구(23), 조광원(30), 안길화(29)
　　　　서기: 김해득(35), 서형선(26)
　　　　회계: 김인한(36), 표용은(26)
□ 실행위원 선정
　　실행위원을 각 교단에서 선정하여 보고하니 아래와 같다.
　　　　예장(7인): 마삼락·성갑식·이권찬·김종대·이규석·김동수·유호준
　　　　감리교(6인): 홍현설·표용은·이봉구·이웅식·김기동·홍형순

기장(5인): 권영진·강원용·최희섭·박영기·이해영

구세군(4인)

성공회(3인): 황정기·한순영·강준희

복음교회(3인): 장성환·이덕봉·홍순용

□ 신·구 임원 교체

    회장: 지동식

    부회장: 조향록·조광원

    서기: 김해득

    회계: 김인한

    구 회장 이해영 목사의 퇴임 인사와 신임 회장 지동식 목사의 신임 인사가 있다.

□ 헌장개정안 심의

실행위원회가 제출한 별지 헌장 개정안은 1970년도 실행위원회에 맡겨 재적 3분지 2의 결의로써 효력을 발생하게 하는데 거수 가결하니 찬 35표, 부 1표로 통과되다.

□ 예산안 심의

예산안은 실행위원회에 회부하여 헌장의 기본 뜻에 합당하도록 예산을 재편성하자는 강원용 씨의 의견이 채택되다.

□ 한국기독교봉사회 제안 건

한국기독교봉사회를 한국기독교교회협의회 사회국에 통합할 것을 총무가 제안했으나 이 안은 차기 실행위원회에 넘겨 처리하기로 하다

□ 폐회

찬송가 65장을 합창한 후 지동식 회장의 축도로 폐회하다.

회장 지동식

서기 김해득

第24回
韓國基督教教會協議會 總會 會議錄

때: 1971년 2월 24일

곳: 덕수교회

□ 개회 예배

한국기독교교회협의회 제24회 총회가 1971년 2월 24일 덕수교회당에서 지동식 회장의 사회로 개회 예배를 봄으로 시작되다.

'오늘의 구원'이란 제목으로 토마스 비저(Thomas Wieser) 목사가 설교를 한 후 회장의 집례로 별지와 같은 순서로 성찬식을 거행하고 이권찬 목사의 축도로 개회 예배를 마치다.

□ 회원 점명 및 개회선언

동일 11시 40분에 동 장소에서 회집하여 임시 서기 장형일 부령이 회원을 점명하니 출석회원이 77명(대한예수교장로회 18명, 기독교대한감리회 15명, 한국기독교장로회 14명, 구세군 10명, 대한성공회 10명, 기독교대한복음교회 10명) 결석회원이 3명이매 교단 과반수와 회원 과반수가 출석하였으므로 회장이 한국기독교교회협의회 제24회 총회가 개회됨을 선언하다.

□ 회순 채택

회의 순서를 원안대로 채택하자는 이권찬 목사의 동의와 재청이 있어 원안대로 채택하기로 가결되다.

□ 총무 인사와 보고

김관석 총무의 인사와 보고는 이미 유인물로 제출되어 있으므로 서면 보고로 받자는 김동수 목사의 동의와 재청이 있어 서면으로 받기로 가결하다.

□ 각부 사업 보고

각부 사업 보고(15-54페이지)는 그대로 받되 다음 총회부터는 여러 보조기관의 사업과 재정 보고도 함께 받기로 하자는 김형태 목사의 동의와 재청이 있어 그대로 가결되다.

□ 감사 보고

이응식 감사가 아래와 같이 보고하다.

"1970년도 본 협의회의 일반회계, 특별회계, 국제청소년교환위원회 회계장부와 증빙서류에 의하여 감사한 결과 별지 결산 보고서와 같이 계수에 차질이 없음을 보고합니다."

감사 보고를 받자는 동의와 재청이 있어 받기로 가결하다.

□ 1970년도 결산 보고

재정부장 안길화 정령이 회계 실무자인 이창섭 회계로 결산서를 낭독 보고케 하니 1970년도 일반회계, 특별회계, 국제청소년교환위원회 회계의 수입·지출 결산 보고서는 그대로 받기로 하자는 김재호 장로의 동의와 재청이 있어 받기로 가결하다.

□ 정회

정회하기로 가결되어 정회하니 12시 20분이 되다.

□ 속회

동일 오후 2시에 동 장소에서 회장의 사회 하에 이봉구 목사로 기도케 한 후 속개하다.

□ 실행위원 선정

실행위원 선정을 위하여 정회하기로 하되 각 교단에서 선정 보고할 때까지 정회키로 하다.

각 교단에서 선정한 실행위원 명단 보고는 아래와 같다.

예장(7): 이권찬·김형태·김종대·성갑식·배명준·김동수·손원직

감리교(6): 홍현설·박설봉·김기동·최상봉·표용은·이봉구

기장(5): 이해영·이영민·강원용·최희섭·장정표

구세군(4): 노시화·안길화·김순배·장형일

성공회(3): 임형선·한순영·강준희

복음교회(2): 이덕봉·홍순용·장성환

각 교단에서 선정 보고한 실행위원을 그대로 받자는 안길화 정령의 동의와 재청이 있어 그대로 받기로 가결하다.

□ 1971년 사업계획 심의

김관석 총무가 보고서 57-69페이지까지에 있는 각 부(에큐메니칼위원회, 평신도, ICYE, 워크캠프, 선교위원회, 연구위원회, 교회와사회위원회, 매스콤위원회, 가정생활위원회) 사업계획을 설명하니 연구위원회 계획 중 3항 '종교법인'과 '종교법인 입법화' 건은 삭제하고 3항에 '교회재단법인세'로 하기로 하고 '신흥종교에 대한 신학적 연구'를 한 항으로 삽입하여 1971년도 사업계획서를 받기로 하자는 김종대 목사의 동의와 재청이 있어 받기로 가결되다.

□ 1971년 예산안 심의

안길화 재정위원장이 1971년도 수입·지출 예산안(보고서 109페이지 이하)을 낭독하니 토의 끝에 그대로 받고 경정예산과 항목 유용은 실행위원회에 일임키로 하자는 김재호 장로의 동의와 재청이 있어 그대로 가결되다.

□ 기타 토의 안건

가. 위원 선정

세칙 제7조 인선위원과 성서공회를 제외한 모든 연합기관을 한국기독교교회협의회와 통합하는 안에 대하여는 각 교단과 각 기관이 충분히 토의하여 신속히 결정되도록 하기 위한 추진위원과 헌장 보완 수정위원 등 선정을 실행위원회에 일임키로 하자는 강신명 목사의 동의와 재청이 있어 그대로 가결하다.

나. 지방연합회 대표 참석 건

　　지방연합회 대표를 본 총회 시에 언권회원으로 참석케 하자는 채종묵
　　목사의 제안은 이를 헌장수정위원회에 참고하도록 하자는 성갑식 목사
　　의 동의와 재청이 있어 그대로 가결되다.

다. 총회 회의 방법

　　총회의 모든 사무 처리를 상임위원회나 실행위원회에 일임 처리케 하고
　　총회는 협의하는 총회로 하여 회의 기간을 2, 3일간 하자는 제안은 실
　　무진에게 맡겨 추진키로 하자는 동의와 재청이 있어 가결되다.

□ 회록 채용

　회록 채용은 실행위원회에 위임키로 가결하다.

□ 폐회

　폐회하기로 가결되어 회장이 강신명 목사로 축도케 한 후 한
　국기독교교회협의회 제24회 총회가 폐회됨을 선언하다.

회장 지동식

서기 장형일

第25回
韓國基督敎敎會協議會 總會 會議錄

때: 1972년 2월 29일
곳: 연동교회

□ 개회

1972년 2월 29일 오전 9시 30분에 한국기독교교회협의회
제25회 총회가 연동교회당에 회집하여 총회장 지동식 씨의
사회로 별지 순서에 의하여 개회 예배를 드린 후 이어서 성찬
식을 거행하다.

□ 회무처리

서기 김해득 씨가 회원을 점명하고 회원 80명 중 65명이 출석
함을 보고하니 회장이 한국기독교교회협의회 제25회 총회가
개회됨을 선언하다.(회원 명단 별지 첨부)

□ 서기 김해득 씨가 회순을 보고하니 다음과 같이 채용하다.

1. 회원 점명
2. 개회 서언
3. 회순 채택
4. 총무 보고
5. 각 부 사업 보고
6. 헌장보완위원회 보고
7. 기구통합 추진위원회 보고
8. 수원단체 사업 및 재정 보고

9. 감사 보고

10. 결산 보고

11. 투표위원 선정

12. 인선위원회 보고

13. 임원 선거

14. 실행위원 선거

15. 총무 선임

16. 신·구 임원 교체

17. 1972년도 예산 심의

18. 1972년도 사업계획 심의

19. 기타 토의

20. 회록 채택

21. 폐회식

□ 전 회록 낭독

　중의에 의하여 서기 김해득 씨가 전 회록을 낭독하다.

□ 총무 보고

　총무 김관석 씨가 별지와 같이 보고하니 받기로 가결하다.

□ 각 부 사업 보고

　총무 김관석 씨가 별지와 같이 1971년도 사업경과를 보고하
니 받기로 가결하다.

□ 기구 통합위원회 보고

　위원장 성갑식 목사가 한국기독교교회협의회와 대한기독교교
육협의회와의 통합 문제는 각기 5인 위원을 선정하여 통합 원
칙을 토의하였으나 현재 보류상태에 있음을 보고하니 그대로
받기로 가결하다.

□ 수원단체 사업 및 재정 보고

　수원단체 사업 및 재정 보고는 별지와 같이 받기로 가결하다.

□ 감사 보고

　감사 김암 장로가 별지와 같이 1971년 재정감사 보고를 하니

그대로 받기로 가결하다.

□ 1971년도 결산 심의

회계 김인한 장로가 별지와 같이 1971년 수입 지출 결산을 보고하니 그대로 받기로 가결하다.

□ 헌장보완위원회 보고

헌장보완위원회 대표 안길화 씨가 별지와 같이 수정할 곳을 보고하니 축조 토의한 후 표결에 들어가 아래와 같이 가결하다.

제2조(원안) 본회의 명칭은 한국기독교교회협의회라 칭한다.

제2조(수정안) 본회의 명칭은 한국기독교협의회라 칭한다.

출석위원 65명 중 가 34, 부 32, 3분지 2에 미달로 회장이 부결을 선언하다.

제5조(원안) 본회의 회원은 제3조에 의하여 가입한 교회의 대표자로 구성한다.

제5조(수정안) 본회의 회원은 제3조에 의하여 가입한 교회의 대표자로 구성한다. 회원의 임기는 2년으로 한다.

출석회원 65명 중 가 55, 부 10으로 3분지 2 이상이므로 회장이 가결을 선언하다.

제8조(원안) 본회는 아래 임원을 둔다.

1. 회장 1명, 부회장 2명

2. 서기 1명

3. 회계 2명

4. 감사 2명

제8조(수정안) 본회는 아래 임원을 둔다.

1. 회장 1명, 부회장 2명

2. 서기 1명, 부서기 1명

3. 회계 1명

4. 감사 2명

출석회원 65명 중 가 62, 부 2로 3분지 2 이상이므로 회장이 가결을 선언하다.

제19조(원안) 정기총회는 1년 1차 2월 중에 회집한다.

제19조(수정안) 정기총회는 2년에 1차 2월 중에 회집한다.

출석회원 65명 중 가 45, 20으로 3분지 2 이상이므로 회장이 가결을 선언하다.

□ 정회

하오 2시까지 정회키로 가결하고 박설봉 씨가 기도한 후 회장이 정회를 선언하니 12시더라.

□ 속회

동일 하오 2시에 본 총회가 동 장소에 회집하여 김윤식 씨로 기도케 한 후 계속 시무하다.

□ 투표위원 선정

투표위원은 각 교단에서 1인씩 선출하니 아래와 같다.

장형일(구세) · 최상봉(감리) · 문상윤(성공)

이희로(기장) · 박순웅(복음) · 김암(예장)

□ 인선위원회 보고

인선위원회 서기 장성환 씨가 인선위원에서 배수공천한 인사를 보고하니 아래와 같다.

회장: 배명준(예장) · 강신명(예장)

부회장: 박설봉(감리) · 최종철(감리) · 전용섭(구세) · 유창복(구세)

서기: 최희섭(기장) · 엄기현(기장)

부서기: 홍순용(복음)

회계: 조광원(성공) · 김연수(성공)

총무: 김관석

□ 임원 선거

임원을 선거하니 아래와 같다.

회장: 배명준(예장)

부회장: 박설봉(감리) · 전용섭(구세)

서기: 최희섭(기장)

　　　부서기: 홍순용(복음)

　　　회계: 김연수(성공)

☐ 실행위원 선거

실행위원은 각 교단에서 선임하여 서기에게 접수 보고케 하기로 가결하다.

☐ 총무 선거

김관석 씨를 재선임하다.

☐ 긴급동의안

임원 선거 방법으로서 각 교단에서 2인씩 배수 공천하는 일이 불합리한 것과 헌장의 미숙한 점을 보완하도록 실행위원회에서 일임하여 연구 시행토록 가결하다.

☐ 감사 선정

감사는 인선위원회에 일임하여 선임하니 아래와 같다.

　　　김암(예장)·이응식(감리)

☐ 신·구 임원 교체

신·구 임원 교체식과 아울러 재임된 총무 김관석 씨가 재선임된 소감을 피력하다.

☐ 1972년도 예산 심의

재정부장 장정표 씨가 별지와 같이 1972년도 예산을 보고하니 심의 끝에 받기로 가결하다.

☐ 1972년도 사업계획 심의

총무 김관석 씨가 별지와 같이 1972년도 사업계획을 보고하니 심의 끝에 받기로 가결하다.

☐ 실행위원 명단 접수 보고

각 교단 대표가 접수한 실행위원 명단을 서기가 보고하니 아래와 같다.

　　　대한예수교장로회: 김종대·이권찬·김동수·성갑식·김윤식·문용오·
　　　김인한

기독교대한감리회: 홍현설·이봉구·최상봉·김기동·최종철·표용은

한국기독교장로회: 이영민·강원용·이해영·장정표·유화청

구세군대한본영: 김해득·안길화·김순배·장형일

기독교대한복음교회: 장성환·조용술·이덕봉

대한성공회: 조광원·김용걸·임형선

□ 기타 사항

감사 이홍식 씨가 질의한 감사실행위원회의 참석 여부는 언권 회원으로 참석케 하기로 가결하다.

□ 직원 소개

총무로 하여금 본 기관의 직원을 소개하도록 가결하고 각각 소개하다.

□ 회록 채택

회록은 실행위원회에 일임하여 채택키로 가결하다.

□ 폐회식

찬송가 530장을 합창하고 회장 배명준 씨가 축도한 후 폐회를 선언하니 하오 4시더라.

회장 배명준
서기 최희섭

第26回
韓國基督教教會協議會 總會 會議錄

때: 1974년 2월 25일
곳: 성공회 서울대성당 코리아나 스테이트룸

□ 개회 예배

1974년 2월 25일 오전 9시 30분 한국기독교교회협의회 제
26회 총회가 성공회 서울대성당에서 총회장 배명준 목사의
사회로 별지 순서에 의하여 거행하다.

□ 회의 장소를 코리아나 스테이트룸으로 옮겨 회무 처리에 들어
가 찬송가 8장을 합창한 후 회장이 성경 에베소서 4장 1-6절
말씀을 봉독하고 강원용 목사로 기도케 한 후 개회하다.

□ 회장으로부터 이번 본 협의회 제26회 총회에 특별히 참석한
다음의 내빈을 소개하다.

　　세계교회협의회 대표 Dr. Jacques Rossel

　　미국 N. C. C. 대표 Dr. Newton Thurber

　　일본 N. C. C. 대표 Dr. Takaaki Aikawa

이상 세 분으로부터 각각 인사와 메시지 전달이 있었다.

□ 서기가 회원을 점명하고 회원 80명 중 71명이 참석함을 보고
하니 회장이 한국기독교교회협의회 제26회 총회가 개회됨을
선언하다.

□ 서기가 회순을 아래와 같이 보고하니 인선위원 선정을 오전
회의로 바꾸어서 받기로 가결하다.

412

[오전]

가. 찬송

나. 성경 봉독……에베소서 4장 1-6절

다. 기도……강원용 목사

라. 내빈 소개 및 인사

마. 회원 점명

바. 개회 선언

사. 회순 채택

아. 사업 보고 ① 총무 인사 및 보고

② 각 부 사업 보고

③ 헌장 보완 위원회 보고

자. 인선위원 선정

차. 감사 보고

카. 결산 보고

[오후]

가. 투표위원 선정

나. 임원 및 실행위원 선거

다. 신·구 임원 교체

라. 사업계획 심의

마. 예산안 심의

바. 기타 토의

사. 회록 채택

□ 총무 보고

총무 김관석 목사가 별지와 같이 보고하니 박수로 받기로 가
결하다.

□ 각 부 사업 보고

총무 김관석 목사가 별지와 같이 1973년도 사업 보고를 하니
박수로 받기로 가결하다.

□ 헌장 보완 위원회 보고

위원장 김해득 정령이 별지와 같이 개정안을 보고하니 축조심의 끝에 만장일치로 가결하다. 헌장 세칙 수정 보완 건은 실행위원회에 위임키로 가결하다.

☐ 감사 김암 장로가 별지와 같이 1973년도 재정 감사한 결과를 보고하니 받기로 가결하다.

☐ 회계가 별지와 같이 1973년도 결산을 보고하니 받기로 가결하다.

☐ 인선위원을 각 교단에서 1명씩 회장에게 서면으로 제출키로 가결하다.

☐ 인선위원

　　성갑식(예장) · 김창희(감리) · 이영민(기장)

　　김순배(구세군) · 이두성(성공회) · 조용술(복음)

☐ 정회
김동수 목사의 기도가 있은 후 회장이 정회를 선언하다.

☐ 속회
동일 하오 3시에 본 총회가 동 장소에 회집하여 지동식 목사로 기도케 한 후 계속 회의에 들어가다.

☐ 투표위원 선정
투표위원은 회장이 자벽하니 아래와 같다.

　　장태순(예장) · 장정표(기장) · 표용은(감리) · 김종원(구세군) · 박승시(성공) · 오충일(복음)

☐ 인선위원 보고
인선위원회 서기 조용술 목사가 인선위원회에서 배수 공천한 인사를 보고하니 아래와 같다.

　　회장: 김기등(감리) · 박봉배(감리)

　　부회장: 김해득(구세군) · 유창복(구세군) · 김동수(예장) · 이병섭(예장)

　　서기: 최희섭(기장) · 조덕현(기장)

　　부서기: 홍순용(복음) · 박승우(복음)

□ 임원 선거

임원을 무기명 투표에 의하여 선거하니 아래와 같다.

회장: 김기동

부회장: 김해득·김동수

서기: 최희섭

부서기: 홍순용

회계: 이두성

□ 투표 결과

회장: 김기동 37. 박봉배 21. (무효 7.)

부회장: 김해득 60. 유창복 4. 김동수 3. 이병섭 4.

서기: 최희섭 41. 조덕현 18. (무효 1.)

부서기: 홍순용 48. 박승우 10.

회계: 이두성 49. 김성수 9.

□ 실행위원 선정실행위원은 각 교단에서 선임하여 서기에게 접수 보고케 하기로 하여 실행위원을 접수하니 아래와 같다.

예장: 김윤식·조남기·김인한·장태순·성갑식·문용오·김종현

감리: 홍현설·이봉구·최상봉·표용은·박춘화·김창희

기장: 이영민·강원용·조덕현·박광재·장정표

구세군: 전용섭·김순배·유창복·장형일

복음: 지동식·조용술·오충일

성공회: 김성수·배두환·김진만

□ 신·구 임원 교체

신·구 임원 교체식과 아울러 신·구 회장의 소감을 각각 피력하다.

□ 사업계획 심의

총무 김관석 목사가 별지와 같이 1974년도 사업계획안을 제출하니 받기로 가결하다.

□ 예산안 심의

재정부를 대표하여 장정표 씨가 별지와 같이 1974년도 예산

안을 보고하니 심의 끝에 받기로 가결하다.
- □ 기타
  1975년도 각 교단 부담금을 실행위원회에 일임하여 조정한 후 각 교단이 총회 전에 청원하여 총회 예산에 반영키로 하다.
- □ 특별 회계 보고
  재정부를 대표하여 장정표 씨가 별지와 같이 보고하니 받기로 가결하다.
- □ 유지재단 회계 보고
  실무자가 별지와 같이 보고하니 받기로 하다.
- □ 기타 사항
  본회 비가맹 교단이 본회에 가입할 수 있도록 실행위원회에 일임하여 연구 추진키로 가결하다.
- □ 현재 구속 중인 교역자와 그 가족을 위하여 부회장 김해득 정령과 김동수 목사 인도로 함께 기도하다.
- □ 납북된 어부들을 즉각 소환하라는 성명서를 임원회에 일임하여 문안을 작성하여 발표키로 가결하다.
- □ 정부기관에서 실시하는 행사 중에 반기독교적인 사례가 없도록 임원회에 일임하여 대책을 강구하기로 가결하다.
- □ WCC와 미국 NCC, 일본 NCC가 본 총회에 대표를 파송하여 메시지를 보내준 일에 대하여 각각 감사의 인사문을 보내기로 가결하다.
- □ 회의록을 실행위원회에 일임하여 채택키로 가결하다.
- □ 폐회
  찬송가 60장을 합창하고 회장의 축도로 한국기독교교회협의회 제26회 총회가 동일 오후 5시에 폐회됨을 선언하다.

회장 김기동
서기 최희섭

第27回
韓國基督敎敎會協議會 總會 會議錄

때: 1976년 2월 26일
곳: 대한 성공회 회의실

□ 개회 예배
  1976년 2월 26일 오전 10시 한국기독교교회협의회 제27회
  총회가 성공회 서울대성당에서 회장 김기동 목사의 사회로 별
  지 순서에 의하여 거행되다.
□ 회의 장소를 성공회 별관에 옮겨 회무 처리에 들어가 김동수
  목사가 기도한 후 진행되다.
□ 서기가 회원을 점명하고 회원 80명 중 74명이 참석함을 보고
  하니 회장이 한국기독교교회협의회 제27회 총회가 개회됨을
  선언하다.
□ 서기가 별지 회순을 보고하니 별지 순서 중 임원 선거한 후
  총무 선거키로 수정하고 채택하다.
□ 총무 김관석 목사가 별지와 같이 보고하니 박수로 받기로 가
  결하다.
□ 각 부 사업 보고
  각 부장을 대신해서 실무자가 별지와 같이 경과사업을 보고
  하니 문서로 받기로 가결하다.
□ 김기동 회장으로부터 본 협의회 총회에 참석한 재일 대한기독
  교 총회 대표 오윤태 박사와 본회 산하 청년협의회 회장 황주

석 씨를 소개하니 박수로 환영하다.
□ 수원단체 보고는 문서로 받고 실무자가 본회 수원단체 대표를 소개하니 박수로 받기로 가결하다.
□ 감사 보고
정동규 감사가 별지와 같이 감사한 결과를 보고하니 받기로 가결하다.
□ 결산 보고
회계가 별지와 같이 결산을 보고하니 문서로 받기로 가결하다.
□ 유지재단이사회 보고
유지재단이사장 김형태 씨가 별지와 같이 유지재단 감사 결과를 보고하니 받기로 가결하다.
□ 공천위원 선정
각 교단에서 아래와 같이 1인씩 공천위원을 선정하여 서기에게 접수키로 하고 정회키로 가결하다.
성갑식(예장)·조용술(복음)·박광재(기장)
이두성(성공회)·표용은(감리)·김순배(구세군)
□ 정회
전용섭 씨의 기도가 있은 후 회장이 정회를 선언하다.

□ 속회
동일 하오 2시에 동 장소에 회집하여 김용련 목사가 기도한 후 계속 회의에 들어가다.
□ 김 총무가 세계 각 나라에서 별지와 같이 보내온 축전을 낭독하니 박수로 환영하고 실무자에게 일임하여 각각 답례키로 가결하다.
□ 성공회 서울교구 어머니 연합회 임원들이 본 회원을 환영한 봉사에 대하여 본회가 감사장을 보내기로 가결하다.
□ 본 27회 정기총회의 메시지로서 〈대 사회선언서〉를 발표하되 후임 총무를 각 교단에서 1인씩 선정하여 일임하고 일주일 내

발표케 하여 전권을 일임키로 가결하다.

□ 투표위원을 회장이 자벽하니 김종원·오충일·조승혁·전주석·이정학·이재정이 선임되다.

□ 공천위원 보고 및 임원 선거
   공천위원 소집자인 성갑식 목사가 아래와 같이 임원이 공천된 것을 발표하여 투표하니 아래와 같이 선임되다.
   위원장 성갑식, 서기 박광재

□ 회장 공천에 이천환, 김성수를 공천하여 투표하니 회장에 이천환 씨가 선임되다.
   부회장에 김윤식(예장)·허일찬(예장)·최희섭(기장)·조덕현(기장)을 각각 공천하여 투표하니 김윤식, 최희섭 씨가 선임되다.

□ 기타 임원은 공천위원회의 선정을 받기로 하니 서기에 박우승, 부서기 홍순용, 회계 김순배, 감사 이응식·김재호 씨가 각각 선임되다.

□ 실행위원은 각 교단에서 선정 보고키로 가결하다.(별첨 명단 참조)

□ 인선위원장 김순배 씨가 김관석 씨를 재천하여 투표하니 재적 77명 중 66표로 당선됨을 선언하다.

□ 신·구 임원 교체
   신·구 임원 교체식과 아울러 신·구 회장의 소감을 피력하고 신임 이천환 회장에게 사회케 하다.

□ 신임 총무 김관석 씨가 신임 인사하니 박수로 환영하다.

□ 1976년도 사업계획 및 예산을 제출하니 심의 끝에 실행위원회에 일임하여 처리키로 가결하다.

□ 유지재단이사장이 제출한 별지 정관 명의 건과 이사 인준 건을 허락하기로 가결하다.

□ 별지 건의안은 실행위원회에 일임하여 처리키로 가결하다.

□ 금후 본회에서 발표되는 성명서 및 모든 결의서는 해당 위원회와 협의하여 실행위원회를 거쳐 실시하기로 재천명하다.

□ 회록 채택은 실행위원회에 일임키로 가결하다.

□ 폐회키로 가결하고 이천환 회장의 성경봉독과 이어서 송상규
목사가 기도한 후 폐회하니 하오 4시더라.

회장 이천환
서기 박우승

第28回
韓國基督教教會協議會 總會 會議錄

때: 1978년 3월 3일

곳: 연동교회

□ 1978년 3월 3일 오전 9시 30분 한국기독교교회협의회 제28회 총회가 연동교회당에서 회장 이천환 주교의 사회로 별지 순서에 의하여 거행되다.

□ 회의 장소를 연동교회 회의실로 옮겨 회무 처리에 들어가다.

□ 김윤식 목사의 미국 남장로교 세계선교협의회 참석보고를 듣다.

□ 회원 점명
서기가 회원을 점명하니 80명 중 8명 결석, 72명 참석으로 이를 보고하니 회장이 개회 선언을 하다.

□ 회순 채택
서기가 별지 회순을 보고하니 인선위원 선정 순서와 WCC총회 보고를 삽입키로 하고 가납되다.

□ 총무 인사 및 보고를 별지와 같이 하니 박수로 받다.

□ 각 부 사업 보고를 별지와 같이 하니 박수로 받다.

□ 각 분과위원회 위원장의 노고를 박수로 치하하다.

□ 헌장위원회 보고
김윤식 위원장의 보고를 받다.

□ 감사 보고

김재호 감사로부터 별지와 같이 보고하니 받기로 결의하다.
- □ 결산 보고

    별지 결산 보고를 받기로 결의하다.
- □ 인선위원 선정

    각 교단에 1인씩 인선위원을 다음과 같이 선정하다.

    > 성갑식(예장) · 표용은(기감) · 김종원(구세군),
    >
    > 이두성(성공회) · 박재봉(기장) · 홍순용(복음)
- □ WCC실행위원회 보고를 WCC실행위원으로 수고하고 있는 강원용 목사가 하다.
- □ 정회하고 오후 1시30분에 속회하기로 결의가 되어 정회하니 11시 50분임.

- □ 동일 하오 1시 30분에 동 장소에 회집하여 김순배 정령의 기도가 있은 후 계속 회의에 들어가다.
- □ 인선위원회

    이두성 인선위원회 위원장이 임원을 1명씩 추천하였으면 좋겠다는 건의를 받아들여 만장일치로 결의되다.

    인선위원회 위원장에 이두성, 서기에 김종원 씨가 되어 다음과 같이 보고함.

    > 회장: 김해득(구세군)
    >
    > 부회장: 최희섭(기장) · 신태식(예장)
    >
    > 서기: 박우승(기감)
    >
    > 부서기: 홍순용(복음)
    >
    > 회계: 이두성(성공회)
    >
    > 감사: 최상봉(기감) · 양승표(예장)
- □ 실행위원회 명단을 각 교단 인선위선이 서기부에 서면 제출하기로 결의되어 서기가 접수하여 호명하니 박수로 받다.

    > 예장(7명): 김윤식 · 김형태 · 성갑식 · 허일찬 · 전성천 · 김인한 · 이병섭
    >
    > 기감(6명): 이봉구 · 김준영 · 표용은 · 박춘화 · 강치안 · 정영관

찾아보기

후기

힘겨운 작업을
마치고 나서

　　글을 써달라는 청탁을 받게 되면 으레 한두 번쯤은 사양하는 버릇이 있다. 정말 그 일이 힘에 겨워서 그러는 때도 있고, 한번 그렇게 해보는 경우도 있다. 그러나 이번만은 단순한 사양만은 아니었다. 우선 이 작업이 생땅을 파헤치는 것과 마찬가지의 어려운 작업이라는 것을 알고 있었기 때문이며, 나 말고도 유능한 교회사가들이 얼마든지 있을 텐데 어찌하여 나에게 그런 작업을 부탁하게 되었는지 의아했기 때문에 다른 분을 더 찾아보면 어떨까 하는 마음에서였다.

　　이런 식으로 망설이다 마침내 수락할 때는 사실 아주 자신이 없었던 것은 아니었다. 이미 《한국 기독교청년회 운동사》라는 큰 작업 하나를 끝내었으니만큼 그 작업을 하는 동안 얻어진 역사 지식을 토대로 조금 더 애쓰면 되리라 생각했던 것이 사실이다. 그러나 막상 손을 대고 보니 예상과는 너무 딴판이었기 때문에 때로는 수락한 것을 후회하기까지 했다. 겁이 날 정도로 후회되었다. 어느 정도 믿고 있던 한국 교회 연합운동에 대한 나의 지식이란 노루 꼬리만 한 것임을 알게 되었으며, 그 밖의 더 넓고 깊이 있는 역사 지식이 아니고서는 도저히 이 작업을 감당해 낼 수 없다는 것을 새삼스럽게 느꼈기 때문이다.

아시다시피 우리 학계나 교제에는 이 방면에 관심을 가진 사람도 적고, 그에 대한 기초작업을 해놓은 것도 전혀 없다. 또한 각 교파별 교회사도 특별히 나온 것이 없고, 교회 연합운동사 같은 것은 더군다나 찾아보기 어려운 실정이다. 이제 와서 저마다 선교 백년사를 이야기하며 웅성거리고 있기는 하지만 그들도 무슨 준비가 되어 있어서 그러는 것은 아니다.

물론 이런 실정을 통 모르고 덤벼든 것은 아니지만 그래도 막상 자료 수집에 나서고 보니 예상 밖으로 자료가 빈약했다. NCC 사무실에도 6·25전란 이후의 것은 더러 있어도 그 이전 것은 하나도 보관되어 있지 않았다. 자료가 있으려니 기대했던 사람에게도 자료가 없었고, 기대했던 도서관의 자료실에서도 허탕을 치곤 했다. 나중에는 여기저기 헤매고 다니다가 지쳐 실망도 했다. 기록을 남겨놓지 않은 선배들이 원망스러워지기도 했다. 왜 우리 선배들은 이다지도 역사 기록을 등한시했을까? 왜 한눈만 팔고 예배당 지을 생각만 했을까?

어쨌든 어려운 시련과 고비를 넘기고 나서 겨우 붓을 들게 되었을 때는, 마음속에서 중대한 몇 가지 변화가 일게 되었다. 우선, 연합운동사로 쓰려고 했던 당초의 생각을 바꾸어 가지고 '에큐메니칼 운동사'로 써야겠다는 결심을 굳혔으며, 다음으로 '운동사'라는 표제를 내어 건 바에는 내 나름의 역사 해석도 활발히 하고 논평도 벌여야 마땅할 테지만, 되도록 그것을 삼가고 그 대신 역사 고증만은 철저히 해야겠다는 결심이 서게 된 것이다.

보다시피 이 책은 그리 방대한 역사를 다루었다고는 할 수 없다. 그러나 각주만은 꽤 많은 편이다. 참고문헌도 그리 많지는 못하지만 인용문은 꽤 많은 편이다. 이것은 곧 역사적 사실에

충실하자는 나의 역사 작업 태도를 의미한다. 비록 인용문이나 원문이 틀렸다는 것이 뒤에 판명되는 한이 있다손 치더라도 일단은 정확한 근거에 의한 역사를 쓰자는 것이 나의 기본 태도였던 것이다.

처음에는 한국 NCC 초창기부터 오늘까지의 완전한 역사를 청탁받았지만 그 청탁대로 이 책을 탈고하지는 못했다. 너무 최근의 역사는 연구 가치가 희소할 뿐더러 역사적 성격이란 적어도 한 세대쯤은 지나야 돋보이기 때문이다. 그래서 6·25전란 이후의 사료만은 별첨으로 다루기로 했다. 다시 말해서 6·25전란 이후의 역사서술은 하지 아니하고, 중요한 헌장이나 총회 회의록만을 다 수록함으로써 소임을 다하자고 생각했던 것이다.

그러므로 이 역사는 미완성품이라 하겠다. 고층 건물에다 비한다면 중간층쯤부터 그 위 부분은 뼈대공사만을 끝낸 셈이다. 이를테면 채 못다 지은 건물인 셈이다. 이것은 곧 뒤의 제2단계, 제3단계 공사는 다른 사람에게 맡긴다는 의미가 되며, 따라서 이미 마무리 지은 부분도 불완전하니 더 보태고 뜯어 고치고 바로잡아야 집다운 집이 되리라는 뜻에서 하는 말이다. 이 책이 역사의 밑거름이 되고 개척자의 구실만을 충분히 할 수 있다면 그것으로 만족하겠다는, 그런 마음이다.

아울러 몇 가지 일러둘 말이 있다. 그것은 이 책의 짜임새 문제다.

1. 이 책에는 원문 외에 부록과 별첨이 있다. 부록에는 6·25전란, 즉 1950년 이전까지의 관계 기록을 실었고,

2. 별첨에는 그 이후부터 1978년까지의 관계 기록을 역사자료로 실었다.

3. 부록에 실은 헌장은 연합협의회 시대와 연합공의회 시

대의 중요한 것뿐이고, 8·15 해방 후부터 6·25전란까지의 기독교연합회 시대의 헌장은 찾아내지 못했기 때문에 싣지 못했다.

4. 그 대신 부록에 실은 1937년 연합공의회 시대의 최종 헌장과 별첨에 실은 1951년 기독교연합회 시대의 헌장을 견주어 보면 8·15 해방 직후 재건 당시의 헌장 내용을 대강 짐작할 수 있으리라 믿는다.

5. 총회 회의록은 1951년 제5회부터 1978년 제28회까지 전부를 실었다. 그중 1958년도 회의록이 빠졌는데, 그것은 당시 교계의 혼란 때문에 1년간 총회가 공전된 탓이지 회의록이 빠진 것은 아니다.

6. 제1회부터 제4회까지의 회의록은 8·15 해방부터 6·25전란까지의 회의록인데, 이것은 끝내 찾아내지 못하여 수록하지 못했다. 기간으로 치면 불과 5년 사이이고, 연대로 치면 불과 30년 전 일이지만 당시의 역사 기록은 거의 없는 형편이다. 그래서 나는 이 대목에서 제일 어려움을 겪었다. 여러 사람의 증언을 듣긴 했지만 이 대목에는 미심한 데가 많다.

7. 〈찾아보기〉에는 이 책에 나오는 모든 인물과 사건을 넣지는 못했다. 부록까지의 인물과 사건, 즉 6·25전란 이전까지만 넣었고, 그 이후의 인물이나 사건은 넣지 않았다는 것을 명심해 주길 바란다.

마지막으로 처음부터 이 일을 내게 맡기고 계획하고 격려해 주신 NCC 김관석 총무님께 진심으로 고마운 인사를 드리고 싶다. 자료 수집에 여러 가지 편의를 베풀어 주신 연세대학교 도서관장 한태동 박사님을 비롯하여 감리교 총리원 김창희 감독님, 이성삼 대전여대 교수님 등에게 감사의 인사를 드린다. 그리고 처음부터 끝까지 실무를 맡아 주신 NCC의 최준수 님, 헌장과 총회 회의록을 정리해 주신 김원식 님 등이 퍽 고맙게 여겨지며, 더욱이 글자 하나라도 틀릴세라 꼼꼼히 교정을 보아 주신 문인숙 님에게 이루 다 고마운 정을 표현하기 어렵다. 이것으로써 나의 인사를 대신한다.

1979년 7월
구의동 오리서실에서
전택부

발간사

그리스도인다운
삶을 생각하며

2008년 10월 19일 주일 아침. 아버지께서는 사흘 전부터 혼수상태였습니다. 저는 아버지의 임종을 지키면서 병상 곁에서 하박국서를 읽고 있었습니다. 그러던 중 "비록 무화과나무가 무성치 못하며 포도나무에 열매가 없으며 감람나무에 소출이 없으며 밭에 먹을 것이 없으며 우리에 양이 없으며 외양간에 소가 없을지라도 나는 여호와로 말미암아 즐거워하며 나의 구원의 하나님으로 말미암아 기뻐하리로다. 주 여호와는 나의 힘이시라 나의 발을 사슴과 같게 하사 나를 나의 높은 곳으로 다니게 하시리로다"라는 유명한 하박국 3장 17–19절 말씀이 눈에 들어왔습니다.

그보다는 바로 그 앞의 구절이 마음 깊은 곳을 때렸습니다. "내가 들었으므로 내 창자가 흔들렸고 그 목소리로 말미암아 내 입술이 떨렸도다 무리가 우리를 치러 올라오는 환난 날을 내가 기다리므로 썩이는 것이 내 뼈에 들어왔으며 내 몸은 내 처소에서 떨리는도다"라는 16절 말씀입니다. 이 말씀을 읽는 순간 "아! 이것이 바로 아버지셨구나"라는 사실이 마음 아프게 느껴졌습니다. 그래서 아버지께 "아버지, 이것이 아버지의 삶이셨군요!"
라고 말씀드리고 이 구절을 읽어 드렸습니다. 온갖 환난과 역경,
수모를 당하는 삶을 살아왔기에, 그래서 '나는 여호와를 인하여
나의 구원의 하나님을 기뻐하리로다'라는 고백을 하실 수 있었
음을 깨달을 수 있었습니다.

　　아버지께서는 그로부터 이틀 뒤, 10월 21일 새벽 0시 28
분에 고요하게 소천하셨습니다. 돌아가시기 한 달 전, 미국에 살
고 있는 두 딸을 포함하여 3녀 2남의 자녀들이 모두 모였을 때
이런 말씀을 하셨습니다. "애들아, 나는 앞으로 한 달 뒤에 하늘
나라로 돌아가겠다. 나는 매일 아침 하늘나라를 보고 있단다. 거
기는 정말로 날빛보다 더 밝은 나라더구나. 그러니 내가 죽거들
랑 미국에서 다시 오지 않아도 된다." 아버지께서는 매일 새벽에
곧 가실 하나님 나라를 이미 보고 계셨습니다. 장례를 치르고 며
칠 후 유품을 정리하다 아버지께서 평소 읽으시던 성경책을 보
고 그 사실을 확인할 수 있었습니다. 아버지 성경책에는 에스겔
서에서 말라기 사이에 나오는 '그날이 오면', '그날에'라는 말에
모조리 밑줄이 그어져 있었습니다. 그토록 간절히 하나님 나라
를 그리워하셨던 심정이 그 밑줄에 담겨 있었습니다. "너희는 먼
저 그(하나님)의 나라와 그의 의를 구하라"(마 6:33)는 말씀에 따
라 사시다가 아버지의 나라로 훌쩍 날아가셨습니다.

　　《토박이 신앙산맥》 1권 서두에 아버지는 이런 글을 남기
셨습니다. "'아! 나는 일평생 유린당한 생명을 찾아다니는 나였
구나' 하는 사실을 새삼 깨닫게 되었다. 다시 말하면 이때까지의
'나'란 존재는 '유린당한 생명을 찾아다니는 나였다는 자각과 동
시에, 앞으로도 그러한 '나'가 되어야 한다는 자각이었다." 맞습
니다. 아버지는 평생 심부름꾼으로, 머슴으로, 각설이로 사신 분
입니다. 자신을 내세우는 모습을 한 번도 보여 주지 않으셨습니

다. 상처받고 보잘것없는 사람들, 소중한데도 잊혀진 사람들과 그분들의 역사, 수모당한 사람들, 무시당하는 한글을 안타까워하며, 때로는 분노하셨으면서도 약자 편에서 각설이처럼 애원하고 구걸하기조차 주저하지 않으셨던, 그런 분이셨습니다.

2013년 10월 31일, 100주년기념교회에서 있었던 '오리 전택부 선생 유품 및 기록물 기증식'에서 이재철 목사님은 "전택부 선생께서 YMCA에 재직하실 때부터 은퇴 후 그분의 행적을 돌아보면, 누군가 꼭 해야 할 중요한 일인데도 아무도 관심을 두지 않는 사람, 일, 역사의 현장에 그분은 늘 계셨습니다. 목사가 아니면서도 주님의 충실한 종으로 사신 대표적인 그리스도인입니다"라는 요지의 말씀을 하셨습니다. 그날 저는 답사에서 일평생 무시당하는 삶을 살아오신 아버지께서 오늘 이 자리가 처음으로 존중받는 것 같아 진심으로 감사드린다는 말씀을 드렸습니다.

그날 기증한 유품과 기록물 중에 흔히 말하는 값진 물건은 거의 없습니다. 굽던 중에 깨지고 터지고 구부러진 도자기들, 서민들의 땀이 배어 있는 호롱, 버림받고 잊힌 역사와 사람들을 찾아낸 기록 등이 대부분입니다. 아버지께서 언젠가 저에게 주신 이런 말씀을 기억합니다. "나는 고가구를 수집하는 취미가 있어서 지방에 다닐 때면 이를 수집했는데, 어느 날 생각해 보니 잘못하면 장사꾼이 되겠구나 하는 생각이 들어 그만두었다. 그 대신 굽다가 깨지고 터진 도자기들을 수집하는 버릇이 생겼다. 그들이 마치 내 모습 같기도 하고, 그냥 놓아두면 누군가 깨뜨려 없애버릴 것이 분명해서 나라도 챙겨야 할 것 같아 모으기 시작했다."

아버지께서는 이런 정신으로 6·25전쟁으로 폐허가 되어 없어진 서울 YMCA 건물을 다시 세우셨고, 잊힐 뻔했던

YMCA와 기독교 역사를 되찾아 내셨고, 내팽개쳐졌던 한글날을 국경일로 회복시키셨고, 양화진선교사묘역을 지켜 내시는 일을 이루셨습니다. 크게 돋보일 일은 아무것도 없습니다. 다만 꼭 해야 할 일이고, 회복시켜야 할 일이고, 돌보아야 할 일이고, 잊혀서는 안 될 일이고, 후손에게 물려주어야 할 일이었기에 누가 알아주지 않아도, 무시해도, 외면해도, 방해해도 아랑곳하지 않고 분노하는 대신 오히려 하소연하고 애원하고 구걸까지 하는 살신성인의 삶을 사셔야 했습니다.

오늘날 당대에 큰 업적을 이룬 많은 교역자들이 저지른 잘못으로 기독교 전체가 비난받으며 심각한 위기에 처해 있습니다. 많은 사람들이 이에 크게 실망하고 분노하고 있습니다. 이러한 때 아버지의 삶은 그리스도인들이 어떻게 살아야 하는지에 대해 많은 생각과 반성을 하게 합니다.

아버지께서는 1915년 2월 12일에 태어나셨습니다. 올해가 탄생 100주기가 되는 해입니다. 이를 기념하기 위해 〈오리 전택부 선집〉을 발간하기로 했는데, 이 선집은 아버지께서 생전에 펴내신 30여 권의 책을 16권으로 집약하여 낼 계획입니다. 그 첫 번째 책으로 《토박이 신앙산맥》 제1권을 발간하게 되었습니다. 이 책에는 희생과 헌신, 섬김의 정신이 후손들에게 이어져 실현되고 결실을 맺게 하고자 말년에 뜻을 두시고 축복해 주신 '청소년과 놀이문화연구소' 후학들의 뜻과 정성이 담겨 있습니다.

이 선집 발행을 위해 편집위원이 되어 주신 김경래 상임이사님(편집위원장, 100주년기념재단), 나채운 명예교수님(장로회신학대학교), 이덕주 교수님(감리교신학대학교), 남부원 사무총장님(한국YMCA 전국연맹), 이대로 회장님(국어문화운동실천협의회), 윤재민 대표님(범우사)께 감사드리며, 홍성사 직원 여러분의 수고와 헌신에도 깊이 감사드립니다.

"너희는 먼저 그의 나라와 그의 의를 구하라 그리하면 이 모든 것을 너희에게 더하시리라."(마태복음 6장 33절)

2015년 가을
전국재
(청소년과 놀이문화연구소 소장)

전택부 선집 5

한국 에큐메니칼
운동사

The History of Korean
Ecumenical Movement
Collected Works of Chun Taikpoo 5

2017. 11. 24. 초판 1쇄 인쇄
2017. 12. 5. 초판 1쇄 발행

지은이 전택부
펴낸이 정애주
국효숙 김기민 김의연 김준표 김진원 박세정
송승호 오민택 오형탁 윤진숙 임승철 임진아
정성혜 차길환 한미영 최선경 허은
펴낸곳 주식회사 홍성사
등록번호 제1-499호 1977. 8. 1.
주소 (04084) 서울시 마포구 양화진4길 3
전화 02) 333-5161
팩스 02) 333-5165
홈페이지 www.hsbooks.com
이메일 hsbooks@hsbooks.com
페이스북 facebook.com/hongsungsa
양화진책방 02) 333-5163

ⓒ 전국재, 2017

ISBN 978-89-365-1269-9 (94230)
ISBN 978-89-365-0544-8 (세트)